高等院校财经管理类"十三五"规划教材

证券投资学

于丽红　主编

中国林业出版社

内容简介

本教材体系完整、行文简练，突出理论和实践的结合，立足于证券投资学的基本原理，同时兼顾证券投资实务，本着深入浅出的原则，系统介绍了证券投资基本理论、基础知识和基本操作。全书内容共三篇：第一篇为基础知识篇，包括证券投资概述、证券投资工具、证券市场以及证券市场监管，为后续的学习奠定基础；第二篇为基本分析篇，包括证券投资的宏观经济分析、行业分析以及公司分析；第三篇为技术分析篇，包括证券投资技术分析的基本原理、技术分析的主要理论和方法以及主要技术分析指标等。

本教材可作为高等院校金融学、投资学专业以及其他经济类、管理类专业的本科教材，也可以作为金融证券从业人员和证券投资者的参考用书。

图书在版编目(CIP)数据

证券投资学/于丽红主编. —北京：中国林业出版社，2017.6（2024.1重印）
高等院校财经管理类"十三五"规划教材
ISBN 978-7-5038-9038-3

Ⅰ. ①证… Ⅱ. ①于… Ⅲ. ①证券投资 - 高等学校 - 教材 Ⅳ. ①F830.91

中国版本图书馆 CIP 数据核字(2017)第 126756 号

国家林业局生态文明教材及林业高校教材建设项目

中国林业出版社·教育出版分社

策划、责任编辑：田 苗

电 话：(010)83143557　　　　传 真：(010)83143516

出版发行	中国林业出版社(100009　北京市西城区德内大街刘海胡同7号)
	E-mail: jiaocaipublic@163.com　电话：(010)83143500
	http://lycb.forestry.gov.cn
经　销	新华书店
印　刷	北京中科印刷有限公司
版　次	2017年6月第1版
印　次	2024年1月第2次印刷
开　本	850mm×1168mm　1/16
印　张	16.5
字　数	392千字
定　价	52.00元

未经许可，不得以任何方式复制或抄袭本书之部分或全部内容。

版权所有　侵权必究

《证券投资学》编写人员

主　　编　于丽红
副主编　满海红　王　岚
编写人员（按姓氏拼音排序）
　　　　　　阿娅日（内蒙古农业大学）
　　　　　　丛　正（沈阳化工大学）
　　　　　　刘豫杰（内蒙古农业大学）
　　　　　　满海红（沈阳化工大学）
　　　　　　王　岚（西安科技大学）
　　　　　　王美兔（山西农业大学）
　　　　　　武翔宇（沈阳农业大学）
　　　　　　谢凤杰（沈阳农业大学）
　　　　　　于丽红（沈阳农业大学）
　　　　　　张　博（内蒙古农业大学）

前　言

"证券投资学"作为高等院校经济管理类专业的核心课程之一，是研究证券内在特征与投资原理，揭示证券市场运行规律的一门综合性、应用性学科。具体而言，证券投资学通过专业知识的系统讲授，培养投资者如何正确地选择投资工具、科学地进行证券投资决策分析、成功地使用证券投资方法与技巧，以及如何提高证券投资机构的管理水平和国家如何对证券投资活动进行规范管理等。

进入21世纪，伴随着国际经济一体化的发展和证券市场的不断开放，中国的证券市场进入了一个快速发展的时期。尤其是近年来围绕着改革、创新，中国证券市场也出现了新的变化，如"新国九条"的发布实施、强调IPO的市场化定价发行、股指期货开市、创业板的推出、新三板的启动、新退市制度的启动、"沪港通"的启动、"一带一路"及其指数的编制、上证50ETF期权正式上线等。证券市场的变化需要证券投资理论研究及时跟进，证券投资学的教学内容和教材需要及时补充更新。当前，证券投资学已成为高等院校经济类、管理类专业普遍设置的课程，也是一些非经济类、管理类专业学生的选修课程。在这种背景下，出版一本适应新形势的证券投资学教材是十分必要的。

为适应证券市场的不断发展，也为满足高等院校"证券投资学"课程教学的需要，我们编写了本教材。通过本教材的学习，可以使读者掌握基本的证券投资理论和投资分析方法，培养独立的投资操作能力，在瞬息万变的市场环境中正确把握投资机会，为投资实践操作提供有益的帮助和指导。本教材具有以下特点：

第一，注重理论与实践的结合。本教材将参与性、启发性、练习性内容贯穿始终，并以知识拓展的形式提供阅读资料，尤其注重对我国证券市场中出现的新问题和新变化的阐述，以培养学生分析和解决现实问题的能力。

第二，注重国际性和前瞻性的结合。本教材在认真总结国内外金融证券领域最新研究成果的基础上，密切关注和跟踪国内证券市场以及全球经济和金融发展的最新动态，增加前瞻性内容，使学生能够对国内外证券市场的发展有较全面的把握。

第三，体系完整，行文简练。本教材在结构安排上注重内容的协调，体系完整、结构清晰、行文简练、简明实用。

本教材由于丽红担任主编，满海红、王岚担任副主编。本教材是集体劳动和团队合作的结晶,各章分工如下:内蒙古农业大学张博负责第1章;西安科技大学王岚负责第2章;内蒙古农业大学阿娅日负责第3章;沈阳农业大学谢凤杰负责第4章;沈阳化工大学满海红负责第5章;沈阳农业大学于丽红负责第6章;内蒙古农业大学刘豫杰负责第7章;沈阳化工大学丛正负责第8章;沈阳农业大学武翔宇负责第9章;山西农业大学王美兔负责第10章。最后由主编于丽红总纂定稿。另外,沈阳农业大学博士生戴琳参与了第8章的编写,沈阳农业大学硕士生关名媛、王晓庆和张欣参与了全书的核对校正工作。

  本教材在编写过程中参阅了大量的证券投资学相关文献,吸取了各种教材版本在编写结构及内容上的一些可贵之处,在此向相关作者表示衷心的感谢。在成书的过程中,中国林业出版社给予了热情的关心和帮助,在此特表谢意。

  由于编者水平有限,不足之处在所难免,敬请广大读者批评指正。

编 者

2017年2月

目 录

前言

第1章 证券投资概述 ··· (1)
  1.1 证券与有价证券 ··· (1)
    1.1.1 证券 ··· (1)
    1.1.2 有价证券 ··· (3)
  1.2 投资与证券投资 ··· (6)
    1.2.1 投资 ··· (6)
    1.2.2 证券投资 ··· (8)
  1.3 证券投资学的基本内容与研究方法 ·· (11)
    1.3.1 证券投资学的基本内容 ·· (11)
    1.3.2 证券投资学的研究方法 ·· (12)

第2章 证券投资工具 ··· (15)
  2.1 股 票 ·· (15)
    2.1.1 股票概述 ··· (15)
    2.1.2 股票分类 ··· (18)
    2.1.3 股票的价值和价格 ·· (20)
  2.2 债 券 ·· (24)
    2.2.1 债券概述 ··· (24)
    2.2.2 债券分类 ··· (25)
    2.2.3 债券信用评级 ·· (28)
    2.2.4 债券的收益率计算 ·· (29)
  2.3 证券投资基金 ·· (30)
    2.3.1 证券投资基金概述 ·· (30)
    2.3.2 证券投资基金分类 ·· (32)
    2.3.3 证券投资基金的当事人 ·· (36)
    2.3.4 基金资产净值 ·· (38)
  2.4 金融衍生工具 ·· (38)
    2.4.1 金融衍生工具概述 ·· (38)

  2.4.2 金融远期 …………………………………………………………… (43)
  2.4.3 金融期货 …………………………………………………………… (44)
  2.4.4 金融期权 …………………………………………………………… (47)
  2.4.5 权证概述 …………………………………………………………… (49)

第3章 证券市场 …………………………………………………………… (55)

3.1 证券市场概述 …………………………………………………………… (55)
  3.1.1 证券市场的概念与特征 …………………………………………… (55)
  3.1.2 证券市场的基本功能 ……………………………………………… (56)
  3.1.3 证券市场的分类 …………………………………………………… (58)
  3.1.4 证券市场的参与者 ………………………………………………… (60)
  3.1.5 证券市场的产生与发展 …………………………………………… (63)

3.2 证券发行市场 …………………………………………………………… (66)
  3.2.1 证券发行市场概述 ………………………………………………… (66)
  3.2.2 证券发行和承销制度 ……………………………………………… (69)
  3.2.3 证券发行价格 ……………………………………………………… (71)

3.3 证券交易市场 …………………………………………………………… (72)
  3.3.1 证券交易市场概述 ………………………………………………… (72)
  3.3.2 证券交易所 ………………………………………………………… (72)
  3.3.3 场外交易市场 ……………………………………………………… (76)
  3.3.4 证券交易机制 ……………………………………………………… (78)
  3.3.5 中国证券市场的层次结构 ………………………………………… (81)

3.4 证券价格指数 …………………………………………………………… (83)
  3.4.1 股票价格指数概述 ………………………………………………… (83)
  3.4.2 股票价格指数编制步骤和方法 …………………………………… (84)
  3.4.3 国际著名的股票价格指数 ………………………………………… (87)
  3.4.4 中国主要的证券价格指数 ………………………………………… (89)

第4章 证券市场监管 ……………………………………………………… (95)

4.1 证券市场监管概述 ……………………………………………………… (95)
  4.1.1 证券市场监管的含义及意义 ……………………………………… (95)
  4.1.2 证券市场监管的原则 ……………………………………………… (96)
  4.1.3 证券市场监管的目标和手段 ……………………………………… (97)

4.2 证券市场监管的主要内容 ……………………………………………… (98)
  4.2.1 对证券发行及上市的监管 ………………………………………… (98)
  4.2.2 对上市公司信息持续披露的监管 ………………………………… (100)
  4.2.3 对证券交易行为的监管 …………………………………………… (101)
  4.2.4 对证券经营机构的监管 …………………………………………… (103)

4.2.5　对证券投资者的监管 ……………………………………………………… (104)
　　4.2.6　对证券从业人员的监督 …………………………………………………… (104)
4.3　证券市场监管体制 ………………………………………………………………… (105)
　　4.3.1　证券市场监管模式 …………………………………………………………… (105)
　　4.3.2　中国证券市场现行的监管体制 …………………………………………… (106)
　　4.3.3　中国证券市场监管的组织执行机构及其职责 …………………………… (106)
　　4.3.4　中国证券市场监管的法规体系 …………………………………………… (108)

第5章　证券投资的宏观经济分析 …………………………………………………… (113)
5.1　宏观经济分析概述 ………………………………………………………………… (113)
　　5.1.1　宏观经济分析在证券投资中的意义 ……………………………………… (113)
　　5.1.2　宏观经济分析的基本方法 ………………………………………………… (114)
　　5.1.3　判断宏观经济形势的基本变量 …………………………………………… (114)
5.2　宏观经济运行对证券市场的影响 ………………………………………………… (116)
　　5.2.1　证券市场价格的主要影响因素 …………………………………………… (116)
　　5.2.2　宏观经济变动与证券市场波动的关系 …………………………………… (120)
5.3　宏观经济政策对证券市场的影响 ………………………………………………… (123)
　　5.3.1　货币政策对证券市场产生的影响 ………………………………………… (123)
　　5.3.2　财政政策对证券市场产生的影响 ………………………………………… (127)
　　5.3.3　汇率政策对证券市场产生的影响 ………………………………………… (129)

第6章　证券投资的行业分析 ………………………………………………………… (131)
6.1　行业分析概述 ……………………………………………………………………… (131)
　　6.1.1　行业的定义 …………………………………………………………………… (131)
　　6.1.2　行业分析的意义和主要任务 ……………………………………………… (132)
　　6.1.3　行业的分类 …………………………………………………………………… (132)
　　6.1.4　产业的基本特性分析 ………………………………………………………… (135)
6.2　行业生命周期分析 ………………………………………………………………… (136)
　　6.2.1　经济周期与行业分析 ………………………………………………………… (136)
　　6.2.2　行业的生命周期分析 ………………………………………………………… (136)
6.3　行业结构分析 ……………………………………………………………………… (138)
　　6.3.1　行业市场结构分析 …………………………………………………………… (138)
　　6.3.2　行业竞争结构分析 …………………………………………………………… (139)
　　6.3.3　影响行业兴衰的其他因素 …………………………………………………… (141)
6.4　行业投资选择 ……………………………………………………………………… (142)
　　6.4.1　行业投资选择的目的 ………………………………………………………… (142)
　　6.4.2　行业投资选择的原则 ………………………………………………………… (142)
　　6.4.3　行业投资选择的方法 ………………………………………………………… (143)

6.4.4 行业投资策略的选择 ………………………………………………… (144)

第7章 证券投资的公司分析 …………………………………………… (146)
7.1 公司分析概述 …………………………………………………………… (146)
7.1.1 公司分析的意义 …………………………………………………… (146)
7.1.2 公司分析的基本途径 ……………………………………………… (146)
7.2 公司基本状况分析 ……………………………………………………… (147)
7.2.1 公司行业竞争地位分析 …………………………………………… (147)
7.2.2 公司经济区位分析 ………………………………………………… (148)
7.2.3 公司产品分析 ……………………………………………………… (148)
7.2.4 公司经营能力分析 ………………………………………………… (149)
7.2.5 公司成长性分析 …………………………………………………… (151)
7.3 公司财务分析 …………………………………………………………… (151)
7.3.1 公司财务分析概述 ………………………………………………… (151)
7.3.2 财务比率分析 ……………………………………………………… (153)
7.3.3 财务状况趋势分析 ………………………………………………… (160)
7.3.4 财务状况综合分析 ………………………………………………… (162)
7.4 公司重大事项分析 ……………………………………………………… (164)
7.4.1 投资项目分析 ……………………………………………………… (164)
7.4.2 资产重组分析 ……………………………………………………… (165)
7.4.3 关联交易分析 ……………………………………………………… (166)
7.4.4 会计和税收政策的变化 …………………………………………… (167)

第8章 证券投资技术分析概述 ………………………………………… (171)
8.1 技术分析的理论基础 …………………………………………………… (171)
8.1.1 技术分析的含义 …………………………………………………… (171)
8.1.2 市场行为的四个要素 ……………………………………………… (171)
8.1.3 技术分析的理论基础 ……………………………………………… (174)
8.1.4 技术分析与基本分析的比较 ……………………………………… (175)
8.2 技术分析的分类和局限性 ……………………………………………… (177)
8.2.1 技术分析的分类 …………………………………………………… (177)
8.2.2 技术分析的局限性和应该注意的问题 …………………………… (178)

第9章 技术分析的主要理论和方法 …………………………………… (182)
9.1 K线理论 ………………………………………………………………… (182)
9.1.1 K线概述 …………………………………………………………… (182)
9.1.2 K线研判原理 ……………………………………………………… (183)
9.1.3 K线反转形态 ……………………………………………………… (183)
9.1.4 持续形态 …………………………………………………………… (190)

9.2 切线理论 (192)
9.2.1 支撑线和阻力线 (192)
9.2.2 趋势线 (194)
9.2.3 通道线 (198)
9.2.4 移动平均线 (199)
9.2.5 百分比线和黄金分割线 (206)

9.3 形态理论 (208)
9.3.1 反转形态 (208)
9.3.2 持续形态 (212)

9.4 道氏理论 (217)
9.4.1 股票价格指数反映一切信息 (218)
9.4.2 市场包括三种趋势 (218)
9.4.3 指数必须相互确认 (219)
9.4.4 价量关系 (220)

9.5 波浪理论 (220)
9.5.1 波浪理论基本原则 (220)
9.5.2 波浪理论应用 (221)

9.6 其他主要技术分析理论与方法 (222)
9.6.1 随机漫步理论 (222)
9.6.2 循环周期理论 (223)
9.6.3 相反理论 (225)

第10章 证券投资技术分析指标 (229)

10.1 技术指标概述 (229)
10.1.1 技术指标的含义及实质 (229)
10.1.2 技术指标的分类 (229)
10.1.3 技术指标的应用 (230)
10.1.4 应用技术指标时需要注意的问题 (231)

10.2 市场趋势指标分析 (231)
10.2.1 移动平均线 (231)
10.2.2 指数平滑异同移动平均线 (234)
10.2.3 均线摆动 DMA (236)
10.2.4 指数平均数 EXPMA (236)

10.3 市场动量指标分析 (237)
10.3.1 相对强弱指标 (237)
10.3.2 威廉指标 (238)
10.3.3 随机指标 (239)

10.3.4 乖离率……………………………………………………………(241)
　　10.3.5 能量潮……………………………………………………………(242)
10.4 市场大盘指标分析………………………………………………………(243)
　　10.4.1 腾落指标…………………………………………………………(243)
　　10.4.2 涨跌比……………………………………………………………(244)
　　10.4.3 超买超卖指标……………………………………………………(245)
10.5 市场人气指标分析………………………………………………………(246)
　　10.5.1 心理线……………………………………………………………(246)
　　10.5.2 人气指标、意愿指标、中间意愿指标…………………………(246)

参考文献……………………………………………………………………(251)

第1章 证券投资概述

本章提要

证券(securities)作为一种信用凭证和金融工具,是商品经济和信用经济发展的产物。由证券形成的证券投资活动及证券市场,共同随着信用经济的发展而不断发展。19世纪末,证券伴随股份制经济初步兴起。第二次世界大战以后,随着各国经济的复苏,证券市场日益繁荣。如今,证券已经成为社会经济活动中最重要的融资、投资方式之一,成为推动国民经济发展的巨大力量。通过本章学习,要求了解证券的概念;掌握证券的分类,投资的概念、特点和分类;重点掌握有价证券的概念、特点和类型,证券投资的概念、要素和特点;熟悉证券投资学的基本内容与研究方法;能对风险与风险偏好、证券投资与证券投机等内容进行区分和全面把握。

1.1 证券与有价证券

1.1.1 证券

1.1.1.1 证券的概念

证券是记载各类财产并代表一定权利或义务关系的法律凭证,用以证明证券持有人有权按其所持证券记载内容取得应有的权益。从法律意义上讲,证券是用以证明或设定权利或义务关系的书面凭证,表明证券持有人有权取得该证券拥有的特定权益,证明曾经发生过或约束未来将要发生的行为,具有一定法律效力。从经济意义上讲,证券是各种与财产或债务、信用关系等有关的合法权益凭证,如财产所有权凭证、财产使用权或受益权凭证、债权凭证等,代表一定经济权益关系。

证券必须具备两个基本特征:法律特征和书面特征。

①**法律特征** 证券涉及财产并代表一定权利义务关系,可以反映某种法律行为结果,其本身必须具有合法性,包含的特定内容具有法律效力。

②**书面特征** 必须采用书面形式或与书面形式有同等效力的形式,并且必须按照特定的流程、格式书写或者制作,依照相关法律法规(如《中华人民共和国证券法》等)的规定载明全部必要事项。

需要注意的是:当前,证券的书面特征更多地采用与书面形式有同等效力的形式。在证券的发展过程中，早期的证券具有一定实物形态，以文字或图像的方式将相关要素制作在纸质证券上，具有一定的多样性，即使在证券丧失所载明权利义务关系后，仍具有一定收藏价值。纸质证券的缺点在于不易保存，如果数量巨大，还会增加成本。随着科技的不断进步，尤其是电子、网络信息等技术的飞速发展，目前全球证券已经基本实现"无纸化"，投资者所拥有的证券数量以及相关权利义务关系都记录在其电子账户当中。"无纸化"证券标准化程度高，相对安全，易于保管，节约成本，但缺少了多样性。

通常，证券的票面要素有四个：①证券持有人，即证券的所有主体；②证券标的物，证券载明的当事人之间存在的权利或义务关系所指向的对象，在衍生证券中是约定未来交易的或衍生证券收益与之挂钩的资产；③证券及其标的物的价值、价格，即证券本身及其标的物价值、价格；④权利义务关系，证券持有人持有该证券所获得的权利或义务。

1.1.1.2 证券的分类

按照证券性质的不同，证券可以分为无价证券(priceless securities)和有价证券(marketable securities)。

(1) 无价证券

①定义　无价证券是指不能流通，不能使证券持有人取得收入的证券。无价证券具有证券的部分功能和特点，是一种表明某主体对某项事物或权益拥有所有权的证明。其特点是：政府或国家法律限制其在市场上广泛流通，不存在流通价值和价格；不能作为财产使用，不得通过流通转让来增加证券持有人的收益。无价证券只是单纯的证明性文件，在经济上缺乏实际的投资价值，但这类证券若包含一定的历史、收藏价值则另当别论。

②分类

证据证券：单纯证明特定事实的书面文件，如信用证、证据、资格证书、学历证书等。

凭证证券：表明证券持有人是某种权利的合法所有人的证明性文件，如存款单、存折、购物券、车船飞机票、电影票等。

(2) 有价证券

有价证券与无价证券最主要的区别在于：政府或国家法律允许有价证券在相应范围内广泛流通，并且可以(但不一定)通过持有、流通转让来增加证券持有人的权益。通常所说的证券指的就是有价证券，如图1-1所示。

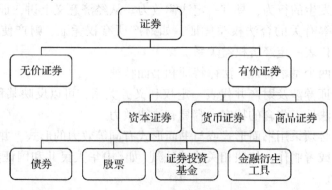

图1-1　证券的分类

1.1.2 有价证券

1.1.2.1 有价证券的概念

有价证券是指对某种标的物具有一定的权利或义务，或者标明票面金额，证明持有人有权按期取得一定收入并可以自由转让和买卖的所有权或债权凭证。

有价证券本身不是劳动产品，因此自身没有价值，但由于代表一定的、经过量化的财产权利，持有人可凭借这一权利获得相应的商品或货币，或取得股息、利息等收入，因此有价证券可以通过一定价格在证券市场上自由买卖和流通。所谓"有价"，即具有价值和价格，有价证券通过买卖流通，客观上具有了交易价格，其形成的价格实际上是资本化的收入，证券中包含的权益可以用一定数量的货币来衡量。有价证券的价格会受到诸多因素影响，具有波动性。

有价证券是虚拟资本的一种形式。虚拟资本是独立于实际资本之外的，本身并不能在生产过程中发挥作用的，以有价证券的形式存在，并能够给证券持有人带来一定收益的资本。通常，虚拟资本的价格总额总是大于实际资本额，其变化并不能反映实际资本额的变化。

有价证券所代表的权利或义务和记载该权利或义务的书面凭证合二为一，证券持有人行使权力或履行义务原则上不得离开证券进行。

1.1.2.2 有价证券的特点

(1) 权属性

有价证券记载着证券持有人对证券标的物的权利或义务关系，代表着一定的权属关系。通常，拥有证券就意味着享有对证券及标的物的占有、使用、收益、处置等权利。例如，债券持有人作为债权人，拥有到期收回本金和获得利息的权力。有价证券的权属性还可以表现在参与性上，例如，股票持有人作为股东，除拥有获取股息、红利的权利之外，还拥有参与股东代表大会，参与股份公司经营决策，选举股份公司董事会成员等权利。需要注意的是：如今，证券标的物权利与证券已经融为一体，证券成为标的物权利的一般形式。通常证券持有人并不实际占有证券标的物，而是通过持有证券获得相关权利。

(2) 收益性

有价证券收益是证券持有人转让资本使用权获得的回报。获取收益既是证券持有人持有证券的直接目的，也是证券发行主体利用证券筹资的动机。收益的大小决定持有人和发行主体双方的积极性。但两者收益的内容不同，持有人的收益来源于两个方面：当前收益和资本利得。当前收益以股息、红利或利息为主要内容。资本利得是由证券价格的上涨（下跌）而产生的盈利（亏损），也称作价差收益。证券发行主体的收益表现为通过发行证券筹集资金，从而扩大生产规模，提高企业盈利能力等方面。

(3) 风险性

证券的风险性是指证券持有人或证券发行主体的预期收益目标不能实现或发生变化的不确定性。在证券市场，收益与风险相伴相生，不可割裂，密不可分。考虑收益的同时必须考虑风险。证券持有人有面临预期投资收益不能实现，甚至血本无归的可能。证券发行主体有面临难以支付股息、利息、本金，发行费用过大而不能达到筹资目的的可能。

(4)流动性

流动性也称为变现性，指资产在不受损失的情况下转化为现金的能力。有价证券区别于无价证券的特点之一就是可以自由买卖流通，证券持有人可以根据需要，自由、及时、灵活地将有价证券转让、流通、偿付。证券只有通过流通才能够达到获取收益的目的，通过流通才能反映企业经营程度。证券市场中有专门的证券流通市场，也为证券流动性提供了平台。证券市场越发达，证券的信用程度越高，证券变现的时间越短，证券的流动性越强。同时，证券的流动性越强，其被持有的程度越高。

(5)价格波动性

有价证券的价格可以分为券面价格、发行价格和市场价格。发行价格和市场价格可能会不同于券面价格。发行价格高于券面价格称为溢价发行；发行价格低于券面价格称为折价发行；发行价格等于券面价格称为平价发行。有价证券的价格会受到基本面、政策、市场技术、社会心理等多方面因素的影响，波动较为频繁。

1.1.2.3 有价证券的分类

有价证券种类繁多，可以从不同角度、不同衡量标准进行分类。下面介绍其中几种主要类型。

(1)按照体现内容不同，可分为商品证券、货币证券和资本证券

①商品证券　证明证券持有人对证券所载明的商品拥有所有权或使用权的凭证。获得这种证券就等于获得证券所载明标的物的所有权或使用权，持有人对证券载明的标的物所有权或使用权受法律保护。如提货单、运货单、仓库栈单等。

②货币证券　证券持有人拥有证券所载明的货币索取权，可以用来代替货币使用的有价证券。货币证券具有一般等价物的特征，能代替货币作为流通手段和支付手段，主要用于单位之间的商品交易、劳务报酬支付以及债权债务的清算等经济往来。货币证券主要包括两大类：一类是商业证券，主要包括商业本票和商业汇票；另一类是银行证券，主要包括银行本票、银行汇票和支票。

③资本证券　由金融投资或与金融投资有直接联系的活动而产生的证券，对一定量的资本拥有所有权或对一定的收益分配拥有索取权的凭证。资本证券是有价证券的主要形式，主要包括股票、债券、证券投资基金、金融衍生工具(如金融远期、金融期货、金融互换、金融期权等)。狭义的有价证券通常是指资本证券。作为信用凭证和金融工具，资本证券有买卖价格，可以在证券市场上进行转让和流通。本教材中研究的主要对象就是资本证券。

(2)按照发行主体不同，可分为政府证券、金融证券和公司证券

①政府证券　政府为筹集财政资金或建设资金，凭借政府信誉，采用信用方式，按照一定程序向投资者出具的一种债务凭证，主要包括国库券和公债券两类。国库券通常由财政部门发行，用以弥补财政赤字；公债券根据发行主体进行区分，中央政府发行的称为国家公债或国债，地方政府发行的称为地方公债。

②金融证券　商业银行和非银行金融机构为筹集信贷资金向投资者发行的，承诺支付一定利息，并到期偿还本金的一种有价证券。主要包括金融债券、定期存款单、可转让大额存款单等。

③公司证券　各类型公司为筹措资金而发行的有价证券，其包括的范围较为广泛，主要有股票、公司债券等。

(3) 按照是否在交易所交易，可分为上市证券和非上市证券

①上市证券　又称挂牌证券，指符合注册条件并遵守相关规章制度，经证券主管机关批准，在某一证券交易所内登记注册并挂牌交易的有价证券。当上市公司不能够继续满足证券交易所关于证券上市的条件时，交易所有权取消该公司证券挂牌上市的权利。证券上市对发行主体来说，不但能较快地从证券市场上筹集资本，扩大社会影响，提高经济实力，而且可以提高发行主体的知名度和声誉。证券上市对投资主体来说，上市证券流动性较强，其价格采取竞价方式，同时上市公司必须定期公布其经营业绩和财务状况，其定价相对合理，有利于降低投资风险，做出正确决策。

②非上市证券　又称非挂牌证券、场外证券，指没有在某一证券交易所登记挂牌交易，由发行主体自行发行销售的有价证券。这类证券的发行主体没有向某一证券交易所登记注册和申请上市，或者没有达到上市的条件。这类证券除个别取得特惠权可以在证券交易所交易外，不能在证券交易所内交易，但是可以在证券交易所之外的"场外市场"交易，其发行成本较低，社会影响有限。

通常，非上市证券的数量比上市证券的数量多。有些发行主体即使达到了上市的各项要求，也选择不在证券交易所登记挂牌交易，主要是为了避免定期向证券交易所支付费用，电子通信技术的发展，也为非上市证券的场外交易提供了便捷。

(4) 按照筹资方式不同，可分为公募证券和私募证券

①公募证券　证券发行主体通过中介机构向不特定的社会公众投资者公开发行的证券。公募证券的发行必须依法经过严格的募集程序，公开披露公司的经营状况及募股的数量、种类。股份有限公司的股票除发行人认购之外，均采用公募的形式。2015年修订的《中华人民共和国证券法》第十条，对公开发行证券有详细的解释：公开发行证券，必须符合法律、行政法规规定的条件，并依法报经国务院证券监督管理机构或者国务院授权的部门核准；未经依法核准，任何单位和个人不得公开发行证券。有下列情形之一的，为公开发行：向不特定对象发行证券的；向特定对象发行证券累计超过二百人的；法律、行政法规规定的其他发行行为。非公开发行证券，不得采用广告、公开劝诱和变相公开方式。

②私募证券　向少数特定的投资者发行的证券。其投资者多为与发行主体有特定关系的机构或个人，如机构投资者、发行公司、内部员工等。相比于公募证券，其特点是发行程序简单，成本低廉，发行主体的情况为投资者所了解，不必像公募证券那样向社会公开内部信息。发行私募证券也存在限制条件：私募证券通常不允许自由转让，销户必须先取得发行主体同意，投资者人数不能超过一定限制。

(5) 按照收益是否固定，可分为固定收益证券和变动收益证券

①固定收益证券　证券持有人可以在特定的时间段内取得固定收益，并预先知道取得收益的数量和时间点。如固定利率债券、优先股股票等。

②变动收益证券　因客观条件的变化使其收益也随之变化的证券。如浮动利率债券、普通股股票等。

通常，变动收益证券的收益更高，面临的风险更大。固定收益证券可以较好地抵制通货紧缩风险，变动收益证券可以较好地抵制通货膨胀风险。

（6）按照经济性质不同，可分为基础证券和金融衍生证券

①**基础证券** 直接从实物资产演变而来的金融资产。通常，基础券指股票、债券、证券投资基金，它们是最常见、最活跃的投资工具。

②**金融衍生证券** 由基础证券派生出来的其价值依赖于其标的资产的金融工具。主要包括金融远期、金融期货、金融互换、金融期权、认股权证等。

需要注意的是，随着金融理论的不断发展，尤其是金融工程等学科的不断推进，金融产品的相互套嵌、衍生使得金融产品的范围越来越广，不能简单机械地认为股票、债券等就一定是基础证券，远期、期货等是衍生证券，其实他们是可以相互转换的，例如，债券可以看作是利率的衍生品，股票可以看作是公司资产价值的衍生品，而股票、债券又可以由其他衍生证券叠加复制。所以，一定要弄清是谁衍生出谁，谁的价值取决于谁，如果 A 的价值取决于 B，A 就是 B 的衍生品。

1.2 投资与证券投资

1.2.1 投资

1.2.1.1 投资的概念

投资是指经济主体为了获得预期收益，预先垫付一定量的货币、实物或无形资产等资源，以经营某项事业的经济行为。换言之，投资是投入某种资源，以期获得某种资产或收益的过程。

投资过程存在风险。风险是指在一定环境下，在一定时间段内，行为目的与成果之间的不确定性。学术界对风险的定义大致分为两类：一类强调风险表现为不确定性；另一类强调风险表现为成本代价即损失的不确定性。前者属于广义的风险，意味着风险产生的结果可能带来损失、收益或者既无损失也无收益；后者属于狭义风险，说明风险只能表现出损失，没有收益的可能性。

在经济、金融领域，投资者在投资过程中承担风险，而不同投资者对于风险具有不同的态度，可以称为风险偏好。

风险偏好可以分为三类：风险偏好、风险规避和风险中性。风险偏好投资者喜欢冒险，愿意通过承担高风险获得高收益；风险规避投资者厌恶风险，不愿通过承担高风险获得高收益；风险中性投资者对于风险既不喜爱也不厌恶，态度中立。

通常，根据经济学理论的基础假设之一——完全理性人假设，某一理性投资者的风险态度应该始终不变，或风险偏好，或风险规避，或风险中性，而不能来回摇摆。实务中，尤其是行为金融实验研究发现，同一投资者的风险态度在不同情况下是可以发生改变的：在面对收益时，多表现为风险规避；在面对损失时，则表现为风险偏好。

1.2.1.2 投资的特点

具体来说，投资包含以下特点：

(1) 投资的前提是垫付

投资者以人财物的投入为前提，在现在将其委托或让渡给他人使用，以期在未来获得比所垫付更多的收益。

(2) 投资具有时间性

投资所投入的人财物价值或牺牲的消费都是现在的，所获得的人财物价值或消费都是将来的，其过程存在一定时间间隔，可长可短，这也说明投资是一种动态经济活动，是实现价值增值的经济过程。

(3) 投资具有收益性

投资活动以牺牲现在的价值或消费为前提，以在未来赚取比投入更多的价值或消费。实际投资中，收益又包括经济收益和社会收益，前者可以用某种货币的数量来量化衡量，后者则较为困难。例如，政府投资修建基础设施主要是为了获取社会收益而不是经济收益，而社会收益很难以货币衡量。经济、金融学科中谈到的收益主要指经济收益。

(4) 投资具有风险性

现在投入的人财物价值是确定的，由于存在时间间隔，投资过程中影响投资的各项因素都在不断运动变化，导致未来获得的收益是不确定的。时间间隔越长，即投资过程越长，各项因素发生不可预测变化的可能性越大，构成投资风险。

1.2.1.3 投资的分类

投资是一项复杂的经济活动，可以根据不同的标准对其进行分类。

(1) 按照投资方式的不同，可以分为直接投资和间接投资

投资与"资产运用"相联系，投资主体将其积累的资金委托或让渡给其他主体使用，其实质是资产所有者和使用者的分离，是资产所有权和经营权的分离。

广义上，投资于实际资产(固定资产、流动资产等)即为直接投资，这种投资方式与实物相联系，通过投资形成新的资本，用于经营某项事业，如建设厂房设施，购置机器、原材料等，再通过生产活动直接增加社会物质财富或提供社会需要的劳务，故称为直接投资。投资于金融资产(银行和非银行金融机构储蓄、股票、债券等有价证券)为间接投资，这种投资方式将资金用于购买金融资产(主要为有价证券)以期获取收益，这些资金通过有价证券的发行，转移到发行主体，再投入生产活动得到产出，故称为间接投资。

狭义上，投资于股票、债券等各种有价证券的属于直接投资，投资于银行和非银行金融机构储蓄以及各种基金，再投资于证券市场上的有价证券为间接投资。

(2) 按投资对象的不同，可以分为实物投资和金融投资

① 实物投资　指投资主体投入人财物之后形成实物资产的经济行为。主要包括稀有资产投资(如贵金属、宝石、古董、书画、邮票等艺术品投资等)、固定资产投资和流动资产投资等。

② 金融投资　指投资主体投资股票、债券、基金、期货等有价证券或储蓄等，以获得收益的行为。

(3) 按照投资期限的长短，可分为短期投资和长期投资

① 短期投资　指投资期限在一年以内的投资，主要包括现金、应收款项、存货、短期有价证券等投资。

②长期投资　指投资期限在一年以上的投资，主要包括固定资产、无形资产、对外长期投资等。

选择长期投资还是短期投资，直接关系到投资主体的收益、资金周转速度、机会成本等问题。通常，从实证数据来看，短期投资的收益低于长期投资，但实际从事长期投资的投资者数量较少，这与投资者的非理性有一定关系。

1.2.2　证券投资

1.2.2.1　证券投资的概念

证券投资是投资的一种形式，从广义上看是一种间接投资。证券投资指的是自然人、法人及其他社会团体等投资者希望在未来获取收益而在一定时期内通过购买和持有股票、债券、证券投资基金等有价证券的行为和过程。

这种行为使投资者在证券持有期内获得与其承担的风险相对应的收益。该过程中投入的通常是货币资金，有时也可使用实物或无形资产。证券投资形成的是证券形态的金融资产，投资者凭借这些有价证券可以取得发行者定期或不定期支付的收益，或者可以在证券市场上通过低买高卖获得价差收益。

从消费的角度来讲，投资者牺牲即期一定数量的消费，将消费资金转化为资本投资于有价证券。牺牲即期的消费是为了更长远的消费，通过投资行为，预期可以在将来得到更多、更满意的消费。而且，证券投资不同于积蓄，积蓄是对消费的推迟，不会导致财富的增值。

证券投资的实质是获取未来收益，实现资本增值。

1.2.2.2　证券投资的三要素

证券投资的三要素为：收益、风险、时间。

(1) 收益

收益是证券投资中最重要最基本的要素，是一切投资行为的根本动力。由于投资是即期消费的牺牲，投资者要求从投资回报中得到补偿，同时，投资存在风险，投资者要求得到相应的风险补偿。

证券投资收益通常由两部分构成：一部分是当前收益，主要包括股息、红利、利息等；另一部分是资本收益或资本损失，是有价证券在不同时间由于不同原因造成的价格波动产生的证券价差。不同证券性质不同，收益构成各异。例如，债券收益中利息占的比重较大；股票收益则更看重资本收益或损失，即股票价格差异，此外，股东还享有对企业的各种权利。

(2) 风险

投资结果存在不确定性，几乎每一项投资都存在风险，风险与收益相伴相生，贯穿整个投资过程。不同类型的有价证券，风险各不相同。通常，证券投资所承担的风险与预期获得的收益成正比，即风险越高，收益越大；反之，风险小，收益低。需要注意的是：高风险不一定意味着高收益，高收益不一定产生高风险。风险是可以通过多元化等手段进行管理和控制的，可以在承担既定风险的前提下，尽可能多地取得收益，或在取得同样多的收益的情况下承担尽可能少的风险。简单来说，面对不同投资选择，风险一样，选择收益高的;收益一样,选择风险低的。

(3) 时间

证券投资者投资过程长短的时间量化。需要注意两个方面:一方面是投资时点,何时成为证券持有人,何时增加或减少有价证券的数量;另一方面是证券持有的时间段,即持有证券时间的长短。时间与证券投资的利益、风险有直接联系。通常,投资时间越长,预期收益越高,风险越大。投资者需要根据自身资金情况和预期收益在投资时间上做出决策。

1.2.2.3 证券投资的特点

(1) 证券投资具有高收益的可能性

证券投资收益一般由两部分组成:一是资本增值,即获取股息红利或利息收入;二是资本利得,即二级市场的买卖差价(价差收入)。通常,证券投资的收益率高于同期限银行存款的利息率,有时证券投资者的资本可以成倍增长,甚至更多,高收益的可能性使得证券投资充满吸引力。

(2) 证券投资属于风险投资

证券投资的高收益伴随着高风险,收益与风险如影随形。证券投资的风险主要来源于系统风险和非系统风险。系统风险是指国内外政治形势和宏观经济政策等因素造成的不确定性,导致证券价格波动使投资者遭受损失,这种风险不能通过分散投资加以消除,因此又称为不可分散风险;非系统风险是指证券发行主体因为经营管理不善、财务状况不佳造成的不确定性,导致其证券价格波动使投资者遭受损失,这种风险对某个行业或个别证券产生影响,在投资过程中可以通过分散投资加以消除,因此又称为可分散风险。

(3) 没有严格的投资资格和投资额度的限制

证券投资对投资主体没有严格的条件限制,只要是具有资金来源和投资决策权,享受投资收益,并承担投资风险的法人和自然人均可进行证券投资。除期货等投资工具因为有高杠杆特点,投资门槛较高之外,其他类型证券的投资额度下限较低,尤其是股票、债券等基础投资工具。因而,证券投资吸引了众多的投资者,投资主体多元化,体现了广泛的社会性。

(4) 实行公开信息披露制度

各国的法律法规明确规定,上市证券的发行主体必须公开披露相关信息(但不限于),如招股说明书、上市公告书、定期报告(如年报、中报和季报等)、临时报告(如重大事件公告、收购与合并公告等)等。所公开披露的相关信息必须真实、准确、完整,不得有虚假记载、误导性陈述或者重大遗漏,并就其保证承担连带责任。公开披露的信息涉及财务会计、法律、资产评估等事项的,应当由专业中介机构(如具有证券从业资格的会计师事务所、律师事务所和资产评估事务所等)审查验证,出具意见,并对此承担相应的法律责任,以保护广大投资者的利益。

1.2.2.4 证券投资与证券投机

(1) 证券投机的概念

广义的投资即投机。西方学者普遍认为,投资与投机的概念相差无几。我国学者认为,投资是稳健的投机,投机是冒险的投资。

狭义的证券投机指，证券持有者愿意承担遭受经济损失的风险，较为频繁地进行证券交易活动，利用市场价格波动赚取利润的行为。从交易动机的角度来讲，证券投机者既没有套期保值需要，也并非因为发现一个或多个市场证券价格的不合理的相对应关系进行套利，而是单纯进入证券市场，仅根据自己的预期，利用有价证券的价格波动频繁进行交易操作，通过承担可能遭受经济损失的风险获取相应预期风险收益的行为。投机是基于投资者对投资对象未来价格走势判断而进行买进卖出的行为，在市场变动方向与预期方向一致时获利，不一致时亏损。

(2) 证券投资与证券投机的区别与联系

证券交易实务中，有人认为：证券市场中频繁交易，只追逐市场价格波动而忽视导致波动动因的行为属于投机行为；从宏观、行业、微观深入分析价格波动动因，选择具备收益潜力的有价证券而不频繁交易的行为属于投资行为。还有人认为：西方讲"投资"，中国证券市场讲"炒"，投机更类似于中国的"炒"。以上说法都较为主观，证券投资与证券投机的区别如下：

①交易动机不同　证券投资注重长期稳定的投资回报，其进入市场持有证券并参与交易的目的在于获得证券未来支付的股息、红利、利息等回报，或者是发现一个或多个市场间客观存在的价格差异，为获取无风险收益而进行套利，或者利用衍生证券的特点进行套期保值。证券投机则是为谋取短期收益，单纯追逐证券价格波动，通过频繁的买进或卖出证券从中赚取差价收入。

②分析方法不同　证券投资者注重证券实际价值与价格的关系分析，买卖证券时注重从宏观、行业、公司等基本面进行分析，如注重公司业绩及未来盈利能力、宏观经济背景与行业发展前景等因素的分析。投机者不注重证券本身的价值分析，更关注当前证券市场行情波动，更侧重技术分析，努力寻求买卖时机，以证券价格变化趋势作为决策依据。

③投资时间长短不同　通常，证券投资者持有证券时间较长，以享受其资本增值与收益回报；投机者持有证券时间较短，低买高卖，交易频繁。但时间长短只是一个相对概念，一种表现形式，不能一概而论。

④对风险的偏好程度不同　证券投资者一般都是风险厌恶者，他们关注资金安全，以多种方式规避风险，他们宁可只赚取较少的但却较稳定的收益，也不愿承担较大的风险；而投机者风险偏好，他们为谋求更高的收益率，愿意承担较大风险。

⑤资金来源不同　证券投资者多用自有资金；投机者多利用借贷资金。

⑥对市场影响不同　通常认为证券投资行为对市场具有促进作用。投机行为对市场则有利有害：一方面，投机行为可以促进价格达到均衡，为证券提供了流动性，能够分担价格波动风险；另一方面，过度投机能够造成证券价格偏离其自身价值，产生泡沫，引起市场动荡，影响正常经济运行。

证券投资与证券投机有以下联系：

①两者在形式上难以区分　证券投资和投机都是通过持有并参与交易证券，承担一定风险以获得预期收益的经济活动。两者承担风险的目的是一致的，都在于获取预期收益；两者都有收集、整理、分析信息形成投资决策，抓住机会为获利而投入的特点。

②两者可以相互转化　投资与投机是一对孪生兄弟，在一定条件下，两者可以进行相

互转化。证券投资者买入证券后准备长期持有，在面临非预期的短期内的证券价格大幅波动的情况下将证券卖出，投资行为就变成了投机行为。反之，投机者原准备买入证券转手谋利，但由于价格下跌被"套牢"或偶然发现发行主体出现利好，有更大的预期盈利水平转而长期持有证券，投机行为就变成了投资行为。

③投机是投资的手段和方式　理想的投资代表投资者的主观愿望，他们既希望获得股息、红利或利息等资本增值收益，也希望获得由价格波动形成的价差收益，但是面临市场的剧烈变动，他们也会改变初衷参与投机，因而投机是投资的手段和方式。如果证券市场中只存在投资行为，那么就无法有效发挥证券的各项功能，证券的流动性也会大打折扣；如果证券市场只有投机行为，则会放大风险、形成泡沫进而影响市场的正常运作和发展。两者无需区分孰优孰劣，也不必从道德上区分高尚或卑劣，投资切忌盲目，投机则切忌演变为单纯的赌博。

1.2.2.5　证券投资的非理性行为

传统经济、金融理论是建立在有效市场假说、完全理性人假说基础之上的。而大量实践证据表明，市场有可能出现失灵，投资者也不一定完全理性。

行为经济学作为一门新兴学科，以实验研究为基础，以市场参与者表现出的真实情况为研究对象，以解释市场出现的问题为目标，对传统经济理论的基础假设提出质疑并进行修正和补充。行为经济学认为：市场参与者是有限理性的，投资者会犯错误，而且对某一类错误会反复出现，大多数时候，市场中的理性和有限理性参与者都对市场起作用，认知过程的偏差、情绪、情感、偏好心理、文化等因素都会导致市场参与者无法以理性人的方式对市场做出无偏估计。

行为经济学对传统经济理论的修正和补充也逐渐受到人们的认可和关注，诺贝尔经济学奖也多次颁发给研究行为经济学的学者，这更加说明该学科的重要作用。投资行为归根结底是人的行为，人不是一架冰冷的投资机器，而是一个有思想、有情绪、有感情的鲜活个体。在学习证券投资相关理论的同时，需要学习行为经济学的相关知识，如羊群效应、锚定效应、心理账户等，注意证券投资过程中出现的投资者的非理性行为，才能更全面、更有效地达到投资的目的。

1.3　证券投资学的基本内容与研究方法

1.3.1　证券投资学的基本内容

证券投资学的基本内容是由其研究对象决定的，主要包括以下内容：

(1) 证券投资的基本知识

主要包括证券投资概述、证券投资工具、证券市场、证券市场监管几部分。

(2) 证券投资的基本分析

从宏观、中观到微观的不同角度进行分析，主要包括证券投资的宏观经济分析、证券投资的行业分析和公司分析三部分内容。

(3) 证券投资的技术分析

主要包括证券投资技术分析概述、证券投资技术分析的主要理论和方法(如K线理论、切线理论、形态理论、道氏理论、波浪理论等内容)、证券投资的技术指标分析(如市场趋势指标分析、市场动量指标分析、市场大盘指标分析、市场人气指标分析等内容)。

1.3.2 证券投资学的研究方法

证券投资学是一门综合性、实务性较强的学科,既强调基础理论,又强调实务操作应用,这也决定了其研究方法上的特点。

(1) 规范分析与实证分析并重,定性分析与定量分析结合

从分析的角度来讲,证券投资过程是一个复杂的过程,既要依据理论得出科学结论,也要广泛考察个案,关注实证数据并加以整合分析。不但要发现并把握可能出现的影响因素,也要弄清这些因素产生的原因,影响的程度。任何一个投资决策的形成,都是建立在定性分析与定量分析相结合的基础之上。否则,这样的结论就不能为投资提供准确的决策依据。

(2) 具体问题具体分析

注重结论的特定性与适用环境,不强调其普适性和唯一性。证券投资过程中能够影响投资结果的因素多而复杂,而且处在不断的运动变化过程中,市场走势还会受到投资者心理、情绪的影响。有些结论、观点只符合特定环境下的特定情况,任何的技术、方法都有其适用范围,不可能屡试不爽,应当多参考不同指标进行综合分析,不能机械套用,更不能盲目推崇。

(3) 注重动态分析考察

证券投资学作为一门实践性较强的学科,不仅要运用理论归纳总结、认识现象、发现问题,还需要根据所掌握的信息发现规律,准确预测,弄清事物发展的趋势、方向,提高投资收益。因此,该学科强调动态分析能力。

总之,证券投资学作为一门综合性、实务性较强的学科,在金融学体系中的作用十分重要。通过本课程的学习,人们可以掌握证券投资的基础知识,了解证券市场的运作过程,掌握证券投资分析的理论和方法等。

▲延伸阅读

邓小平赠送"小飞乐"股票

1986 年,中国股票市场方兴未艾,11 月 13 日,颇具历史意义的中美金融市场研讨会在北京人民大会堂召开。会议期间,邓小平同志会见了时任美国纽约证券交易所董事长兼执行主席约翰·凡尔霖。凡尔霖赠送邓小平两件礼物:美国纽约证券交易所的证券样本和一枚可以自由通行纽约证券交易所的徽章。小平同志选择了当时票面要素比较齐全的一张面额为 50 元人民币的上海飞乐音响公司股票回赠给凡尔霖。这张"小飞乐"股票成为新中国第一张被外国人拥有的股票,凡尔霖成为中国上市公司第一位外国股东。

期间,发生了很多趣事:据说凡尔霖拿到"礼物"十分感兴趣,仔细一看,发现股票上股东户名写的是周芝石(时任中国人民银行上海分行副行长)的名字。凡尔霖提出过户,但当时北京没有证券交易部门,会议结束,凡尔霖前往上海为股票过户。据说凡尔霖提出希望提供警车开道,但当时按规定只有国家元首才能免费使用警车开道。作为变通,凡尔霖最终支付 2000 美金警车费用,来到了 1986 年 9 月成立的,新中国第一个证券交易部——中国工商银行上海分行信托投资公司静安营业部办理了过户手续。

有人说凡尔霖花 2000 美金为当时价值 50 元人民币的一张股票过户不值得,事实是:1990 年 12 月 19 号上海证券交易所成立时,由于多年的送配,1 股飞乐音响股票已经变成了 3183 股,50 元人民币已经变为 10 多万元人民币,投资回报率高达 2152 倍,并且这还是 20 多年前的回报。凡尔霖赚了还是赔了?

(来源:腾讯资讯)

郁金香泡沫

荷兰位于欧洲西北部,以海堤、风车、郁金香和宽容的社会风气闻名世界。荷兰在地理大发现的推动下逐渐兴起海上贸易,并创造了良好的信誉,积累了大量财富。金融史上很多标柄史册的里程碑事件出现在这个国家:1602 年创办的荷兰联合东印度公司,具有股份公司的特点,是前所未有的经济组织,鼎盛时期其贸易额占世界贸易总额的一半;1609 年,世界上第一个证券交易所诞生于阿姆斯特丹;阿姆斯特丹银行创立,吸存放贷,发明了信用并以立法保护。大量股息流入,金银货币以空前速度流通,荷兰人有钱了。投资还是消费,是一个问题。

16 世纪,郁金香从土耳其引进欧洲,由于数量非常有限,形象符合欧洲人审美,人们以拥有郁金香珍品作为显示地位和身份的象征,因此备受青睐。人们争相购买,导致其价格不断上涨。当时尚变成了投机的狂热,其价格严重偏离其自身价值,人们购买郁金香已经不再是为了其内在价值或作观赏之用,而是期望其价格能不断上涨并因此获利。(这种总是期望有人愿意出价更高的想法,被称为"博傻理论")

从达官显贵到走卒贩夫,甚至扫烟囱的工人和洗衣服店里的老妇,都加入了郁金香投机的行列。为了方便郁金香交易,人们甚至在阿姆斯特丹证券交易所内开设了固定的交易市场。1637 年,郁金香价格涨到骇人听闻的程度。与上年相比,其总涨幅高达 5900%。一株名为"永远的奥古斯都"的郁金香售价高达 6700 荷兰盾,这笔钱足以买下阿姆斯特丹运河边的一幢豪宅,而当时荷兰人的平均年收入只有 150 荷兰盾。

1637 年 2 月,随着郁金香交割时间的临近,投机者们意识到:一旦郁金香球茎种到地里,就很难再买卖了。人们开始怀疑,如此昂贵的郁金香究竟价值几何?合同持有者宁可折价也愿意抛售。人们信心逐渐动摇,郁金香价格开始下降,这又导致人们对郁金香信心的进一步丧失,这个时候市场上很难再找到"傻瓜",郁金香市场在 1637 年 2 月 4 日突然崩溃,公众开始陷入恐慌,一夜之间,郁金香价格一泻千里。虽然荷兰政府发出紧急声明劝告市民停止抛售,并试图以合同价格的 10% 来了结所有的合同,但这些努力毫无用处。一周后,郁金香价格平均下跌 90%,普通郁金香的价格甚至不如一颗洋葱。绝望之中,人们涌向法院,希望借助法律的力量挽回损失。1637 年 4 月,荷兰政府决定终止所有合同,禁止投机式的郁金香交易,从而彻底击破了这次历史上空前的经济泡沫。泡沫的最终破灭导致千百万人倾家荡产,荷兰从此国力大衰,一蹶不振。

郁金香效应,昭示了投机活动中的各种要素和环节:对财富的狂热追求、羊群效应、理性的完全丧失。人们意识到投机并不创造财富,而只是财富的转移。

(来源:人民网,2013)

思考题

一、名词解释

证券,有价证券,资本证券,投资,风险,证券投资,证券投机。

二、简答题

1. 什么是证券?简述证券的分类。
2. 什么是有价证券?简述有价证券的特点及分类。
3. 什么是投资?简述投资的特点与分类。
4. 简述风险与风险偏好。
5. 简述证券投资与投机的联系与区别。
6. 证券投资学的研究方法有哪些?

三、案例题

1771年,因无力承担巨额战争借款,英国政府建立了南海公司,并通过发行股票认购了总价值1000万英镑的政府债券。作为回报,英国政府对该公司经营的酒、醋、烟草等商品实行永久退税政策,并赋予该公司南美贸易垄断权。英国政府希望通过国家垄断经营来支付政府债务。1719年,英国政府允许中奖债券与南海公司股票进行转换,同年年底,南美贸易出现利好,南海公司股价开始上涨。公众投资该公司股票主要是基于它的垄断经营权、政府信用和对未来的预期。加上政府官员和内部人员的交易直接导致股价飙升。1720年,南海公司的股票从128英镑升到1100英镑。而事实上,南海公司并无实际业务,只有船数艘,股票价格泡沫不断膨胀。

在南海公司股票价格暴涨的影响下,大量模仿南海公司的各种公司不断涌现,一些不法商人和骗子公司乘机浑水摸鱼,导致全英所有股份公司的股票都成了投机对象,股票价格平均涨幅超过5倍。人们完全丧失了理智,他们不在乎这些公司的具体业务、经营状况和发展前景,只关注发起人承诺他们的巨大利润。大科学家牛顿在事后不得不感叹:"我能计算出天体的运行轨迹,却难以预料到人们如此疯狂。"

1720年6月,为了制止各类公司"泡沫"的膨胀,英国政府不得不颁布《反泡沫公司法》,许多公司被强制解散。公众逐渐开始清醒过来,对一些公司的怀疑也逐渐扩展到南海公司身上。外国投资者首先开始抛售南海股票,国内投资者纷纷跟进,南海股价很快一落千丈,9月跌至每股175英镑,12月跌到124英镑。南海泡沫终于破灭,国会建立调查委员会,抓捕了几十个高官,没收资产,对股东进行偿还。

问题1:案例中反映了投资者的疯狂,试述证券投资的非理性行为。

问题2:案例中表现了证券投资和证券投机行为,什么是证券投资?什么是证券投机?试述证券投资与证券投机的区别与联系。

第 2 章 证券投资工具

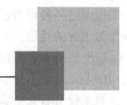

本章提要

通过本章学习，掌握股票、债券和证券投资基金的概念、性质、特点和分类，掌握金融衍生工具的概念、特点、分类、功能等，掌握金融期货、金融期权和权证的概念、特点及分类等内容，了解和掌握证券投资工具的基础知识，为进一步学习证券投资奠定理论基础。

2.1 股 票

2.1.1 股票概述

随着股份公司这一企业组织形态的产生，股票也随之出现，至今已有将近400年的历史。同时，股票市场的演变又促进了股票融资活动和股份公司的发展和完善，从而使股票成为企业筹资的重要渠道和方式。

2.1.1.1 股票的概念

股票是股份有限公司在筹集资本时向出资人或投资者发行的股份凭证，代表其持有者（即股东）对股份公司的所有权。这种所有权是一种综合权利，如参加股东大会、投票表决、参与公司的重大决策、收取股息或分享红利等。

同一类别的每一份股票所代表的公司所有权是相等的。每个股东所拥有的公司所有权份额的大小，取决于其持有的股票数量占公司总股本的比重。股票一般可以通过买卖方式有偿转让，股东能通过股票转让收回其投资，但不能要求公司返还其出资，即股东与公司之间的关系不是债权债务关系，而是所有权关系。股东是公司的所有者，以其出资额为限对公司负有限责任，承担风险，分享收益。

股票持有者凭股票从股份公司取得的收入是股息，股息的派发取决于公司的股息政策。优先股股东可以获得固定金额的股息，而普通股股东的股息是与公司的利润相关的。普通股股东股息的派发在优先股股东之后，必须所有的优先股股东满额获得他们曾被承诺的股息之后，普通股股东才有权获得股息。股票只是对一个股份公司拥有的实际资本的所有权证书，是参与公司决策和索取股息的凭证，不是实际资本，它只是间接地反映实际资本运动的状况，从而表现为一种虚拟资本。

从股票概念来看，主要包含以下几个方面的内容：

①股票是一种出资证明,当一个自然人或法人向股份有限公司参股投资时,便可获得股票作为出资的凭证。

②股票的持有者凭借股票来证明自己的股东身份,参与股份公司的股东大会,并对股份公司的经营发表意见。

③股票持有者凭借股票参与股份发行企业的利润分配,并在企业破产清算时,可以享受剩余财产分配权。

2.1.1.2 股票的性质

(1) 股票是一种有价证券

股票虽然本身没有价值,但其包含着股东要求股份公司按规定分配股息和红利的请求权,因此,股票也反映和代表着一定的价值。同时,股票与其代表的股东权利有不可分离的关系,股份权利的转让应与股票占有的转移同时进行,不能只转移股票而保持原来的股东权利,也不能只转让股东权利而不转移股票。

(2) 股票是一种要式证券

股票是经过国家主管机关核准发行的,具有法定性。股票不但要取得国家有关部门的批准才能发行上市,而且其票面必须具备一些基本的内容。股票凭证是股票的具体表现形式,股票凭证在制作程序、记载的内容和记载方式上都必须规范化并符合有关的法律法规和公司章程的规定。从这个意义上说,股票可以称为股份有限公司的一种法律文件。

(3) 股票是一种证权证券

证券可以分为设权证券和证权证券。设权证券是指证券所代表的权利本来不存在,而是随着证券的制作而产生,即权利的发生是以证券的制作和存在为条件的,典型代表有汇票、本票、支票等票据。而证权证券是指证券是权利的一种物化的外在形式,它是权利的载体,权利是已经存在的。股票代表的是股东权利,它的发行是以股份的存在为条件的,股票只是把已存在的股东权利表现为证券的形式,它的作用不是创造股东权利,而是证明股东的权利。股东权利可以不随股票的损毁遗失而消失,股东可以依照法定程序要求公司补发新的股票,所以股票是证权证券。

(4) 股票是一种资本证券

股份公司发行股票是一种吸引认购者投资以筹措公司自有资本的手段,对于认购股票的人来说,购买股票就是一种投资行为。因此,股票是投入股份公司的资本份额的证券化,属于资本证券。但是,股票又不是一种现实的财富,股份公司通过发行股票筹措的资金,是公司用于营运的真实资本,股票独立于真实资本之外,只是凭借着它所代表的资本额和股东权益在股票市场上进行着独立的价值运动,是一种虚拟资本。

(5) 股票是一种综合权利证券

股票不属于物权证券,也不属于债权证券。物权证券是指证券持有者对公司的财产有直接支配处理权的证券。债权证券是指证券持有者为公司债权人的证券。股票持有者作为股份公司的股东,享有独立的股东权利。股东权是一种综合权利,股东依法享有资本收益、重大决策、选择管理者的权利。

股东虽然是公司财产的所有人,享有种种权利,但对于公司财产不能直接支配处理,而对财产的直接支配处理是物权证券的特征,所以股票不是物权证券。另外,一旦投资者购买了公司股票，即成为公司部分财产的所有人，但该所有人在性质上是公司内部的构成分子，而不是公司的债权人，所有股票也不是债权证券。

2.1.1.3 股票的特征

(1) 收益性

收益性是股票最基本的特征，它是指股票可以为持有人带来收益的特性。持有股票的目的在于获取收益。股票的收益来源可分成两类：一是来自股份公司。认购股票后，持有者即对发行公司享有经济权益。这种经济权益的实现形式是从公司领取股息和分享公司的红利。股息或红利的多少，主要取决于公司的盈利水平和公司的盈利分配政策。二是来自股票流通。股票持有者可以持股票到依法设立的证券交易场所进行交易，当股票的市场价格高于买入价格时，卖出股票就可以赚取差价收益，这种差价收益称为资本利得。

(2) 风险性

风险性是指持有股票可能产生经济利益损失的特性，具体表现为股票的价格波动性。股票风险的内涵是股票投资收益的不确定性，或者说实际收入与预期收入之间的偏差。风险是一个中性概念，风险不等于损失。

股票在交易市场上作为交易对象，与商品一样，有自己的市场行情和市场价格。由于股票价格要受到诸如公司经营状况、供求关系、银行利率、大众心理等多种因素的影响，其波动有很大的不确定性。正是这种不确定性，有可能使股票投资者遭受损失。价格波动的不确定性越大，投资风险也越大，因此股票是一种高风险的金融产品。例如，1999年11月5日，中国石油天然气集团公司在重组过程中按照《中华人民共和国公司法》（以下简称《公司法》）成立了股份有限公司——中国石油天然气股份有限公司，该公司于2007年11月5日成功上市，证券简称为中国石油，证券代码为601857，上市首日收盘价为43.96元，而2017年3月3日其收盘价已经跌为8.04元。如果在高价位买进该股，就会导致严重损失。

(3) 流通性

股票的流通性是指股票在不同投资者之间的可交易性。股票持有人不能从公司退股，但股票转让为其提供了变现的渠道。流通性通常以可流通的股票数量、股票成交以及股价对交易量的敏感程度来衡量。可流通股数越多，成交量越大，价格对成交量越不敏感（价格不会随着成交量一同变化），股票的流通性就越好，反之就越差。股票的流通，使投资者可以在市场上卖出所持有的股票，以取得现金。通过股票的流通和股价的变动，可以看出人们对于相关行业和上市公司的发展前景及盈利潜力的判断。那些在流通市场上吸引大量投资者、股价不断上涨的行业和公司，可以通过增发股票，不断吸收大量资本进入生产经营活动，进而取得优化资源配置的效果。

(4) 永久性

永久性也称不可偿还性，是指股票所载有权利的有效性是始终不变的，因为它是一种无期限的法律凭证。股票的有效期与公司的存续期间相联系，两者是并存的关系。股票是一种无偿还期限的有价证券，投资者认购了股票后，就不能再要求退股，只能到二级市场卖给第三者。股票的转让只意味着公司股东的改变，并不减少公司资本。从期限上看，只要公司存在，它所发行的股票就存在，股票的期限等于公司存续的期限。

(5) 参与性

参与性是指股票持有人有权参与公司重大决策的特性。股票持有人作为股份公司的股东，有权出席股东大会，选举公司董事会，行使对公司经营决策的参与权。股票持有者的投资意志和享有的经济利益，通常是通过行使股东参与权来实现的，而股东参与公司决策的权利大小，取决于所持有的股份多少。从实践中看，只要股东持有的股票数量达到左右决策结果所需要的实际多数，就能掌握公司的决策控制权。

2.1.2 股票分类

2.1.2.1 按上市地区划分

对注册地在中国内地的上市公司来说，其所发行的股票因为上市地区不同主要分为以下几种：

(1) A 股

A 股的正式名称是人民币普通股票。它是由我国境内的公司发行，供境内机构、组织或个人以及境外合格投资者(QFII)以人民币认购和交易的普通股股票。

(2) B 股

B 股也称人民币特种股票，是指那些在中国内地注册、在中国内地上市的特种股票。B 股以人民币标明面值，只能以外币认购和交易。

(3) H 股

H 股是境内公司发行的以人民币标明面值，供境外投资者用外币认购，在香港联合交易所上市的股票。

(4) N 股

N 股是境内公司发行的以人民币标明面值，供境外投资者用外币认购，在纽约证券交易所上市的股票。但在实践中，大多数非美国公司(不包括加拿大公司)都采用存托凭证(ADR)形式而非普通股的方式进入美国股票市场。存托凭证是一种以证书形式发行的可转让证券，通常代表一家外国公司的已发行股票。另外，还有越来越多的中国企业在纳斯达克(NASDAQ)挂牌，NASDAQ 是美国的一个电子证券交易机构，是全国证券协会行情自动传报系统(National Association of Securities Dealers Automated Quotations System)的缩写，在这一市场挂牌的中国企业股票一般被称为纳指中国概念股。

(5) S 股

S 股是境内公司发行的以人民币标明面值，供境外投资者用外币认购，在新加坡交易所上市的股票。这些企业生产、经营等核心业务和注册地均在中国内地。

2.1.2.2 按股票代表的股东权利划分

(1) 普通股

普通股是指在公司的经营管理、盈利及财产的分配上享有普通权利的股份，代表满足所有债权偿付要求及优先股股东的收益权与求偿权要求后对企业盈利和剩余财产的索取权。普通股是构成公司资本的基础，是股票的一种基本形式。目前，在上海和深圳证券交易所上市交易的股票都是普通股。

普通股股东按其所持的股份比例享有以下基本权利：

①公司决策参与权　普通股股东有权参与股东大会，并有建议权、表决权和选举权，也可以委托他人代表其行使股东权利。

②利润分配权　普通股股东有权从公司利润分配中得到股息。普通股的股息是不固定的，由公司盈利状况及其分配政策决定。普通股股东必须在优先股股东取得固定股息之后才有权享受股息分配。

③优先认股权　如果公司需要扩张而增发普通股股票，现有普通股股东有权按其持股比例，以低于市价的某一特定价格优先购买一定数量的新发行股票，从而保持其对企业所有权的原有比例。

④剩余资产分配权　当公司破产或清算时，若公司的资产在偿还欠债后还有剩余，其剩余部分按先优先股股东、后普通股股东的顺序进行分配。

(2) 优先股

优先股在利润分配及剩余财产分配的权利方面，优先于普通股。

优先股股东有两种权利：

①优先分配权　在公司分配利润时，拥有优先股的股东与持有普通股的股东相比，分配在先，但是享受固定金额的股利，即优先股的股利是相对固定的。例如，若公司不对优先权股东进行股利分配，则不能对普通股股东进行股利分配，因为优先股股东优先于普通股股东分配股利。

②剩余财产优先分配权　若公司清算，在分配剩余财产时，优先股在普通股之前分配。在很多国家，当公司决定连续几年不分配股利时，优先股股东可以进行股东大会来表述他们的意见，以保护他们的权利。

根据优先股和普通股的不同特点，优先股和普通股有如下区别：

①股息　优先股相对于普通股可优先获得股息。如果企业在年度内没有足够现金派发优先股股息，普通股是不能分发股息的。股息数量由公司董事会决定，但当企业获得优厚利润时，优先股不会获得超额收益。

②剩余财产优先分配权　当企业宣布破产并变卖企业资产后，只有在全面偿还优先股股东后，剩下的才由普通股股东分享。

③投票权　优先股股东没有参与企业决策的投票权，但在企业长期无法派发优先股股息时，优先股股东有权派代表加入董事会，以协助改善企业财务状况。

④优先购股权　普通股股东在企业发行新股时，可获得优先购买与持股量相称的新股，以防止持股比例被稀释，但优先股股东无权获得优先发售。

此外，优先股与债券之间也有明确的区别，见表2-1。

表2-1　优先股与债券的区别

比较项目	优先股	债券
持有人身份	为公司股东，优先股股息上没有法律约束力，若公司无力派发股息，不可以此理由提出法律控诉，但有权派代表加入董事会，以协助改善财务状况	为公司债权人，故在债券利息上具有法律权利，若公司无力派发利息，可以此理由提出法律控诉

(续)

比较项目	优先股	债券
回报分析	稳定，回报率较高	固定，回报率较低
风险水平	低	更低
公司破产时的求偿权	求偿权在债券之后	优先求偿权
到期日	无到期日	有到期日

2.1.2.3 其他分类

(1) 记名股票和无记名股票

记名股票和无记名股票主要是根据股票是否记载股东姓名来划分的。记名股份是在股票上记载股东的姓名，如需转让，必须经公司办理过户手续。无记名股票在股票上不记载股东的姓名，如需转让，通过交付即可生效。

(2) 有票面值股票和无票面值股票

有票面值股票和无票面值股票主要是根据股票是否记明每股金额来划分的，有票面值股票是在股票上记载每股的金额。无票面值股票只是记明股票和公司资本总额，或每股占公司资本总额的比例。

(3) 单一股票和复数股票

单一股票和复数股票主要是根据股票上表示的份数来划分的。单一股票是指每张股票表示一股。复数股票是指每张股票表示数股。

(4) 表决权股票和无表决权股票

表决权股票和无表决权股票主要是根据股票持有者有无表决权来划分的，普通股票持有者都有表决权，在某些方面享有特别利益的优先股票持有者在表决权上常受到限制。无表决权的股东不能参与公司决策。

2.1.3 股票的价值和价格

2.1.3.1 股票的价值

股票是虚拟资本的一种形式，它本身没有价值。从本质上讲，股票仅是一个拥有某一种所有权的凭证。股票之所以能够有价，是因为股票的持有人，即股东，不但可以参加股东大会，对股份公司的经营决策施加影响，还享有参与分红与派息的权利，获得相应的经济利益。从不同的角度进行考察，股票价值可以体现为票面价值、账面价值、清算价值及内在价值。

(1) 票面价值

股票的票面价值又称面值，即在股票票面上标明的金额。该种股票被称为有面额股票。股票的票面价值在初次发行时有一定的参考意义。如果以面值作为发行价，称为平价发行，此时公司发行股票募集的资金等于股本的总和，也等于面值总和。发行价格高于面值称为溢价发行，募集的资金中等于面值总和的部分记入资本账本，以超过股票票面金额的发行价格发行的股份所得的溢价款列为公司资本公积金。

股票面值的另一个作用是代表了每份股权占总股权的比例，为确定股东权益提供依据。然而，随着公司净资产的不断变化，股票的面值与其每股净资产逐渐背离，与其市场价格和投资价值也没有了必然联系。

(2) 账面价值

股票的账面价值又称股票净值或每股净资产，是每股股票所代表的实际资产的价值。股票的账面价值越高，公司的运营资本基础就越雄厚，股票就越具有投资价值，所以账面价值是分析股票投资价值的重要指标。股票账面价值的计算公式为：

$$账面价值 = (资产总额 - 负债总额 - 优先股价值) \div 发行在外的普通股股数$$

(3) 清算价值

股票的清算价值是公司清算时每一股份所代表的实际价值。从理论上说，股票的清算价值应与账面价值一致，但实际上并非如此。只有当清算时公司资产实际出售价款与财务报表上的账面价值一致时，每一股份的清算价值才与账面价值一致，但在公司清算时，其资产往往只能低价出售，再加上必要的清算费用，所以大多数公司的实际清算价值低于其账面价值。

(4) 内在价值

股票的内在价值即理论价值，也是股票未来收益的现值。股票的内在价值决定股票的市场价格，股票的市场价格总是围绕其内在价值波动，但由于受供求关系以及其他许多因素影响，股票的市场价格与其内在价值又不会绝对相等。研究和发现股票的内在价值，并将内在价值与市场价格相比较，进而决定投资策略是证券研究人员、投资管理人员的主要任务。由于未来收益及市场利率的不确定性，各种价值模型计算出来的内在价值只是股票真实的内在价值的估计值。经济形势的变化、宏观经济政策的调整、供求关系的变化等都会影响股票未来的收益，引起其内在价值的变化。

2.1.3.2 股票的价格

股票的价格包括理论价格和市场价格两种。

(1) 理论价格

股票的理论价格是指以一定利率计算出来的未来收益的现值。股票的现值就是股票的未来收益，即人们为了得到股票的未来收益，愿意在现在支付的价格。

现值理论认为：人们之所以愿意投资股票，是因为股票能够为其持有人带来预期的收益，并且它的价值高低取决于未来收益的多寡。我们将股票的未来收益，即股息、资本利得以及股本增值称为期值，而后将股票的期值按市场利率和有效期折算成今天的价值，即为股票的现值。股票及其他有价证券的理论价格就是根据现值理论而得来的。股票理论价格的计算公式为：

$$股票理论价格 = 预期股息 \div 市场利率$$

(2) 市场价格

股票的市场价格一般是指股票在二级市场上买卖的价格，一般称为股票市价或股票行市。股票的市场价格由股票的价值决定，但同时受许多其他因素的影响。其中，供求关系是最直接的影响因素，其他因素都是通过作用于供求关系而影响股票价格的。由于影响股票价格的因素复杂多变，所以股票的市场价格呈现出高低起伏的波动性特征。

股票的市场价格包括开盘价、收盘价、最高价、最低价、买入价和卖出价等几种表现形式。

2.1.3.3 股票的股息与红利

(1) 分红

分红是公司对股东的投资回报。分红一般包括股息和红利两种基本形式。其中，股票持有者依据所持股票从发行公司分取盈利称为股息(其来源是公司的税后净利润)；股票持有者在取得股息后又从公司领取的收益称为红利(是股东在公司按规定股息率分派后取得的剩余利润)。

股息的利率是固定的，只有优先股股东才能享有；红利的数额受到公司业绩、股利政策、税收政策等方面因素影响，通常是不确定的，并会随着公司每年可分配盈余的多少而上下浮动。因此，有人认为红利是专指普通股股东的投资回报，而股息则专指优先股股东的投资回报。实际上，股息和红利有时并不加以仔细区别，而是被统称为股利或红利。

(2) 股息与红利的分配

①派发现金红利　是指公司直接以货币形式向股东支付红利，这是最常见的分红形式。一般来说，业绩优良的公司大多偏向于派发现金红利。在美国、英国等国家，现金分红已成为上市公司最主要的红利支付方式。

②送红股与转增股本　送红股是指公司以向股东发放股票的形式进行红利分配，从而将本年度利润转化为新的股本。公司处于成长期、投资机会较多、业绩增长较快，需要进行资本扩张时或公司借贷资金成本较高时均会采取送红股的形式。

转增股本是指公司将资本公积金转化为股本向股东发放股票，与送红股相似。

红股来自于公司的税后利润，送红股是将公司的税后利润转化为股本发放给股东，只有在公司有盈余的情况下，才能送红股；转增股本来自于资本公积金，它可以不受公司本年度可分配利润的多少及时间限制，只要相应减少公司账面上的资本公积金、增加注册资本金就可以了。严格来讲，转增股本并不是对股东的分红回报。

③增资配股　是指公司按一定比例向现有股东发行新股，属于再筹资的手段，股东要按配股价格和配股数量缴纳配股款，完全不同于公司对股东的分红。但在我国，增资配股常常被列为公司分红方案的一部分。

(3) 除权和除息

①除权和除息的概念　公司因分红(派现、送股或配股分红)，每股股票代表的实际价值发生了变化，即每股净资产有所减少，在发生该事实后，需要从股票价格中剔除这部分因素。因股本增加而形成的剔除行为称为除权；因现金分红而形成的剔除行为称为除息。

②股权登记日　是指享有股息、红利权益的统计日，即公司股东名册上最后登记在册的股东享有公司股息、红利的分配权。上市公司的股票是流动的，故在股权登记日之前任何时刻购入并持有该公司股票直到股权登记日收市时为止的在册股东均享有股息、红利分配权。

③含权、含息与除权除息日　公司分红时，需要确定股权登记日，登记日之前或当天持有或买进该股票的股东，可享受送股派息或配股的权利，即称为含权、含息；登记日的次个交易日称为除权除息日，此时再买入股票已不再享有上述权利。我国沪深两市的股票股息在除权日当天自动转入股东的电子账户里，现金股息在规定的时间里转入股东资金账

户中。股东只需在账户中查询即可。

（4）填权与贴权

填权和贴权是关于股价在除权后的升跌情况的市场用语，其实际内容已经不包含股票权益的变动，而只是一种行情走势的概念。股票除权除息当天或其后的一段时间，其交易价格一直高于除权除息基准价，这种行情称为填权。若股价上涨到除权除息前的价格（即股权登记日收盘价），则称为填满权；反之为贴权。

（5）除权价

除权日（一般为股权登记日的次交易日）确定后，在除权当天，证券交易所会依据分红的不同在股票简称上进行提示，在股票名称前加 XR 为除权，XD 为除息，DR 为权息同除。除权除息日的开盘价是以除权（除息）基准价为参考价的。

① 送股除权计算公式为：

$$送股除权价 = \frac{股权登记日收盘价}{1 + 送股比例}$$

② 配股除权价计算公式为：

$$配股除权价 = \frac{股权登记日收盘价 + 配股价 \times 配股比例}{1 + 配股比例}$$

③ 如果兼有派现、送股及配股的情况，除权价计算公式为：

$$除权价 = \frac{收盘价 + 配股比例 \times 配股价 - 每股所派现金}{1 + 送股比例 + 配股比例}$$

除权当天会出现除权报价，除权报价的计算会因分红或有偿配股而不同，除权价、除息价均由交易所在除权日当天公布。

【例 2-1】某上市公司每 10 股派发现金红利 1.50 元，同时按 10 配 5 的比例向现有股东配股，配股价格为 6.40 元。若该公司股票在除权除息日之前的收盘价为 11.05 元，则除权（息）报价应为 9.40 元，计算如下：

$$除权价 = [11.05 - 0.150 + 6.40 \times 0.5] \div (1 + 0.5) = 9.40 元$$

当然，除权日的开盘价不一定等于除权价，除权价仅是除权日开盘价的一个参考价格。当实际开盘价高于这一理论价格时为填权，在册股东即可获利；反之实际开盘价低于这一理论价格时为贴权。填权和贴权是股票除权后的两种可能，它与整个市场的状况、上市公司的经营情况、送配的比例等多种因素有关，并没有确定的规律可循。但一般来说，上市公司股票通过送配以后除权，其单位价格下降，流动性进一步加强，上升的空间也相对增加。不过，上市公司并不能任意送配，要根据企业自身的经营情况和国家有关法规来规范送配的行为。

（6）除息价

股票除息是指股票前一日的收盘价减去上市公司要发放的股息。股票发行企业在发放股息或红利时，需要事先进行核对股东名册、召开股东会议等多种准备工作，于是规定以某日在册股东名单为准，并公告在此日以后一段时期为停止股东过户期。停止过户期内，股息红利仍发给登记在册的旧股东，新买进股票的持有者因没有过户就不能享有领取股息红利的权利，这就称为除息。同时股票买卖价格应扣除这段时期内应发放股息红利数，这就称为除息交易。除息当日，证券交易所会在股票简称前加 XD 为除息进行提示。除息报

价计算如下:

$$除息报价 = 除息交易日收盘价 - 应发放现金红利$$

【例2-2】某股票股息登记日的收盘价是6.89元,每股送红利现金0.05元,则该股票的除息报价为:

$$除息报价 = 6.89 - 0.05 = 6.84(元)$$

2.2 债 券

2.2.1 债券概述

2.2.1.1 债券的概念

债券是一种金融契约,是政府、金融机构、工商企业等机构直接向社会借债筹措资金时,向投资者发行的,同时承诺按一定利率支付利息并按约定条件偿还本金的债权债务凭证。债券的本质是债务的证明书,具有法律效力。债券购买者(或投资者)与发行人之间是一种债权债务关系,债券发行人就是债务人,投资者(或债券购买者)就是债权人。

可见,债券的概念包含以下四层含义:

①债券的发行人(政府、金融机构、工商企业等机构)是资金的借入者。

②购买债券的投资者是资金的借出者。

③发行人(借入者)需要在一定时期还本付息。

④债券是债权债务的证明书,具有法律效力。债券购买者(或投资者)与发行人之间是一种债权债务关系,债券发行人就是债务人,投资者(或债券持有人)就是债权人。

2.2.1.2 债券的基本要素

债券是发行人依照法定程序发行的、约定在一定期限向债券持有人或投资者还本付息的有价证券。债券是一种债务凭证,反映了发行人与购买者之间的债权债务关系。尽管债券的种类多种多样,但在内容上都要包含一些基本的要素。这些要素是指发行的债券上必须载明的基本内容,这是明确债权人和债务人权利与义务的主要约定,具体包括:

(1) 债券面值

债券面值是指债券的票面价值,是发行人对债券持有人在债券到期后应偿还的本金数额,也是发行人向债券持有人按期支付利息的计算依据。债券面值与债券实际的发行价格并不一定是一致的,发行价格大于面值称为溢价发行,小于面值称为折价发行。

(2) 票面利率

债券的票面利率是指债券利息与债券面值的比率,是发行人承诺以后一定时期向债券持有人支付报酬的计算标准。债券票面利率的确定主要受到银行利率、发行者的资信状况、偿还期限和利息计算方法以及当时资金市场上资金供求情况等因素的影响。

(3) 付息期

债券的付息期是指企业发行债券后的利息支付时间。它可以是到期一次支付,或一年、半年、每季度支付一次。在考虑货币时间价值和通货膨胀因素的情况下,付息期对债券投资者的实际收益有很大影响。到期一次付息的债券,其利息通常是按单利计算的;而年内分期付息的债券，其利息是按复利计算的。

(4) 偿还期

债券的偿还期是指企业债券上载明的偿还债券本金的期限，即债券发行日至到期日之间的时间间隔。公司要结合自身资金周转状况及外部市场的各种影响因素来确定公司债券的偿还期。

2.2.1.3 债券的特征

债券作为一种债权债务凭证，与其他有价证券一样，也是一种虚拟资本，而非真实资本。债券作为一种重要的融资手段和金融工具，具有以下特征：

(1) 偿还性

债券一般都规定有偿还期限，发行人必须按约定条件偿还本金并支付利息。

(2) 流通性

债券一般都可以在流通市场上自由转让。

(3) 安全性

与股票相比，债券通常规定有固定的利率。债券与企业绩效没有直接联系，其收益比较稳定、风险较小。此外，在企业破产时，相对于股票持有者，债券持有者享有对企业剩余资产的有限索取权。

(4) 收益性

债券的收益性主要表现在两个方面：一是投资债券可以给投资者定期或不定期地带来利息收入；二是投资者可以利用债券价格的变动，通过买卖债券赚取差额。

2.2.2 债券分类

2.2.2.1 按发行主体分类

根据发行主体的不同，债券可分为政府债券、金融债券、公司债券。

(1) 政府债券

政府债券的发行主体是政府。中央政府发行的债券被称为"国债"，其主要用途是解决由政府投资的公共设施或重点建设项目的资金需要和弥补国家财政赤字。

(2) 金融债券

金融债券是银行及非银行金融机构依照法定程序发行并约定在一定期限内还本付息的有价证券。金融债券的发行目的主要有改善负债结构、增强负债的稳定、获得长期资金来源或者扩大资产业务等。

(3) 公司债券

公司债券是公司依照法定程序发行、约定在一定期限还本付息的有价证券。公司债券的发行主体是股份公司，但有些国家也允许非股份制企业发行债券。公司债券的风险性相对于政府债券和金融债券要大一些。公司发行债券的目的主要是满足经营需要。

2.2.2.2 按付息方式分类

根据债券发行条款中是否规定在约定期限向债券持有人支付利息，债券可分为贴现债券、附息债券、息票累积债券。

(1) 贴现债券

贴现债券又称为"贴水债券"，是指在票面上不规定利率，发行时按某一折扣率，以低于票面金额的价格发行，发行价与票面金额之差额相当于预先支付的利息，到期时按面额偿还本息的债券。

(2) 附息债券

附息债券的合约中明确规定，在债券存续期内，对持有人定期支付利息（通常每半年或每年支付一次）。按照计息方式的不同，这类债券还可细分为固定利率债券和浮动利率债券两大类。固定利率债券是在债券存续期内票面利率不变的债券。浮动利率债券是在票面利率的基础上参照预先确定的某一基准利率予以定期调整的债券。有些附息债券可以根据合约条款推迟支付定期利率，故被称为"缓息债券"。

(3) 息票累积债券

与附息债券相似，息票累积债券也规定了票面利率，但是债券持有人必须在债券到期时一次性获得本息，存续期间没有利息支付。

2.2.2.3 按募集方式分类

按募集方式分类，债券可分为公募债券和私募债券。

(1) 公募债券

公募债券是指发行人向不特定的社会公众投资者公开发行的债券。公募债券的发行量大，持有人数众多，可以在公开的证券市场上市交易，流动性好。

(2) 私募债券

私募债券是指向特定的投资者发行的债券。私募债券的发行对象一般是特定的机构投资者。2011年4月29日，中国银行间市场交易商协会制定的《银行间债券市场非金融企业债务融资工具非公开定向发行规则》正式发布实施，我国非金融企业已可以发行私募债券。

2.2.2.4 按担保性质分类

按担保性质分类，债券可分为有担保债券和无担保债券。有担保债券指以抵押财产为担保发行的债券；按担保品不同，又分为抵押债券、质押债券和保证债券。

(1) 有担保债券

①抵押债券　以不动产作为担保，又称不动产抵押债券，是指以土地、房屋等不动产作为抵押品而发行的一种债券。若债券到期不能偿还，持券人可依法处理抵押品受偿。

②质押债券　以动产或权利作为担保，通常以股票、债券或其他证券为担保。

③保证债券　以第三人作为担保，担保人或担保全部本息或仅担保利息。担保人一般是发行人以外的其他人，如政府、信誉好的银行或举债公司的母公司等，一般公司债券大多为担保债券。

(2) 无担保债券

无担保债券也被称为信用债券，是仅凭发行人的信用而发行，不提供任何抵押品或担保人而发行的债券。由于无抵押担保，所以债券的发行主体须具有较好的声誉，并且必须遵守一系列的规定和限制，以提高债券的可靠性。国债、金融债券、信用良好的公司发行的公司债券，大多为信用债券。

2.2.2.5 按债券券面形态分类

按照债券券面形态分类，债券可分为实物债券、凭证式债券和记账式债券。

(1) 实物债券

实物债券是一种具有标准格式实物券面的债券。在标准格式的债券券面上，一般印有债券面额、债券利率、债券期限、债券发行人全称、还本付息方式等各种债券票面因素。有时债券利率、债券期限等要素也可以通过公告向社会公布，而不在债券券面上注明。无记名国债就属于这种实物债券，它以实物券的形式记录债权、面值等，不记名、不挂失，可上市流通。

（2）凭证式债券

凭证式债券的形式是债权人认购债券的一种收款凭证，而不是债券发行人制定的标准格式的债券。我国1994年开始发行凭证式国债。凭证式国债可记名、挂失，不可上市流通。持有期提前支取，按持有天数支付利息。

（3）记账式债券

记账式债券是没有实物形态的票券，利用证券账户通过电脑系统完成证券发行、交易及兑付的全过程。我国1994年开始发行记账式国债。记账式国债可以记名、挂失，可上市流通，安全性好。投资者进行记账式债券买卖，必须在证券交易所建立账户。由于记账式债券的发行和交易均无纸质化，所以发行时间短、发行效率高、交易手续简便、成本低、交易安全。记账式国债的发行程序如图2-1所示。

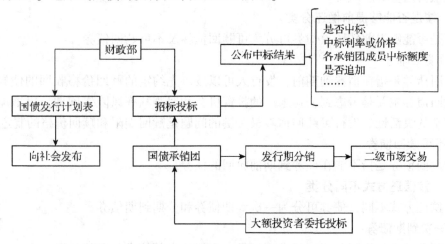

图2-1 记账式国债的发行程序

2.2.2.6 按期限长短分类

按期限长短划分，债券可分为短期、中期、长期债券。

一般期限在1年以下的为短期，通常有3个月、6个月、9个月等；期限在10年以上的为长期债券；期限在1~10年之间的为中期债券。

2.2.2.7 按是否能转换为公司股票分类

根据是否能转换为公司股票，债券可以分为可转换债券和不可转换债券。

（1）可转换债券

可转换债券是指在特定时期内可以按某一固定的比例转换普通股的债券，它具有债务与权益双重属性，属于一种混合性筹资方式。由于可转换债券赋予债券持有人将来成为公司股东的权利，因此其利率通常低于不可转换债券。若将来转换成功，发行企业在转换前达到了低成本筹资的目的，在转换后又可节省股票的发行成本。根据《公司法》的规定，发行可转换债券应由我国证券监管部门批准，发行公司应同时具备发行公司债券和发行股票的资格。

(2) 不可转换债券

不可转换债券是指不能转换为普通股的债券，也称普通债券。由于不可转换债券没有赋予债券持有人将来成为公司股东的权利，所以其利率应高于可转换债券。

2.2.2.8 按利率是否固定分类

根据利率是否固定，债券可以分为固定利率债券和浮动利率债券。

(1) 固定利率债券

固定利率债券是将利率印在票面上并按其向债券持有人付利息的债券。该利率不随市场利率的变化而调整，因而固定利率债券可以较好地抵御通货紧缩风险。

(2) 浮动利率债券

浮动利率债券是指债券利率随市场利率变动而调整的债券。因为浮动利率债券的利率同当前市场利率挂钩，而当前市场利率又考虑了通货膨胀率的影响，所以浮动利率债券可以较好地抵御通货膨胀风险。

2.2.2.9 按是否能够提前偿还分类

根据是否能够提前偿还，债券可分为可赎回债券及不可赎回债券。

(1) 可赎回债券

可赎回债券是指在债券到期前，发行人可以按事先约定的赎回价格收回的债券。公司发行可赎回债券主要是考虑到公司未来的投资机会和回避利率风险等问题，以增加公司资本结构调整的灵活性。发行可赎回债券最关键的问题是赎回期限和赎回价格的制定。

(2) 不可赎回债券

不可赎回债券是指不能在债券到期前收回的债券。

2.2.2.10 按偿还方式不同分类

根据偿还方式不同，债券可分为一次到期债券和分期到期债券。

(1) 一次到期债券

一次到期债券是发行公司于债券到期日一次偿还全部债券本金的债券。

(2) 分期到期债券

分期到期债券是指在债券发行的当时就规定有不同到期的债券，即分批偿还本金的债券。分期到期债券可以减轻发行公司集中还本的财务负担。

2.2.3 债券信用评级

债券信用评级，指证券信用评级机构就某一特定债券对债务人信誉的一种评价。债券信用评级大多是企业债券信用评级，是对具有独立法人资格企业所发行的某一特定债券的按期还本付息的可靠程度进行评估，并标示其信用程度的等级。这种信用评级，是为投资者购买债券和证券市场债券的流通转让活动提供信息服务。在证券市场较为发达的国家，除了信誉很高的中央政府外，地方政府债券和公司债券发行者都自愿向证券信用评级机构申请评级，以便较为顺利地销售债券。

债券的信用评级是指按一定的指标体系对准备发行债券的还本付息的可靠程度做出客

观公正的评价，其目的是将评价的债券信用等级指标公之于众，以弥补信息不充分或不对称的缺陷，保护投资者的利益。其评价的对象很广泛，除了中央政府证券外，凡需要公开发行的其他债券，如地方政府债券、公司债券、可转换公司债券、大面额可转让存单、商业票据、外国债券等都需要进行信用评级。债券的信用评级对发行者、投资者和管理机构都有重要意义。

对债券发行人来说，其对债券的成功发行具有特别重要的意义。如果以公募方式发行债券，该证券至少需要有一家公认的资信评级机构认定其信用级别。信用级别高的债券不仅可以得到低利率发行的优惠，降低筹资成本，还可以在较短的时间内发行数额较大且期限较长的债券，使发行工作顺利进行，且该证券上市后的价格也高。信用级别低或没有公布信用级别的债券，由于其风险较大，很难公开发行和成功发行。

债券的信用级别对投资者来说是投资决策的重要参考指标。由于大众投资者，或者因为没有时间，或者因为没有专业知识，或者因为得不到足够的信息而无法对诸多债券一一做出详尽分析再加以比较选择。因此，专业的信用评级机构做出的公开的、权威性的信用评级就成了投资者衡量其投资风险及评估其投资价值的主要依据。

另外，证券管理机构和证券交易所为了加强对债券的管理，也都需要一种比较客观公正的指标作为标准和管理的依据。由权威的信用评价机构的评价的债券信用等级就是较为理想的参考指标。

债券的信用评级应该是客观公正、不受任何感情因素影响的。其信用评级机构也应是独立的民间组织，与被评估对象之间不应有丝毫的利害关系。或者说，应该是独立的机构，既不受政府政策的影响，也不受任何大财团公司的操纵控制。信用评价机构根据证券发行人所提供的全部资料数据或从其他途径获得的一手资料做出客观公正的评价，它不对投资者承担任何法律上责任。其唯一职能就是让投资者及时客观地获知某种债券潜在的信用风险程度。

2.2.4 债券的收益率计算

债券收益率是债券收益与其投入本金的比率，通常用年率表示。债券收益不同于债券利息。债券利息仅指债券票面利率与债券面值的乘积。但是，由于人们在债券持有期内还可以在债券市场进行买卖，以赚取价差，因此债券收益除利息收入外，还包括买卖差价。

决定债券收益率的主要因素有债券的票面利率、期限、面值和购买价格。最基本的债券收益率计算公式为：

$$债券收益率 = \frac{到期本息和 - 发行价格}{发行价格 \times 偿还期限} \times 100\%$$

由于债券持有人可能在债券偿还期内转让债券，因此债券的收益率还可以分为债券出售者的收益率、债券购买者的收益率和债券持有期间的收益率。各自的计算公式如下：

$$债券出售者的收益率 = \frac{卖出价格 - 发行价格 + 持有期间的利息}{发行价格 \times 持有年限} \times 100\%$$

$$债券持有期间的收益率 = \frac{卖出价格 - 买入价格 + 持有期间的利息}{买入价格 \times 持有年限} \times 100\%$$

【例2-3】某人在2013年1月1日以102元的价格购买了一张面值为100元、利率为

10%、每年1月1日支付1次利息的2009年发行5年期国库券,持有到2014年1月1日到期,则:

$$债券出售者的收益率 = \frac{102 - 100 + 100 \times 10\% \times 4}{100 \times 4} \times 100\% = 10.5\%$$

$$债券购买者的收益率 = \frac{100 + 100 \times 10\% - 102}{102 \times 1} \times 100\% = 7.8\%$$

【例2-4】某人于2012年1月1日以120元的价格购买了一张面值为100元、利率为10%、每年1月1日支付一次利息的2011年发行的10年期国库券,并在2015年1月1日以140元的价格卖出,则:

$$债券持有期间的收益率 = \frac{140 - 120 + 100 \times 10\% \times 3}{120 \times 3} \times 100\% = 13.9\%$$

2.3 证券投资基金

2.3.1 证券投资基金概述

世界各国和地区对投资基金的称谓有所不同,证券投资基金在美国称为"共同基金",在英国和我国香港特别行政区称为"单位信托基金",在欧洲一些国家称为"集合投资基金"或"集合投资计划",在日本和我国台湾地区则称为"证券投资信托基金"。

2.3.1.1 证券投资基金的概念

证券投资基金是指通过发售基金份额,将众多不特定投资者的资金汇集起来,形成独立财产,委托基金管理人进行投资管理,基金托管人进行财产托管,由基金投资人共享投资收益、共担投资风险的集合投资方式。基金管理机构和托管机构分别作为基金管理人和基金托管人,一般按照基金的资产规模获得一定比例的管理费收入和托管费收入。

投资基金既是一种大众化的信托投资工具,也是一种积少成多的组合投资方式、投资制度,即投资者将资金委托给具有丰富的证券投资知识和经验的专家经营管理,进行分散投资,趋利避险,以达到分散投资风险,并兼顾资金的流动性和安全性而获利的目的,是很好的投资选择。

证券投资基金通过发行基金份额的方式募集资金,并以股票、债券等金融工具为投资对象,投资者通过购买一定数量的基金份额参与投资。因此,证券投资基金是一种间接投资工具。

2.3.1.2 证券投资基金的特征

证券投资基金的特点主要表现在以下五个方面:

(1) 集合理财、专业管理

投资基金将众多投资者的资金集中起来,委托基金管理人进行组合投资,表现出一种集合理财的特点。通过汇集众多投资者的资金,积少成多,有利于发挥资金的规模优势,降低投资成本。基金由基金管理人进行投资管理和运作,基金管理人一般拥有大量的专业投资研究人员和强大的信息网络,能够更好地对证券市场进行全方位的动态跟踪和深入分析。中小投资者将资金交给基金管理人管理,使其也能享受到专业化的投资管理服务。

(2) 组合投资、分散风险

为降低投资风险，大多数国家的法律都规定基金的投资运作必须以组合投资的方式进行，从而使"组合投资、分散风险"成为基金的显著特色。中小投资者由于资金量小，一般无法通过购买数量众多的有价证券分散投资风险。例如，在股票投资中，基金通常会购买几十种甚至上百种股票，投资者购买基金就相当于用很少的资金购买了一揽子股票，在多数情况下，某些股票下跌造成的损失可以通过其他股票上涨的盈利来弥补，因此可以充分享受到组合投资、分散风险的好处。

(3) 利益共享、风险共担

证券投资基金遵循"利益共享、风险共担"的原则。基金投资者是基金的所有者。基金投资收益在扣除由基金承担的费用后的盈余全部归基金投资者所有，并依据各投资者所持有的基金份额比例进行分配。为基金提供服务的基金托管人、基金管理人只能按规定收取一定比例的托管费、管理费，并不参与基金收益的分配。

(4) 严格监管、信息透明

为切实保护投资者的利益，增强投资者对基金投资的信心，各国(地区)基金监管机构都对基金业实行严格的监管，严厉打击各种有损于投资者利益的行为，并强制基金进行及时、准确、充分的信息披露。因此，严格监管与信息透明也就成为基金的又一显著特征。

(5) 独立托管、保障安全

基金管理人负责基金的投资操作，本身并不参与基金财产的保管，基金财产的保管由独立于基金管理人的基金托管人负责，这种相互制约、相互监督的制衡机制为投资者的利益提供了重要的保障。

2.3.1.3 证券投资基金与其他金融工具的比较

证券投资基金与股票、债券、银行储蓄存款等其他金融工具之间有明确的差异。

(1) 证券投资基金与股票和债券的差异

首先，反映的经济关系不同。股票反映的是一种所有权关系，是一种所有权凭证，投资者购买股票后就成为公司的股东；债券反映的是债权债务关系，是一种债权凭证，投资者购买债券后就成为公司的债权人；基金反映的是一种信托关系，是一种收益凭证，投资者购买基金份额就成为基金的受益人。

其次，所筹资金的投向不同。股票和债券是直接投资工具，筹集的资金主要投向实业领域；基金是一种间接投资工具，所筹的资金主要投向有价证券等金融工具或产品。

此外，投资收益与风险大小也不同。通常情况下，股票价格的波动性较大，是一种高风险、高收益的投资品种；债券可以给投资者带来较为确定的利息收入，波动性也较股票要小，是一种低风险、低收益的投资品种；基金的投资收益和风险取决于基金种类及其投资的对象，总体来说，由于基金可以投资于众多金融工具或产品，能有效分散风险，是一种风险相对适中、收益相对稳健的投资品种。

(2) 证券投资基金与银行储蓄存款的差异

首先，二者的性质不同。基金是一种收益凭证，基金财产独立于基金管理人，基金管理人只是受托管理投资者资金，并不承担投资损失的风险；银行储蓄存款表现为银行的负债，是一种信用凭证，银行对存款者负有法定的保本付息责任。

其次，收益与风险特征不同。基金收益具有一定的波动性，存在投资风险；银行存款利率相对固定，投资者损失本金的可能性也很小。

此外，信息披露程度不同。基金管理人必须定期向投资者公布基金的投资运作情况；银行吸收存款之后，不需要向存款人披露资金的运用情况。

2.3.2 证券投资基金分类

2.3.2.1 按照组织形式划分

(1) 公司型基金

公司型基金是指基金本身为一家投资公司，它通过发行收益凭证(或股份)的方式来募集资金，投资人即为公司的股东，按公司章程享受权利和承担义务，根据公司经营状况获取股息或红利。股东大会选出董事会、监事会，再由董事会、监事会选出公司总经理，负责执行基金的业务，并向股东负责，同时聘请保管机构(保管人)负责保管基金资产。

(2) 契约型基金

契约型基金又称信托性基金，它是指根据一定的信托契约原理，由委托人、受托人和受益者三方订立信托投资契约而组成的基金形态，三者的关系由基金投资信托契约作为彼此权利、义务的依据。其运行方式是：由基金管理公司(委托人)与基金保管机构(受托人)订立托管契约，由前者负责基金的经营与管理操作，后者则负责基金信托资产的保管与处分，而投资成果由投资人(受益人)享受。这种基金以发行收益凭证的方式向投资大众筹集资金。

公司型基金和契约型基金的区别可概括为表2-2。

表2-2 公司型基金和契约型基金的比较

比较项目	公司型基金	契约型基金
法律依据	公司法	信托法
法人资格	具有法人资格	无法人资格
发行凭证	股票	收益凭证
投资者地位	对重大决策有发言权	对基金运用无发言权
融资渠道	可以通过银行借款	一般不向银行借款
资产的运用依据	公司章程	契约
运营方式	一般会永久经营	随契约期满终止

2.3.2.2 按照基金单位是否变动划分

(1) 开放式基金

开放式基金是指基金管理公司在设立基金时，发行的基金单位总份数不固定，基金总额也不封顶，可视经营策略和实际需要连续发行。投资者可随时购买基金单位，也可随时将手中持有的基金单位在基金管理公司设定的内部交易营业日里转卖给基金管理公司(即基金管理公司赎回基金单位，或投资者赎回现金)。购买或赎回基金单位的价格，取决于单位基金的净资产。

(2) 封闭式基金

封闭式基金是指基金发行总额是限定的，在初次发行期满后，基金即宣告成立，并进行封闭，在封闭期内不再追加新的基金单位。投资人不得向发行机构请求赎回其持有的股份或受益凭证。其流通采取在交易所上市的办法，投资者可以经过经纪商在二级市场进行竞价交易，因此封闭式基金的交易与普通股股票的交易类似。

开放式基金和封闭式基金的区别可以概括为表2-3。

表2-3 开放式基金和封闭式基金的比较

比较项目	开放式基金	封闭式基金
发行规模	不固定	固定
存续期限	不确定，理论上可能无限期	确定
交易关系	在基金投资者和管理人之间进行申购和赎回	交易在基金投资者之间转让
交易价格	根据基金的单位资产净值加、减一定费用确定	由市场的供求关系决定
交易费用	申购费或赎回费，已包含在基金价格之中	在基金价格之外支付一定比例的证券交易税和手续费
信息披露	每日公布单位资产净值	每周公布基金单位资产净值
投资策略	为防止投资者赎回的风险，强调流动性管理	流动性要求较低，可进行长期投资策略
基金管理人的约束	由于受到流动性限制，对基金管理人的约束能力较强	对基金管理人的约束相对较弱
投资风险	较低，便于控制	较高，难以控制

2.3.2.3 按照投资对象划分

(1) 股票基金

股票基金是指以上市股票为主要投资对象的证券投资基金，优点是成长潜力较大，投资者不仅可以获得资本利得，还可以通过股票基金将较少的资金投资于各类股票，从而降低风险，提高或保持高收益。股票基金在各类基金中历史最为悠久，也是各国（地区）广泛采用的一种基金类型。

(2) 债券基金

债券基金是以债券为主要投资对象的证券投资基金，风险较低，适合于稳健型投资者。债券基金的收益会受市场利率的影响。此外，汇率也会影响基金收益，管理人在购买国际债券时，往往还需要在外汇市场上做套期保值。

(3) 货币市场基金

货币市场基金是以货币市场工具为投资对象的一种基金，投资对象期限在一年以内，包括银行短期存款、国库券、公司债券、银行承兑票据及商业票据等货币市场工具，优点是资本安全性高、购买限额低、流动性强、收益较高、管理费用低，有些还不收取赎回费用。

(4) 混合基金

混合基金是指同时以股票、债券等为投资对象，以期通过在不同资产类别上的投资实现收益与风险之间的平衡。根据中国证券监督管理委员会（以下简称"证监会"）对基金类别的分类标准，投资于股票、债券和货币市场，但股票投资和债券投资的比例不符合股票基金、债券基金规定的为混合基金。

(5) 指数基金

指数基金（index fund），顾名思义就是以特定指数（如沪深 300 指数、标普 500 指数、纳斯达克 100 指数、日经 225 指数等）为标的指数，并以该指数的成分股为投资对象，通过购买该指数的全部或部分成分股构建投资组合，以追踪标的指数表现的基金产品。通常，指数基金以减小跟踪误差为目的，使投资组合的变动趋势与标的指数相一致，以取得与标的指数大致相同的收益率。

(6) 衍生基金

衍生基金是指一种以衍生证券为投资对象的基金。这种基金的风险大，因为衍生证券一般是高风险的投资品种。

2.3.2.4 根据资金募集的方式划分

(1) 私募基金

私募基金是只能采取非公开方式，面向特定投资者募集发售的基金。在这种方式下，基金发起人通过电话、信函、面谈等方式，直接向一些老客户、相关机构等投资者推销基金证券，并由这类投资者认购。由于私募基金容易发生不规范行为，所以，一些国家的法律法规明确限定了私募基金证券的最高认购人数，超过最高认购人数就必须采用公募发行。一般来说，私募基金所需的各种手续和文件较少，因而受到的限制也较少，但以这种方式发行的基金证券一般数量不大，而且投资者的认同性较差。因此，这类基金证券的流动性较差，一般很难上市交易。

(2) 公募基金

公募基金是指可以面向社会公众公开发售的一类基金。公募基金主要具有以下特征：可以面向社会公众公开发售基金份额和宣传推广，基金募集对象不固定；投资金额要求低，适宜中小投资者参与；必须遵守基金法律和法规的约束，并接受监管部门的严格监管。

私募基金和公募基金的区别可概括为表 2-4。

表 2-4 私募基金和公募基金的比较

比较项目	私募基金	公募基金
募集对象	少数特定投资者，包括机构和个人	广大社会公众，即社会不特定的投资者
募集方式	非公开发售	公开发售
信息披露	要求很低，具有较强的保密性	要求严格，投资目标、投资组合等都要披露
投资限制	由协约约定	在投资品种、投资比例、投资约基金类型的匹配上有严格的限制
业绩报酬	收取业绩报酬，一般不收管理费	不提取业绩报酬，只收取管理费

2.3.2.5 按照投资目标划分

(1) 增长型基金

增长型基金是指以追求资本增值为基本目标，较少考虑当期收入的基金，主要以具有良好增长潜力的股票为投资对象。基金管理人通常将基金资产投资于信誉较高、有成长前景或长期盈余的所谓成长型公司的股票。

(2) 收入型基金

收入型基金是指以追求稳定的经常性收入为基本目标的基金，主要以大盘蓝筹股、公司债、政府债券等稳定收益证券为投资对象。收入型基金寻找的是内在价值被市场低估的股票。其一般投资于市盈率较低的传统行业，如银行业、公共事业及能源行业等，这类行业的上市公司经常受到市场的冷落，市盈率低，因此投资成本较为低廉。

(3) 平衡型基金

平衡型基金是指以既要获得当期收入，又追求基金资产长期增值，把资金分散投资于股票和债券，以保证资金的安全性和盈利性的基金。平衡型基金将资产分别投资于两种不同特征的证券上，并在以取得收入为目的的债券及优先股和以资本增值为目的的普通股之间进行平衡。这种基金一般将25%~50%的资产投资于债券及优先股，其余的投资于普通股。平衡型基金的主要目的是从其投资组合的债券中得到适当的利息收益，与此同时又可以获得普通股的升值收益。投资者既可获得当期收入，又可得到资金的长期增值。平衡型基金的特点是风险比较低，缺点是成长的潜力不大。

2.3.2.6 按照基金的资金来源和用途划分

根据基金的资金和用途不同可以划分为在岸基金和离岸基金。在岸基金是指在本国募集资金并投资于本国证券市场的证券投资基金。离岸基金是指一国（地区）的证券投资基金组织在他国（地区）发售证券投资基金份额，并将募集的资金投资于本国（地区）或第三国证券市场的证券投资基金。

2.3.2.7 特殊类型基金

(1) 伞形基金

伞形基金(umbrella fund)又称系列基金，一个母基金下再设立若干个子基金，各子基金独立进行投资决策，且投资者可以在各子基金中自由转换，一般不收取或只收取较低的费用，以吸引投资者购买。

(2) 保本基金

保本基金是指通过一定的保本投资策略进行运作，同时引入保本保障机制，以保证基金份额持有人在保本周期到期时，可以获得投资本金保证的基金。

(3) 基金中的基金

基金中的基金是指以其他证券投资基金为投资对象的基金，其投资组合由其他基金组成。目前，我国公募证券投资基金允许投资于公募基金本身。2014年8月生效的《公开募集证券投资基金运作管理办法》中规定，80%以上的基金资产投资于其他基金份额的，为基金中的基金。

(4) 上市型开放式基金(LOF基金)

上市型开放式基金(listed open-ended fund)，就是该基金发行结束后，投资者既可以在指定网点申购与赎回基金份额，也可以在交易所买卖该基金。即是在保持现行开放式基金运作模式不变的基础上，增加交易所发行和交易的渠道。

(5) 上市交易型开放式指数基金(ETF基金)

上市交易型开放式指数基金又称交易所交易基金(exchange-traded fund)，是一种在交易所上市交易的、基金份额可变的开放式基金。ETF最早产生于加拿大，但其发展与成熟主要是在美国。ETF一般采用被动式投资策略跟踪某一标的市场指数,因此具有指数基金的特点。

(6) QDII基金

QDII(qualified domestic institutional investor)基金是合格境内机构投资者的首字母缩写。QDII基金是指在一国境内设立,经该国有关部门批准从事境外证券市场的股票、债券等有价证券投资的基金。它为国内投资者参与国际市场投资提供了便利。

2.3.3 证券投资基金的当事人

2.3.3.1 基金持有人

基金持有人是指持有基金份额或基金股份的自然人和法人,也就是基金的投资人和受益人。他们是基金资产的实际所有者,享有基金的信息知情权、表决权和收益权。持有人是基金一切活动的中心。

(1) 基金持有人的权利

基金持有人的基本权利包括对基金收益的享有权、对基金单位的转让权和在一定程度上对基金经营决策的参与权。对于不同类型的基金,持有人对投资决策的影响方式是不同的。在公司型基金中,基金持有人通过股东大会选举产生基金公司的董事会来行使基金公司重大事项的决策权,对基金运作的影响力大些;而在契约型基金中,基金持有人只能通过召开基金受益人大会对基金的重大事项做出决议,但对基金日常决策一般不能施加直接影响。

(2) 基金持有人义务

基金持有人必须承担一定的义务,这些义务包括:遵守基金契约;缴纳基金认购款项及规定的费用;承担基金亏损或终止有限责任;不从事任何有损于基金及其他基金投资人合法权益的活动;在封闭式基金存续期间,不得要求赎回基金单位;法律、法规及基金契约规定的其他义务。

2.3.3.2 基金管理人

基金管理人是指负责基金发起设立与经营管理的专业性机构。《中华人民共和国证券投资基金法》(以下简称《基金法》)规定,基金管理人由依法设立的基金管理公司担任。基金管理公司通常由证券公司、信托投资公司或其他机构等发起成立,具有独立法人地位。基金管理人作为受托人,必须履行"诚信义务"。

(1) 基金管理人资格

依照我国《基金法》的规定,设立基金管理公司,必须经国务院证券监督管理机构批准,并具备下列条件:第一,有符合本法和《公司法》规定的章程;第二,注册资本不低于一亿元人民币,且必须为实缴货币资本;第三,主要股东具有从事证券经营、证券投资咨询、信托资产管理或者其他金融资产管理的较好的经营业绩和良好的社会信誉,最近三年没有违法记录,注册资本不低于三亿元人民币;第四,取得基金从业资格的人员达到法定人数;第五,符合要求的营业场所、安全防范设施和基金管理业务有关的其他设施;第六,有完善的内部稽核监控制度和风险控制制度;第七,法律、行政法规规定的和经国务院批准的国务院证券监督管理机构规定的其他条件。

(2) 基金管理人职责

我国《基金法》规定，基金管理人应当履行下列职责：第一，按照投资基金契约的规定运用投资基金资产投资并管理投资基金资产；第二，办理基金备案手续；第三，对所管理的不同基金财产分别管理、分别记账，进行证券投资；第四，按照基金合同的约定确定基金收益分配方案，及时向基金份额持有人分配收益；第五，进行基金会计核算并编制基金财务会计报告；第六，编制中期和年度基金报告；第七，计算并公告基金资产净值，确定基金份额申购、赎回价格；第八，办理与基金财产管理业务活动有关的信息披露事项；第九，召集基金份额持有人大会；第十，保存基金财产管理业务活动的记录、账册、报表和其他相关资料；第十一，以基金管理人名义，代表基金份额持有人的利益行使诉讼权利或者实施其他法律行为；第十二，国务院证券监督管理机构规定的其他职责。

2.3.3.3 基金托管人

基金托管人又称基金保管人，是依据基金运行中"管理与保管分开"的原则对基金管理人进行监督和保管基金资产的机构，是基金持有人权益的代表，通常由有实力的商业银行或信托投资公司担任。

(1) 基金托管人的资格

我国《基金法》规定，申请取得基金托管资格，应当具备下列条件，并经国务院证券监督管理机构和国务院银行业监督管理机构核准：第一，净资产和资本充足率符合有关规定；第二，设有专门的基金托管部门；第三，取得基金从业资格的专职人员达到法定人数；第四，有安全保管基金财产的条件；第五，有安全高效的清算、交割系统；第六，有符合要求的营业场所、安全防范设施和基金托管业务有关的其他设施；第七，有完善的内部稽核监控制度和风险控制制度；第八，法律、行政法规规定的和经国务院批准的国务院证券监督管理机构、国务院银行业监督管理机构规定的其他条件。

(2) 基金托管人的职责

我国《基金法》规定，基金托管人应当履行下列职责：第一，安全保管基金财产；第二，按照规定开设基金财产的资金账户和证券账户；第三，对所托管的不同基金财产分别设置账户，确保基金财产的完整与独立；第四，保存基金托管业务活动的记录、账册、报表和其他相关资料；第五，按照基金合同的约定，根据基金管理人的投资指令，及时办理清算、交割事宜；第六，办理与基金托管业务活动有关的信息披露事项；第七，对基金财务会计报告、中期和年度基金报告出具意见；第八，复核、审查基金管理人计算的基金资产净值和基金份额申购、赎回价格；第九，按照规定召开基金份额持有人大会；第十，按照规定监督基金管理人的投资运作；第十一，国务院证券监督管理机构规定的其他职责。

2.3.3.4 投资基金当事人之间的关系

在投资基金的各方当事人中，投资人的利益始终是第一位的，基金投资人既是基金信托资产的委托人，又是受益人。

基金管理人和基金托管人都是基金信托资产的受托人，前者负责基金资产的日常投资决策及其管理，即运作基金及其管理；后者专司基金资产账户及监督职能等。基金管理人和基金托管人二者之间是一种相互监督和分工协作的关系，有点类似于会计和出纳的关系。这种相互监督相互制衡的结构体现了保护投资人利益的内在要求。

2.3.4 基金资产净值

基金资产净值，是指在某一时点基金资产总值扣减负债之后的价值。基金资产总值，是指基金所拥有的各类证券（包括股票、债务和其他有价证券）、银行存款本息、基金应收的申购基金款及其他投资所形成的价值总和。单位基金资产净值，是指在某一时点上某一投资基金每一单位基金份额实际代表的价值。其计算公式为：

$$单位基金资产净值 = 基金资产净值 / 基金总份额$$

基金资产净值是基金营业业绩的指示器，也是单位基金份额交易价格的内在价值和计算依据。

需要指出的是，基金资产净值是经常变化的，但它与单位基金价格总体上趋于一致，即资产价值越高，其基金价格也随之提高；反之亦然。一般来说，这种关系在开放式基金中体现得较为明显，即开放式基金的申购或赎回价格都是直接按其单位基金资产净值计算的；封闭式基金的交易价格却常常偏离其资产净值，因为封闭式基金的交易价格除取决于其单位基金资产净值外，还受到市场供求状况、宏观经济形势、基金管理人水平以及政策环境等诸多因素影响。

2.4 金融衍生工具

2.4.1 金融衍生工具概述

自 20 世纪 70 年代以来，在全球金融自由化和金融创新的背景下，金融衍生工具得以迅速发展。目前，金融衍生工具已成为一种规避风险、套期保值、寻求投机收益的重要手段。

2.4.1.1 金融衍生工具的定义

金融衍生工具又称为金融衍生产品，是与基础金融产品相对应的一个概念，是指建立在基础金融产品或基础金融变量之上，其价格取决于基础金融产品价格（或数值）变动的派生金融产品。金融衍生产品必须依赖于某项基础性金融产品而存在。也就是说，如果没有股票，就不可能有股票期权，也不可能有股指期货；如果没有外汇交易，当然也不可能有外汇远期交易和外汇期权交易。并且金融衍生产品的价格依赖于基础产品的价格。

基础金融产品是一个相对概念，不仅包括现货金融产品，如股票、债券、银行定期存单等，也包括金融衍生产品，甚至某些自然现象（如气温、霜冻、飓风）、人类行为（如选举、温室气体排放）也逐渐成为金融衍生工具的基础。

基础金融变量主要包括利率、汇率、各类价格指数以及天气（温度）指数等。

2.4.1.2 金融衍生工具的特点

(1) 跨期性

金融衍生工具是交易双方根据对价格变化的预测，约定在未来某一段时间按照某一条件进行交易或有选择是否交易的权利，其跨期交易的特点十分突出。任何金融衍生工具都会影响交易者在未来一段时间或未来某时点上的现金流，这就要求交易双方对利率、汇率、股价等价格因素的未来变动趋势做出判断，而判断的准确与否直接决定了交易者的交易盈亏。

(2) 杠杆性

金融衍生工具交易一般只需要支付少量的保证金或权利金就可签订大额合约或互换不同的金融工具。例如，若期货交易保证金为合约金额的 5%，则期货交易者可控制的合约资产将会高于所投资金额的 20 倍，实现以小博大的效果。当然，在收益可能成倍放大的同时，投资者所承担的风险与损失也会成倍放大，基础工具价格的轻微变动就会带来投资者的大盈大亏。金融衍生工具的杠杆效应一定程度上决定了它的高投机性和高风险性。

(3) 联动性

联动性是指金融衍生工具的价值与基础产品或基础变量紧密联系、规则变动。由于金融衍生工具是在基础金融工具上派生出来的产品，因此主要受基础金融工具价值变动的影响，这就是金融衍生产品的联动性。通常，金融衍生工具与基础变量相联系的支付特征由衍生工具合约规定，其联动关系既可以是简单的线性关系，也可以表达为非线性函数或者分段函数。

(4) 不确定性或高风险性

金融衍生工具的交易后果取决于交易者对基础工具(变量)未来价格(数值)的预测和判断的准确程度。基础工具价格的变化莫测决定了金融衍生工具交易盈亏的不稳定性，这是金融衍生工具高风险性的主要原因。

基础金融工具价格不确定性仅仅是金融衍生工具风险性的一个方面，国际证券交易所组织在 1994 年 7 月公布的一份报告(IOSCOPD35)中认为，金融衍生工具还伴随着以下几种风险：交易中对方违约，没有履行所做承诺造成损失的信用风险；因资产或指数价格不利变动可能带来损失的市场风险；因市场缺乏交易对手而导致投资者不能平仓或变现所带来的流动性风险；因交易对手无法按时付款或交割可能带来的结算风险；因交易或管理人员的人为错误或系统故障、控制失灵而造成的操作风险；因合约不符合所在国法律，无法履行或合约条款遗漏及模糊导致的法律风险。

2.4.1.3 金融衍生工具的分类

(1) 按金融衍生工具自身交易方法和特点分类

按自身交易方法和特点，金融衍生工具可以分为金融远期、金融期货、金融期权和金融互换。

①金融远期　即金融远期合约，是指交易双方约定在未来的某一确定时间，按约定的价格买入或卖出一定数量的某种合约标的资产的合约。远期合约是非标准化的合约，即它不在交易所交易，而是交易双方通过谈判后签署的。金融远期合约主要包括远期利率协议、远期外汇合约和远期股票合约等。

②金融期货　即金融期货合约，是指交易双方签署的在未来某个确定的时间按确定的价格买入或卖出某项合约标的资产的合约。相对远期合约，期货合约是标准化的合约。金融期货合约主要包括利率期货、股价指数期货和外汇期货。

③金融期权　即金融期权合约，是指赋予期权买方在规定期限内按双方约定的价格买入或卖出一定数量的某种金融资产的权利合同。金融期权合约包括现货期权和期货期权，

现货期权包括利率期权、货币期权、股价指数期权和股票期权，期货期权包括利率期货期权、货币期货期权和股价指数期货期权。

④金融互换 即金融互换合约，是指交易双方约定在未来某一时期相互交换某种合约标的资产的合约。金融互换合约主要包括利率互换、货币互换和其他互换，其他互换主要包括交叉货币利率互换、基点互换、零息互换、后期确定互换、差额互换、远期互换、互换期权和股票互换等。

以上四种基本的金融衍生工具也常被称作"基础性衍生模块"，它们是相对简单，也是最基础的衍生工具。利用它们结构化特性通过相互结合或者与基础金融工具相结合，能够开发和设计出更多具有复杂特性的金融衍生工具，这些金融衍生工具通常被称为结构化金融衍生工具，或者简称为"结构化产品"。主要包括在股票交易所交易的各类结构化票据、商业银行推广的外汇结构化理财产品等。

(2) 按产品形态分类

金融衍生工具按产品形态可分为独立衍生工具和嵌入式衍生工具。

①独立衍生工具 是指本身即为独立存在的金融合约，如期权合约、期货合约或者互换合约。

②嵌入式衍生工具 是指嵌入非衍生合约(简称主合约)中的衍生工具，该衍生工具使主合约的部分或全部现金流量将按照特定利率、金融工具价格、汇率、价格或者利率指数、信用等级或信用指数，或类似变量的变动而发生调整，如公司债券条款中包含的赎回条款、返售条款、转股条款及重设条款等。

(3) 按合约标的资产的种类分类

金融衍生工具按合约标的资产的种类可分为货币衍生工具、利率衍生工具、股权式衍生工具、信用衍生工具。

①货币衍生工具 是指以各种货币作为合约标的资产的金融衍生工具，主要包括远期外汇合约、货币期货合约、货币期权合约、货币互换合约以及上述合约的混合交易合约。

②利率衍生工具 是指以利率或利率的载体为合约标的资产的金融衍生工具，主要包括远期利率合约、利率期货合约、利率期权合约、利率互换合约以及上述合约的混合交易合约。

③股权式衍生工具 是指以股票或股票指数为合约标的资产的金融衍生工具，主要包括股票期货合约、股票期权合约、股票指数期货合约以及上述合约的混合交易合约。

④信用衍生工具 是指以基础产品所蕴含的信用风险或违约风险为合约标的资产的金融衍生工具，用于转移或防范信用风险。这是20世纪90年代以来发展最为迅速的一类金融衍生工具，主要包括信用互换合约、信用联结票据等。

⑤其他衍生工具 如天气期货、政治期货等。

2.4.1.4 金融衍生工具的功能

(1) 转化功能

转化功能是金融衍生工具最主要的功能，也是金融衍生工具一切功能得以存在的基础。通过金融衍生工具，可以实现外部资金向内部资金的转化、短期流动资金向长期稳定资金的转化、零散小资金向巨额大资金的转化、消费资金向生产经营资金的转化。

(2) 定价功能

定价功能是市场经济运行的客观要求。在金融衍生工具交易中，市场参与者根据自己了解的市场信息和对价格走势的预测，反复进行金融衍生产品的交易，在这种交易活动中，通过平衡供求关系，能够较为准确地为金融产品形成统一的市场价格。

(3) 避险功能

传统的证券投资组合理论以分散非系统风险为目的，对于占市场风险50%以上的系统性风险无能为力。金融衍生工具恰是一种系统性风险转移工具，主要通过套期保值业务发挥转移风险的功能。同时，从宏观角度看，金融衍生工具能够通过降低国家的金融风险、经济风险，进而起到降低国家政治风险的作用。

(4) 盈利功能

金融衍生工具的盈利包括投资人进行交易的收入和经纪人提供服务的收入。对于投资人来说，只要操作正确，衍生市场的价格变化在杠杆效应的明显作用下会给投资者带来很高的利润；对经纪人来说，衍生交易具有很强的技术性，经纪人可凭借自身的优势，为一般投资者提供咨询、经纪服务，获取手续费和佣金收入。

(5) 资源配置功能

金融衍生工具价格发现机制有利于全社会资源的合理配置。因为社会资金总是从利润低的部门向利润高的部门转移，以实现其保值增值。而金融衍生工具能够将社会各方面的零散资金集中起来，把有限的社会资源分配到最需要和能够有效使用资源者的手里，从而提高资源利用效率，这是金融衍生工具的一项主要功能。

2.4.1.5 金融衍生工具市场的参与者

(1) 保值者

保值者参与金融衍生工具市场的目的是降低甚至消除它们已经面临的金融风险。保值行为一般不会带来利润，保值者的目的在于减少未来的不确定性，而不是增加未来的盈利。如果保值的同时又带来盈利，那是一种很幸运的结果。

(2) 投机者

与保值者相反，投机者希望增加未来的不确定性，它们在基础市场上并没有净头寸，或需要保值的资产，它们参与金融衍生工具市场的目的在于赚取远期价格与未来实际价格之间的差额。金融衍生工具市场投机与基础金融工具市场投机有一个很重要的区别，即金融衍生工具市场的杠杆作用。因此，同样一笔投机资本，在衍生市场上可周转几倍的金额，金融衍生工具市场给投机者"以小博大"的机会，这就是衍生市场更被投机者青睐的原因。

(3) 套利者

套利一般可分为跨市套利、跨期套利和跨品种套利。跨市套利是指在不同市场上的套利；跨期套利是指在不同的现时、远期市场上的套利；跨品种套利是指在不同交易品种间的套利。套利者通过同时在两个或多个市场进行交易而获得无风险利润。

2.4.1.6 金融衍生工具产生和发展的原因

20世纪70年代开始，随着布雷顿森林体系的解体和世界性石油危机的发生，利率和汇率出现了剧烈波动。宏观经济环境的变化，使金融机构的原有经营模式和业务种类失去市场，同时又给它们创造了开发新业务的机会和巨大的发展空间。与此同时，计算机与通信技术的长足发展及金融理论的突破也促使金融机构的创新能力突飞猛进，而创新成本却日益降低。在强大的外部需求召唤下，同时在盈利前景的吸引下，金融机构通过大量的创新活动，冲破来自内外部的各种制约，导致全球金融领域发生了一场至今仍在继续的广泛而深刻的变革。正是基于全球金融自由化和金融创新的这种背景，金融衍生工具得以迅速发展。

(1) 对避险工具需求旺盛成为金融衍生工具发展的主要动力

20 世纪 70 年代以来，随着美元的不断贬值，布雷顿森林体系崩溃，国际货币制度由固定汇率制走向浮动汇率制。1973 年和 1978 年两次石油危机使西方国家经济陷于滞胀，为应对通货膨胀，美国不得不运用利率工具。这又使金融市场的利率波动剧烈。利率的升降会引起证券价格的反方向变化，并直接影响投资者的收益。面对利市、汇市、债市、股市发生的前所未有的波动，市场风险急剧放大，迫使商业银行、投资机构、企业寻找可以规避市场风险、进行套期保值的金融工具，金融期货、期权等金融衍生工具便应运而生。

(2) 金融自由化进一步推动了金融衍生工具的发展

20 世纪 80 年代以来的金融自由化进一步推动了金融衍生工具的发展。金融自由化的主要内容包括取消对存款利率的最高限额，逐步实现利率自由化；打破金融机构经营范围的地域和业务种类限制，允许各金融机构业务交叉、互相自由渗透，鼓励银行综合化发展；放松外汇管制；开放各类金融市场，放宽对资本流动的限制等。金融自由化一方面使利率、汇率、股价的波动更加频繁、剧烈，使得投资者迫切需要可以回避市场风险的工具；另一方面，金融自由化促进了金融竞争。由于竞争激烈，存贷利差趋于缩小，使银行业不得不寻找新的收益来源，改变以存、贷款业务为主的传统经营方式，把金融衍生工具视作未来的新增长点。

(3) 金融机构的利润驱动是金融衍生工具产生和迅速发展的又一重要原因

金融机构通过金融衍生工具的设计开发以及担任中介，显著地推进了金融衍生工具的发展。金融中介机构积极参与金融衍生工具的发展主要有两方面原因：一是在金融机构进行资产负债管理的背景下，金融衍生工具业务属于表外业务，既不影响资产负债表状况，又能带来手续费等项收入。二是金融机构可以利用自身在金融衍生工具方面的优势，直接进行自营交易，扩大利润来源。为此，金融衍生工具市场吸引了为数众多的金融机构。

(4) 新技术革命为金融衍生工具的产生与发展提供了物质基础与手段

20 世纪 90 年代以来，计算机和通信技术、信息处理技术的进步以及管制放松等有利条件促进了金融衍生工具的飞速发展。只有在新技术的辅助之下，具有复杂交易程序的金融衍生工具交易才能够进行。高效率的信息处理系统能提供有关汇率、利率等变量的瞬间动向，帮助交易者识别、衡量并监控包括在复杂的证券组合当中的各种风险，寻找交易机会。大型交易网络和计算机的运用，使得金融创新的供给者可以直接或间接地与原先在分散市场的最终用户联系起来，加快金融创新工具供求的结合。

(5) 金融理论也直接推动了衍生工具的产生和发展

1972 年 12 月，诺贝尔经济学奖获得者米尔顿·弗里德曼的一篇题为《货币需要期货市场》的论文为货币期货的诞生奠定了理论基础。1972 年费雪·布莱克与默顿·斯克尔斯两位学者发表的一篇关于股票欧式看涨期权定价的论文,使得原本空泛的期权定价在理论上有了支撑,芝加哥期权交易所因而于1973年成立。而后金融衍生工具的价格模型及模拟技巧不断更新及改善,使得参与者能更好地掌握计算金融衍生工具的理论价值,加速了市场规模的扩大。

2.4.1.7 我国金融衍生品市场的发展历程

以1990年10月12日郑州粮食批发市场的开业为标志,我国衍生品市场已经走过了20多年的发展历程。商品期货市场建立后不久,我国就推出了早期的金融期货,包括外汇期货、国债期货、股票指数期货、认股权证等金融衍生品。根据市场形势和发展状况,可以把我国金融衍生品市场发展进程划分为1992年6月至1995年5月的初步尝试阶段、1996年6月至2004年的停滞阶段和2005年6月以来的恢复阶段。

1992年6月1日,上海外汇调剂中心率先推出外汇期货,进行人民币与美元、日元、德国马克的汇率期货交易,但当时的汇率期货交易并不活跃,而且存在许多违法经营活动,1993年上海外汇调剂中心停止人民币远期交易,也没有取得成功。海南证券交易中心于1993年3月推出八个品种的股票指数期货交易,标的物为深圳综合指数和深圳A股指数,仅仅运营半年时间就由于严重投机全部平仓停止交易。1992年12月上交所首先向证券公司推出了国债期货交易,并于1993年12月正式推出了我国第一张国债期货合约,进一步向社会公众开放。而后北京交易所、广州商品交易所、武汉证券交易所等共计13家证券交易所或证券交易中心相继开办了国债期货交易。到1995年,各地挂牌的国债期货合约已达60多个品种。但由于投机气氛浓厚,出现了"327国债事件"等严重违规操作现象,造成价格异常波动,市场极度混乱。1995年5月中国证监会发布《关于暂停国债期货交易试点的紧急通知》,我国金融衍生品市场的初步尝试以失败告终。

2005年5月16日中国人民银行发布《全国银行间债券市场债券远期交易管理规定》,6月15日工商银行和兴业银行做成首笔银行间市场债券远期交易。这是我国银行间市场首只真正的衍生产品,也标志着我国金融衍生品市场恢复发展的开始。同年8月中国人民银行发布了《关于扩大外汇指定银行对客户远期结售汇和开办人民币与外币掉期业务有关问题的通知》,建立银行间人民币远期市场,并正式引入人民币远期询价机制,初步形成有代表性的国内人民币远期汇率。此后,人民币结构性理财产品、人民币利率互换、人民币外汇掉期陆续推出。2005年我国证券市场的首只统一指数——沪深300指数发布,次年4月沪深300指数被定为首个股指期货标的。2006年9月8日,国内以金融期货交易为目标的中国金融期货交易所在上海挂牌成立。2006年10月30日估值期货仿真交易启动,2010年1月8日国务院原则上同意推出股指期货和开展融资融券试点,同年4月正式推出估值期货交易。2013年8月6日,上海证券交易所通知券商将正式组织开展个股期权全真模拟交易。2013年9月6日,国债期货正式在中国金融期货交易所上市交易,同时郑州商品交易所开展白糖期货期权全真模拟交易。2015年推出10年期国债期货交易,并开启上证50ETF期权交易。

2.4.2 金融远期

2.4.2.1 金融远期的定义

金融远期即金融远期合约,是指交易双方约定在未来的某一确定时点,按照事先商定的价格(如汇率、利率或股票价格等),以预先确定的方式买卖一定数量的某种金融资产的合约。合约中规定在将来买入标的物的一方称为多头,在未来卖出标的物的一方称为空头。合约中规定的未来买卖标的物的价格称为交割价格。

远期合约的要素包括标的资产、合约的多空方、合约到期日、标的资产的交割数量和标的资产的远期价格。例如,沙特阿拉伯的原油交易商X于2016年3月10日与美国交易商Y达成了一份原油远期合约,约定在2016年9月13日,X必须以95美元/桶的价格出售1万桶原油给Y。这份合约里,标的资产是原油,交易商X是空头方,Y是多头方,合约到期日是2016年9月13日,远期价格是95美元/桶,交割数量是1万桶。

2.4.2.2 金融远期的分类

金融远期主要有远期利率协议、远期外汇合约和远期股票合约。远期利率协议是买卖双方同意在未来一定时点(清算日),以商定的名义本金和期限为基础,由一方将协议合同利率与参照利率之间差额的贴现额度付给另一方的协议。远期外汇合约是指双方约定在将来某一时间按约定的远期汇率买卖一定金额的某种外汇的合约。远期股票合约是指在将来某一特定日期按特定价格交付一定数量单个股票或一揽子股票的协议。

2.4.2.3 金融远期的特征

金融远期合约作为场外交易的衍生工具,与场内交易的衍生工具相比具有以下特征:

①金融远期合约是通过现代化通信方式在场外进行的,由银行给出双向标价,直接在银行与银行之间、银行与客户之间进行。

②金融远期合约交易双方互相认识,而且每一笔交易都是双方直接见面,交易意味着接受参与者的对应风险。

③金融远期合约不需要保证金,双方通过变化的远期价格差异来承担风险。金融远期合约大部分交易都采取交割方式履约。

④金融远期合约的金额和到期日都是灵活的,有时只对合约金额最小额度做出规定。

2.4.3 金融期货

2.4.3.1 金融期货的定义

期货的英文为 futures,是由"未来"一词演化而来,其含义是,交易双方不必在买卖发生的初期实现交割,而是共同约定在未来的某一时刻交割,因此在国内就称其为"期货"。

金融期货是指买卖双方支付一定数量的保证金,通过期货交易所进行的以将来的特定日作为交割日,按成交时约定的价格交割一定数量的某种特定金融工具的标准化合约。

期货合约,是指由期货交易所统一制订的、规定在将来某一特定的时间和地点交割一定数量和质量实物商品或金融商品的标准化合约。

我国现有四家期货交易所,其中郑州商品交易所、大连商品交易所、上海期货交易所以商品期货为主,2006年9月8日挂牌成立的中国金融期货交易所交易金融期货,上市第一个品种是沪深300股指期货。郑州商品交易所交易的主要品种有:强麦、硬麦、棉花、白糖等。大连商品交易所交易的主要品种有:黄大豆1号、黄大豆2号、豆粕、玉米、豆油、菜籽油等。上海期货交易所交易的主要品种有:铝、铜、锌、黄金、天然橡胶、燃料油等。中国金融期货交易所2010年4月16日正式推出沪深300指数期货合约。2015年,中国金融期货交易所正式推出了10年期国债期货和上证50、中证500股指期货。

2.4.3.2 期货合约的主要特点

①期货合约的商品品种、数量、质量、等级、交货时间、交货地点等条款都是既定的，是标准化的，唯一的变量是价格。期货合约的标准通常由期货交易所设计，经国家监管机构审批上市。

②期货合约是在期货交易所的组织下成交的，具有法律效力。

③期货合约的履行由交易所担保，不允许私下交易。

④期货合约可通过交收现货或进行对冲交易来履行或解除合约义务。

2.4.3.3 期货合约的组成要素

期货合约的组成要素有交易品种、交易数量和单位、最小变动价位、每日价格最大波动限制、合约月份、交易时间、最后交易日、交割时间、交割标准和等级、交割地点、保证金和交易手续费。

2.4.3.4 期货合约的主要功能

(1) 转移价格风险功能

在实际的生产经营过程中，为避免商品价格的千变万化导致成本上升或利润下降，可利用期货交易进行套期保值，即在期货市场上买进或卖出与现货市场上数量相等但交易方向相反的商品，使两个市场交易的损益相互抵补。套期保值的原理是，某一特定商品或金融工具的期货价格与现货价格受相同经济因素的制约和影响，因而其变动趋势大致相同，又由于期货价格与现货价格的趋势具有收敛性，所以，如果同时在期货市场与现货市场建立数量相同、方向相反的仓位，到期时不论现货市场价格涨跌，两种仓位的盈亏恰好抵消，可使套期保值者避免承担种种不可测风险损失。

(2) 价格发现功能

价格发现功能指在一个公开、公平、高效与竞争的期货市场中，通过集中竞价形成期货价格的功能。在期货交易中，因为参与期货的交易者众多，有供给者、需求方、投机者，他们都按照各自认为最合适的价格报价和成交，他们的交易方向体现了对商品价格走势的预期，因此期货价格可以综合反映出供求双方对未来某个时间的供求关系和价格走势的预期。这种价格信息增加了市场的透明度，有助于提高资源配置的效率。

(3) 投资收益功能

期货也是一种投资工具。由于期货合约的价格波动起伏，投机者可以利用价差赚取风险利润。套利者可以进行套利交易获得无风险利润，套利主要包括跨市场套利、跨品种套利、跨期现套利、指数套利。

2.4.3.5 期货交易的特征

(1) 合约标准化

期货交易是通过买卖期货合约进行的，而期货合约是标准化的。期货合约标准化指的是除价格外，期货合约的所有条款都是预先由期货交易所规定好的，具有标准化的特点。期货合约标准化给期货交易带来极大便利，交易双方不需对交易的具体条款进行协商，节约交易时间，减少交易纠纷。

(2) 交易集中化

期货交易必须在期货交易所内进行。期货交易所实行会员制，只有会员方能进场交易。处在场外的广大客户若想参与期货交易，只能委托期货经纪公司代理交易。所以，期货市场是一个高度组织化的市场，并且实行严格的管理制度，期货交易最终在期货交易所内集中完成。

(3) 双向交易

双向交易是指期货交易者既可以买入期货合约作为期货交易的开端(称为买入建仓)，也可以卖出期货合约作为交易的开端(称为卖出建仓)，也就是通常所说的"买空卖空"。期货交易双向交易的特点，吸引了大量期货投机者参与交易，因为在期货市场上，投机者有双重的获利机会，价格上涨时可以低买高卖，价格下降时可以高卖低补。做多可以赚钱，做空也可以赚钱，所以说期货无熊市。在熊市中，股市会萧条，而期货市场却风光依旧、机会依然。

(4) 对冲机制

在期货交易中大多数交易并不是通过合约到期时进行实物交割来履行合约，而是通过与建仓时的交易方向相反的交易来解除履约责任，即对冲交易。具体说就是买入建仓之后可以通过卖出相同合约的方式解除履约责任，卖出建仓后可以通过买入相同合约的方式解除履约责任。期货交易对冲机制的特点，吸引了大量期货投机者参与交易，因为在期货市场上，投机者可以通过对冲机制免除进行实物交割的麻烦，投机者的参与大大增加了期货市场的流动性。

(5) 杠杆机制

杠杆机制是期货投资魅力所在。期货市场中交易无需支付全部资金，只交一定量保证金即可交易。期货交易的保证金制度，就是说交易者在进行期货交易时只需缴纳少量的保证金，一般为成交合约价值的 5%～10%，就能完成数倍乃至数十倍的合约交易，期货交易的这种特点吸引了大量投机者参与期货交易。期货交易具有的以少量资金就可以进行较大价值额的投资的特点，被形象地称为"杠杆机制"。期货交易的杠杆机制使期货交易具有高收益、高风险的特点。

(6) 每日无负债结算制度

期货交易实行每日无负债结算制度，也就是在每个交易日结束后，对交易者当天的盈亏状况进行结算，在不同交易者之间根据盈亏进行资金划转，如果交易者亏损严重，保证金账户资金不足，则要求交易者必须在下一日开市前追加保证金，以做到"每日无负债"。期货市场是一个高风险的市场，为了有效地防范风险，需要将因期货价格不利变动给交易者带来的风险控制在有限的幅度内，从而保证期货市场的正常运转。

2.4.3.6 金融期货的分类

(1) 外汇期货

外汇期货是交易双方约定在未来某一时间，依据现在约定的比例，以一种货币交换另一种货币的标准化合约的交易。外汇期货是以汇率为标的物的期货合约，它是金融期货产生后最早出现的品种。自从1972年5月芝加哥商业交易所的国际货币市场分部推出第一张外汇期货合约以来，随着国际贸易的发展和世界经济一体化进程的加快，外汇期货交易一直保持着旺盛的发展势头。外汇期货不仅为广大的投资者和金融机构等经济主体提供了有效的套期保值工具，也为投机客和套利者提供给了一种新的获利手段。

（2）利率期货

利率期货是以债券类证券为标的物的期货合约，它主要用来回避因银行利率波动所引起的证券价格变动风险。由于各种债务凭证对利率极其敏感，利率的少许波动都可能引起它们价格的大幅变动，对其持有人造成巨大的损失，为了规避这种因为利率变动所造成的风险，人们创造出了利率期货这一新的金融工具。

（3）股票价格指数期货

股票价格指数期货简称"股指期货"，是指以股票价格指数作为标的物的金融期货合约。交易双方约定在未来的某个特定日期按照事先确定的股价指数的大小来进行标的指数的买卖，并采用现金结算差价的方式来进行交割。

2.4.4 金融期权

2.4.4.1 金融期权的定义

期权(option)又称选择权，是在期货的基础上产生的一种衍生性金融工具，是指在未来一定时期可以买卖的权利，是买方向卖方支付一定数量的金额(指期权费)后拥有的在未来一段时间内(指美式期权)或未来某一特定日期(指欧式期权)以事先约定好的价格(指履约价格)向卖方购买或出售一定数量的指定标的物的权利，但不负有必须买进或卖出的义务。

期权交易实质上是一种权利的单方面有偿让渡。购买期权的买方以支付一定数量的期权费为代价来获得一种交易的权利。这种权利使其可以在未来一段时期内或未来某一特定日期买进或卖出一定数量的某种特定资产，也可以放弃交易。对于出售期权的卖方而言，在他收取了一定数额的期权费后，就必须无条件地服从卖方的选择并履行交易的义务，按规定出售或购进相关资产，而没有选择的权利。

期权主要有以下几个构成要素：

①执行价格　也称履约价格、协议价格或敲定价格，是指期权交易双方商定在未来一段时间内或未来某一特定日期执行买权或卖权合同的价格。执行价格确定后，在期权合约规定的期限内，无论价格怎样波动，只要期权的买方要求执行该期权，期权的卖方就必须以此价格履行义务。

②期权费　又称权利金或期权的价格，是指期权的买方为了获得这种权利，必须向期权的卖方支付的费用。

③履约保证金　期货交易的买卖双方都必须交纳保证金，期权的买者则无须交纳保证金，因为他的亏损不会超过他已支付的期权费，而在交易所交易的期权卖者也要交纳保证金，这和期货交易一样。场外交易的期权卖者是否需要交纳保证金则取决于当事人的意愿。

由于只有合约方有权决定是否执行合约，所以期权合约的到期价值决定于买方行为。例如，假设某投资者于2016年9月13日以收盘价买入10份12月到期的A公司股票的欧式看跌期权，约定每份股票期权合约代表1000股标的股票，执行价格为35美元/股，权利金为0.05美元。这就意味着，12月合约到期时，该投资者必须就这份合约做出选择：一是执行合约，即按照35美元的价格向合约向合约卖方出售A股票1000股；二是不执行合约，那么合约作废。显然，只要到期选择不执行合约，合约对双方的价值就是零。为了实现收益最大化，投资者就必须知道自己应该在什么情况下执行合约。如果到期日股价低于执行价格35美元，比如为30美元，那么该投资者应该选择执行合约，因为执行合约能够给他带来5美元的收益。相反，如果到期日股价高于执行价格，比如为40美元，那么该投资者就不执行合约，因为此时执行合约会给他带来5美元的损失。

2.4.4.2 金融期权的分类

(1) 按期权买者权利分为看涨期权和看跌期权

①看涨期权　是指依据双方契约，买方在规定的有效期内有权按照双方约定的价格向卖方买进一定数量标的资产的权利。期权买者买进看涨期权，是因为他预期该标的资产价格在合约期限内将会上涨（故名看涨期权），所以买入。若期权买者判断正确，买者买进期权后，标的资产市价高于协议价格加期权费用之和时，期权买者可按协议规定的价格和数量买进标的资产，然后按市价出售，或转让期权，获取利润。若判断错误，将损失期权费，仅此而已。

②看跌期权　是指依据双方契约，买方在规定的有效期内有权按约定价格向卖方卖出一定数量标的资产的权利。买方因为预期该标的资产价格在合约期限内将会下跌（故名看跌期权），所以买入将来卖出标的资产的权利。若判断正确，则可赚取协定价（卖出价）与市价（买入价）之间的差额；否则，将损失期权费，仅此而已。

(2) 按期权买者执行期权时限分为美式期权和欧式期权

①美式期权　是指买方在期权合约所规定的有效期内的任何一个营业日都可以行使权利进行交易的一类期权，多为场内交易所采用。

②欧式期权　是指在合约到期日才被允许执行的期权，它在大部分场外交易中被采用。

(3) 按期权合约标的资产不同分为现货期权和期货期权

①现货期权　是指合约标的资产为现货商品的期权，如利率期权、外汇期权、股票期权、股票指数期权等。

②期货期权　是指合约标的资产为期货合约的期权，如利率期货期权、外汇期货期权、股指期货期权等。

(4) 按交易场所的不同分为场内期权和场外期权

①场内期权　又称为"交易所期权"，是指由交易所设计并在交易所内集中交易的标准化期权。

②场外期权　是指在非集中性的交易所交易的非标准化的期权，又称为"店头市场期权"或"柜台期权"。场外期权合约是由交易双方自行协商设计的，具有交易品种多样、交易方式灵活的优点，但是由于该类合约不能像交易所期权那样可随时转让并受结算机构保证履约，因此也具有较大的流动性风险和信用风险。

2.4.4.3 金融期权和金融期货的比较

(1) 基础资产不同

可作期权交易的标的物未必可作期货交易，可作期货交易的标的物均可作期权交易；只有以金融期货合约为基础资产的金融期权交易，没有以金融期权合约为基础资产的金融期货交易。金融期权的基础资产包括金融期货无法交易的金融产品；金融期权合约本身也可成为金融期权的基础资产(即复合期权)。

(2) 交易双方权利与义务对称性不同

期权是单向合约，金融期权交易双方的权利和义务具有明显的不对称性，期权的买方在支付期权费后只有权利而没有义务；期权的卖方只有义务而没有权利。然而在期货交易中，期货是双向合约，交易双方具有合约规定的对等的权利和义务。

(3) 履约保证不同

期货合约的买卖双方均需开设保证金账户并按规定交纳一定数额的履约保证金；而在期权交易中，买方不需交纳履约保证金，只要求卖方开设保证金账户并按规定交纳履约保证金，以表明他具有相应的履行期权合约的财力。

(4) 现金流转不同

在金融期权交易中，成交时，期权的买房须向卖方支付期权费；成交后，除到期履约外，交易双方不再发生任何现金流转。金融期货交易双方在成交时不发生现金收付关系；成交后，由于实行逐日结算制度，交易双方会因价格的变动而发生现金流转，即盈利方的保证金账户余额增加，亏损方减少；当亏损方保证金账户余额低于规定的维持保证金时，亏损方必须按规定及时交纳追加保证金。

(5) 盈亏的特点不同

在金融期权交易中，由于交易双方权利和义务的不对称性导致其交易中的盈亏也具有不对称性。期权买方的潜在亏损是有限的(以期权费为限)，潜在的盈利却是无限的；而期权卖方的潜在盈利有限，潜在的亏损却是无限的。理论上，期货交易双方潜在的盈亏风险都是无限的。

(6) 合约标准化方面不同

期货合约都是标准化的，因它是在交易所中交易的；而期权合约则不一定。在美国，场外交易的现货期权是非标准化的，但在交易所交易的期权是标准化的。

期权的好处在于风险限制特性，但却需要投资者付出权利金成本，只有在标的物价格的变动弥补权利金后才能获利。但是，期权的出现，无论是在投资机会或是风险管理方面，都给具有不同需求的投资者提供了更加灵活的选择。例如，在进行套期保值时，期货交易在把不利风险转移出去的同时，也把有利风险转移出去了；期权交易可以只把不利风险转移出去，而把有利风险留给自己。

2.4.5 权证概述

2.4.5.1 权证的概念

权证是基础证券发行人或其以外的第三方，约定持有人在规定期间或特定到期日，有权按约定价格向发行人购买或出售标的证券，或以现金结算方式收取结算差价的有价证券。从产品属性看，权证是一种期权类金融衍生品。

2.4.5.2 权证的种类

(1) 根据基础资产不同可分为股权类权证、债权类权证以及其他权证

目前中国证券市场推出的权证均为股权类权证，其标的资产可以是单只股票或股票组

合(如 ETF)。

(2) 根据发行人不同可分为股本权证和备兑权证

股本权证一般由上市公司发行,持有人行权时上市公司增发新股,对公司股本具有稀释作用。备兑权证是由标的证券发行人以外的第三方(通常是投资银行)发行,其所认兑的股票并非新发行的股票,而是已在市场上流通的股票,因此不会增加股份公司的股本。

(3) 根据权利行使方向(持有人权利)不同可分为认购权证和认沽权证

认购权证属于看涨期权,持有人有权按规定价格买入标的证券。认沽权证属于看跌期权,持有人有权按规定价格卖出标的证券。

(4) 根据行权时间不同可分为美式权证、欧式权证、百慕大式权证

美式权证持有人可在权证到期日前的任何交易日行权。欧式权证持有人只有在权证约定的到期日才可行权。百慕大式权证持有人则可在权证到期日前的规定时间内行权。

(5) 根据结算方式不同可分为现金结算权证和实物交割权证

现金结算权证行权时发行人仅对标的证券的市场价格与行权价格的差额部分进行现金结算。实物交割权证行权时涉及标的证券的实际转移。

2.4.5.3 权证的七大要素

(1) 权证类别

标明该权证属于认购权证还是认沽权证。

(2) 权证标的

权证的标的物种类很多,涵盖股票、债券、外币、指数、商品或其他金融工具等,而股票的权证标的可以是单一股票,也可以是一揽子股票组合。

(3) 行权价格

行权价格指发行人发行权证时约定的、权证持有人向发行人买卖标的证券的价格。若标的证券发行后,因除权、除息等事项致使发行公司股份出现变动,通常需要相应调整认购价格。

(4) 存续时间

权证的存续时间即权证的有效期,超过有效期,权证持有人的权利自动失效。目前,中国的上交所和深交所均规定,权证自上市之日起存续时间为 6 个月以上 24 个月以下。

(5) 行权日期

行权日期指权证持有人行使权利的日期。

(6) 行权结算方式

一是证券给付结算方式,即权证持有人行权时,发行人有义务按照行权价格向权证持有人出售或购买标的证券。二是现金结算方式,及权证持有人行权时,发行人按照约定向权证持有人支付行权价格与标的证券结算价格之间的差额。

(7) 行权比例

行权比例是指单位权证可购买或出售的标的证券的数量。目前,中国的上交所和深交所均规定,标的证券发生除权的,行权比例应做相应调整;除息时则不必调整。

2.4.5.4 权证的发行、上市与交易

(1) 权证的发行

由标的证券发行人以外的第三方发行并上市的权证,发行人应按照下列规定之一,提

供履约担保：①通过专用账户提供并维持足够数量的标的证券或现金，作为履约担保；②提供经交易所认可的机构作为履约的不可撤销的连带责任保证人。

（2）权证的上市和交易

目前，中国的上交所和深交所对权证的上市资格标准规定不尽相同，但均对标的股票的股份和市值、标的股票交易的活跃性、权证存量、权证持有人数量和权证存续期等做出要求。

中国的权证交易实行T+0回转交易。当天买入、当天卖出，而且没有涨跌幅的限制，波动性比较大。

知识拓展

"11超日债"违约事件

2014年3月4日，注定是中国资本市场极不平凡的日子。当晚，深圳证券交易所披露的《上海超日太阳能科技股份有限公司2011年公司债券第二期利息无法按期全额支付的公告》称，超日太阳于2012年3月7日发行的2011年公司债券（简称"11超日债"）第二期利息原定金额共计人民币8980万元，由于各种不可控的因素，公司付息资金仅落实人民币400万元。因此，"11超日债"本期利息将无法于原定付息日按期全额支付，仅能够按期支付共计人民币400万元。

2014年3月7日当天，上述公告中所述事实兑现。至此，"11超日债"正式违约，成为国内首例债券违约事件。

超日太阳于2010年11月在深交所中小企业板上市，2012年3月7日发债之后，即于4月16日预报2011年亏损6000万元。2013年1月17日，公司发布公告称2012年预计亏损9亿至11亿元，并披露公司面临流动性风险，大多数资产已被质押、抵或查封。2013年1月23日，公司公告称因涉嫌未按规定披露信息，证监会上海稽查局于2013年1月22日已对其立案调查（表2-5）。

表2-5 "11超日债"违约事件回顾

日期	事件
2012年3月7日	上海超日太阳能科技股份有限公司（简称"超日太阳"）发行10亿元公司债券，其中4亿元用于偿还银行贷款，剩余资金用于补充公司流动资金
2012年4月26日	超日太阳发布2011年年报，显示公司亏损0.55亿元
2012年6月28日	鹏元资信维持超日太阳主体评级AA，但展望调整为负面
2012年10月	证监会上海证监局对超日太阳进行2011年年报专项检查后对公司发布责令整改决定，指出公司《电站公司管理协议》以及海外电站担保信息披露不充分
2012年11月2日	深交所发布通报批评，指出超日太阳在业绩预告、电站项目、变更募集资金用途方面信息披露不规范，对公司、董事长、总经理、财务总监、董事会秘书通报批评
2012年12月26日	传超日太阳董事长倪开禄携款潜逃，公司回应其本人正在国外催收应收账款

(续)

日期	事件
2012年12月27日	超日太阳董事长兼总经理倪开禄辞去总经理职务
2012年12月27日	鹏元资信将超日太阳主体评级由AA下调至AA
2012年12月29日	超日太阳发布公告,知会总经理辞职、部分生产线停产、借款逾期、供应商诉讼情况,称董事长正常履责
2012年12月29日	鹏元资信将超日太阳主体评级和"11超日债"信用等级定为AA,列入信用观察名单
2013年1月16日	在"11超日债"债券受托管理人——中信建投的要求下,公司董事会通过以部分应收账款、机器设备和不动产作为债券担保的决定
2013年1月22日	证监会上海稽查局因超日太阳涉嫌未按规定披露信息,决定对公司立案调查
2013年3月2日	超日太阳发布"11超日债"付息公告
2013年4月10日	鹏元资信将超日太阳主体评级和"11超日债"信用等级调降为BBB+
2013年4月27日	超日太阳发布2012年年报,显示亏损17.52亿元;连续两年亏损导致股票退市警告
2013年5月2日	"11超日债"停牌
2013年5月18日	鹏元资信将超日太阳主体评级和"11超日债"信用等级调降为CCC
2014年2月28日	超日太阳发布业绩快报,显示归属于上市公司股东的净利润预亏13.31亿元
2014年3月4日	超日太阳公告无法按期全额支付"11超日债"利息

(来源:《债券》,2014)

发行100亿人民币熊猫债 俄铝进军中国债券市场

上海证券交易所在2017年2月9日的例行新闻发布会上表示,全球领先铝生产商俄罗斯铝业联合公司(United Company RUSAL Plc,简称"俄铝公司")向上海证券交易所提交了注册发行总值人民币100亿元(15亿美元)的熊猫债券招股章程,准备发行7年期的人民币计价债券。俄罗斯铝业联合公司发布公告指出,俄铝公司将为首家主要生产资产在中国境外,却通过在上证发行人民币债券进入中国债券市场的企业。公告称:"俄铝可在发行计划书注册后12个月内采取发行决定。"

熊猫债券是外国公司或银行在中国国内市场以人民币发行的债券。

数据显示,截至2016年10月末,外资机构在中国债市的持有规模已超过7400亿元人民币,不排除2017年破万亿的可能性。

据了解,俄铝公司是世界第二大原铝及铝合金生产商,2010年于香港联交所和纽约泛欧交易所巴黎首次公开发行,2015年于莫斯科交易所上市。俄铝公司是在中国债券市场发行熊猫债券的首家全球领先铝业公司。2016年6月,俄铝公司获得中国最大的信用评级机构中诚信证券评估有限公司授予"AA+"企业信用等级,评级展望为稳定。俄铝公司将于未来12个月内发行的熊猫债券可归纳为零风险投资工具。

俄铝公司是申报发行熊猫债券的首家"一带一路"沿线企业,此举不仅可以加强俄铝公司在亚洲市场的覆盖面,而且其熊猫债券的发行是落实"一带一路"国家战略、推动"一带一路"沿线国家经济合作伙伴关系的重要举措,对深化中俄两国金融合作有重要意义。

(来源:《金融时报》)

衍生品市场:以崭新面貌服务实体

过去一年,在供给侧结构性改革政策持续推进下,国内周期性产品价格大幅波动,将服务实体经济作为发展根本的期货市场,在过程中对经济波动的平抑对冲功能愈发凸显。与此同时,在全年"资产荒"的背景下,期货市场波动的财富效应显现,逐渐进入金融资本的投资视野。行业在平静中持续发展,"保险+期货"、FOF 资产配置等逐渐成为期市发展的新驱动。

展望 2017 年,接受采访的业内专家认为,国内金融资本对期货市场的关注空前提升,结合国内供给侧结构性改革深化的大背景以及国际化进一步推进,2017 年国内期货行业大有可为。期货功能的发挥对经济转型过程中的风险释放来说不可或缺,我国衍生品市场应扩大产品供给、提升经济效益;从产品供给来说,建议松绑对平抑资本市场波动有重要作用的股指期货,加快推进原油期货落地、规范场外市场发展等。期货行业同时也要增强内生动力,优化提升制度效率。

在我国,衍生品市场与农业有着深厚的发展渊源。粮食批发市场,便是我国多个农产品期货的诞育之地。随着 2016 年中央一号文件提出深入推进新疆棉花、东北地区大豆目标价格改革试点,"保险+期货"模式成为重大探索,并取得初步突破。

农业部副部长屈冬玉日前公开表示,中国共产党第十八次全国代表大会以来,党中央、国务院坚持在宏观调控中加强农业扶持,持续增加"三农"投入,不断加大农业补贴力度,为促进农业增产、农民增收、农村稳定发挥了重要作用。"随着全球气候的变化和我国市场化改革的深入推进,我国农业风险呈加大趋势,急需进一步健全和完善市场风险管理机制。"

所谓"保险+期货"模式,本质上就是将期货打包为保险产品来管理农产品价格风险。涉及主体包括农业经营主体、保险公司、期货风险管理公司和政府部门等,基于农产品价格保险产品,实现农业经营风险的承接、转移和对冲管理。

据介绍,2016 年,大连商品交易所以大豆、玉米为试点,开展了 12 个"保险+期货"试点项目,覆盖五个省份,每个试点的扶持资金为 160 万元至 200 万元,共有 12 家期货公司参与其中。郑州商品交易所也首次启动了"保险+期货"试点,并选择棉花和白糖作为试点品种,确定了 10 个试点项目,涵盖了八个省区。

在 2016 年 11 月举行的"第五届风险管理与农业发展论坛"暨"保险+期货"专题座谈会上,保监会相关负责人介绍,"保险+期货"模式鼓励行业创新,探索价格风险的转移方式很有意义。2016 年,已经有八家保险公司获得了"保险+期货"试点批复,在全国 12 个省份已经开展了试点,涉及大豆、玉米、鸡蛋、白糖、棉花等。他表示,保监会将不断争取各方支持,把试点做成功,争取可复制、可持续。证监会相关负责人也提出,继续将扩大"保险+期货"试点作为服务"三农"的重要抓手;认真落实好 2016 年项目,防范市场风险,保证项目安全稳定推进;认真总结经验和做法,不断完善市场规则,逐步形成可复制和推广的方案。

值得注意的是，商品期权近期正式落地：证监会批准郑商所、大商所分别开展白糖、豆粕期权交易。这将为"保险+期货"模式添薪加火。中信期货研究咨询部行政负责人尹沿技告诉中国证券报记者，在利用"保险+期货"服务"三农"时，期货公司作为整个流程中的最后环节方，承担着现货和期货之间的对接职能，是最终实现风险转移的关键。因此，能否给保险公司或者现货企业提供优质的场外期权产品就显得至关重要。

（来源：中证网，2017）

▲ 思考题

一、名词解释

股票，普通股，优先股，派现，除权，除息，债券，政府债券，金融债券，公司债券，债券评级，证券投资基金，契约型基金，公司型基金，私募基金，封闭式基金，开放式基金，QDII 基金，基金管理人，基金托管人，金融衍生工具，金融远期，金融期货，金融期权，权证。

二、简答题

1. 股票有哪几种主要类型？
2. 简述普通股的基本特征和主要种类。
3. 普通股股东享有哪些主要权利？
4. 简述普通股与优先股的区别。
5. 简述债券的种类。
6. 简述债券收益率的公式。
7. 简述证券投资基金的特点。
8. 简述证券投资基金的分类。
9. 简述金融衍生工具的特征。
10. 简述金融衍生工具的功能。
11. 简述金融衍生工具的分类。
12. 简述金融期货的特征。
13. 简述金融期权和金融期货的区别。

三、计算题

1. 某人于 2011 年 1 月 1 日以 110 元的价格购买了一张面值为 100 元、利率为 5%、每年 1 月 1 日支付一次利息的 2009 年发行的 10 年期国债，并在 2017 年 1 月 1 日以 115 元的价格卖出，问该投资者的收益率是多少？

2. 一位投资人申购开放式基金，假定申购费率为 1.5%，单位基金净值为 10 元，则申购价格是多少？

3. 假定你买入了一张 B 公司 5 月股票执行价格为 200 元的看涨期权合约，期权价格为 20 元，并且卖出了一张 B 公司 5 月执行价格为 250 元的看涨期权合约，期权价格为 10 元。这个策略能获得的最大潜在利润是多少？

第 3 章 证券市场

本章提要

通过本章学习,掌握证券市场的基本功能和分类,掌握证券市场的参与者的基本情况,掌握证券发行市场和交易市场的相关知识,掌握股价指数的意义和作用,熟悉主要的证券市场指数,了解证券市场的主要历史发展阶段。

3.1 证券市场概述

3.1.1 证券市场的概念与特征

3.1.1.1 证券市场的概念

证券市场是股票、债券、证券投资基金、金融衍生工具等各种有价证券发行和买卖的场所。证券市场是市场经济发展到一定阶段的产物,是为解决资本供求矛盾和流动性而产生的市场。证券市场作为资本市场的基础和主体,是完整的市场体系的重要组成部分,它在反映和调节货币资金运动的同时,对整个经济的运行具有重要的影响。

3.1.1.2 证券市场的特征

(1)证券市场是价值直接交换的场所

证券市场交易的对象是各种各样的有价证券,而有价证券是价值的直接表现形式,是价值的直接代表。所以说证券市场本质上就是价值直接交换的场所。

(2)证券市场是财产权利直接交换的场所

证券市场上的交易对象是作为经济权益凭证的股票、债券、投资基金份额等有价证券,它们本身是一定量财产权利的代表,代表着一定数额财产的所有权或债权以及相关的收益权。所以说证券市场实际上是财产权利直接交换的场所。

(3)证券市场是风险直接交换的场所

正如前面所介绍,证券市场交易的对象是各种各样的有价证券,而有价证券既是一定收益权利的代表,也是一定风险的代表。有价证券的交换在转让出一定收益权的同时,也把该有价证券所特有的风险转让出去了。所以,从风险的角度分析,证券市场也是风险直接交换的场所。

3.1.1.3 证券市场与一般商品市场的区别

与一般商品市场相比,证券市场主要在交易对象和交易目的、交易对象的职能、价格

表 3-1 证券市场与一般商品市场的区别

不同特征	市场类别	
	证券市场	一般商品市场
交易对象和交易目的	股票、债券和基金等以有价证券形式存在的金融商品；股息、红利和差价收入是主要的交易目的	各种实物商品；获得或实现其使用价值是交易目的
交易对象的职能	投资、保值、筹资、投机	满足人们的特定需要
价格的决定因素	对所有权让渡的市场评估或是预期收益的市场价格（与利率、收益率、市场供求关系、基本面和技术面有关）	商品价值的货币表现，取决于商品价值和市场供求关系（通过生产商品所需要的社会必要劳动时间来衡量）
市场的风险和流动性	风险较大、影响因素复杂、较大的波动性和不可预测性；流动性较强	风险较小、较小的波动性和较大的可预测性；流动性稳定

决定因素以及市场的风险和流动性四个方面有比较明显的区别，具体见表 3-1。

3.1.2 证券市场的基本功能

证券市场以证券发行与交易的方式实现了筹资与投资的对接，能够有效地化解资本的供求矛盾和资本结构调整的难题。作为现代市场经济中完整市场体系的重要组成部分，证券市场综合地反映了国民经济的各个维度，被称为国民经济的"晴雨表"，客观上为观察和监控经济运行提供了最直接的指标，它的基本功能包括以下几点：

(1) 筹资—投资功能

证券市场的筹资—投资功能是指证券市场在为资金需求者提供筹资机会的同时，也为资金供给者提供了投资机会。在经济运行过程中，既有资金短缺者，也有资金盈余者。一方面资金盈余者为使自己的资金保值增值，必须寻找投资对象；另一方面资金短缺者为了发展业务向社会寻求资金支持。由于在证券市场交易的有价证券既是筹资工具也是投资工具，因此资金短缺者就可以通过发行各种证券来达到筹资的目的，资金盈余者则可以通过买入证券而实现投资的目的。

筹资—投资功能是证券市场基本功能中最重要的组成部分。筹资和投资是不可分割的两个方面，二者既相互制约又相互促进。忽视其中的任何一个方面都会导致证券市场的严重缺陷。

(2) 定价功能

为资本决定价格是证券市场的第二个基本功能。证券是资本的表现形式，所以证券的价格实际上是证券所代表的资本的价格，而这一价格是在证券市场中，通过证券需求者和证券供给者的竞争所反映的证券供求状况最终形成的。对能产生高投资回报的资本，证券市场的需求就大，相应的证券价格就高；反之，证券价格就低。因此说，证券市场通过证券供给者和证券需求者的公开竞价，提供了资本的合理定价机制。

(3) 资本配置功能

证券市场的资本配置功能是指通过证券价格引导资本的流动，从而实现资本的合理配置。

证券市场中的证券价格取决于证券所能提供的预期报酬率,而证券需求者选择证券的主要参考依据就是证券的收益水平和风险大小。一般而言,生产经营有方、技术先进、产品市场广阔、发展潜力巨大的企业,或是来自于新兴行业的企业,均能提供较高的报酬率,因而对证券需求者的吸引力也较强。证券需求者可以通过各种市场信息渠道,了解企业状况,选择所需证券。那些符合经济发展需要、经济效益好的企业,预期报酬率高,能吸引大量的资本,故其证券的市场价格就高,从而其筹资能力就强。这样,证券市场就起到了引导资本流向,尽可能提高资本效率,从而实现资本合理配置的作用。

(4) 信息传递功能

证券投资者总是需要及时、全面地了解和掌握经济情况与市场动态,以便能够及时采取措施保障其投资者的安全性或抓住机会买卖证券增加所得。由于证券市场是由证券买卖者、经纪人、证券公司以及证券交易所等组成的,他们从不同单位、不同部门、不同地区、不同行业聚集到一起,从不同角度对政治、经济及市场形势进行调查研究,并把他们所获得的信息在证券市场上加以传播。于是,证券市场就自然成为经济信息产生和传播的重要场所。在这里,人们通过观察证券市场上各种有价证券的交易价格与交易量的变化,可以了解到经济变化的情况,进而采取相应对策。证券投资者在这里还可以预测、判断哪些企业发展前景好,哪些企业发展前景不好,哪种证券收益多,哪种证券收益少,从而确定投资的对象或转移投资方向。证券市场的证券交易也能反映出社会资金的余缺。当社会上资金紧张时,持有证券的企业或个人为了保证生产、建设所必需的资金,必然大量地抛售有价证券来换取现金,这时证券市场上必然出现买方市场,证券价格呈下跌之势;反之,当社会资金比较充足时,必然有大量的游资投向证券市场,这时,证券市场上必然出现卖方市场,证券价格呈上涨趋势。由此可见,证券市场可以说是能够反映一定时期国家金融形势乃至整个国民经济形势的晴雨表、温度计。

(5) 分散风险功能

由于市场行情变化多端,资金供给者在为闲置资金寻找出路时,首先要保证资金的安全。证券市场上有多种融资形式可供选择,各种金融工具的自由买卖和灵活多样的金融交易活动,增加了金融工具的安全性,提高了融资效率,使资金供应者能够灵活地调整其闲置资金的保存形式,达到既能盈利又能保证安全性和流动性的目的。对于上市公司来说,通过证券市场融资可以将经营风险部分地转移和分散给投资者,公司的股东越多,单个股东承担的风险就越小。另外,企业还可以通过购买一定的证券,保持资产的流动性和提高盈利水平,减少对银行信贷资金的依赖,提高企业对宏观经济波动的抗风险能力。对于投资者来说,可以通过买卖证券和建立证券投资组合来转移和分散资产风险。投资者往往把资产分散投资于不同的对象,证券作为流动性、收益性都相对较好的资产形式,可以有效地满足投资者的需要,而且投资者还可以选择不同性质、不同期限、不同风险和收益的证券构建证券组合,分散证券投资的风险。

(6) 转换机制功能

企业如果要通过证券市场筹集资金,必须改制成为股份有限公司。股份公司的组织形式对企业所有权和经营权进行了分离,并且有一系列严格的法律、法规对其进行规范,使企业能够自觉地提高经营管理水平和资金使用效率。而且企业成为上市公司之后,会一直处于市场各方面的监督和影响之中,有利于企业经营管理的规范化、科学化和制度化的建设,有利于健全企业的风险控制机制和激励机制。

3.1.3 证券市场的分类

证券市场按照不同的标准,可以划分为以下类型:

(1) 按证券市场功能的不同,可分为发行市场和交易市场

①发行市场(一级市场或初级市场) 是通过发行股票进行筹资活动的市场,一方面为资本的需求者提供筹集资金的渠道;另一方面为资本的供应者提供投资场所。发行市场是实现资本职能转化的场所,它通过发行股票,把社会闲散资金转化为生产资本。由于发行活动是股市一切活动的源头和起始点,故又称发行市场为一级市场或初级市场。

②交易市场(二级市场或次级市场) 是有价证券的交易场所,是已发行的有价证券进行买卖和流通的场所,因此又称为流通市场或二级市场。交易市场为有价证券提供流动性,使证券持有者可以随时卖掉手中的有价证券,用以变现(如果证券持有者不能随时将自己手中的有价证券变现,将会造成无人购买有价证券)。由于交易市场为有价证券的变现提供了途径,所以交易市场同时还可以为有价证券定价,向证券持有者表明证券的市场价格。交易市场能够促进短期闲散资金转化为长期建设资金;调节资金供求,引导资金流向,为商业的直接融资提供渠道。

二级市场与一级市场关系密切,两者既相互依存,又相互制约。一级市场提供的证券及其发行的种类、数量与方式决定着二级市场上流通证券的规模、结构与速度,而二级市场作为证券买卖的场所,对一级市场起着积极的推动作用。组织完善、经营有方、服务良好的二级市场将一级市场上所发行的证券进行快速有效的分配与转让,使其流通到其他更需要、更适当的投资者手中,并为证券的变现提供现实的可能。此外,二级市场上的证券供求状况与价格水平等都将有力地影响一级市场上证券的发行。因此,没有二级市场,证券发行不可能顺利进行,一级市场也难以为继,扩大发行则更不可能。

(2) 按上市条件的不同,可分为主板市场和二板市场

①主板市场 也称一板市场,是指传统意义上的证券市场(通常指股票市场),是一个国家或地区证券发行、上市及交易的主要场所。主板市场对发行人的营业期限、股本大小、盈利水平、最低市值等方面的要求标准比较高,上市企业大多为大型成熟企业,具有较大的资本规模以及稳定的盈利能力。

②二板市场 也称创业板市场,有些国家称其为自动报价市场、自动柜台交易市场、高科技板证券市场等。它的定位是为具有高成长性的中小企业和高科技企业融资服务,是一条中小企业的直接融资渠道,也是针对中小企业的资本市场。与主板市场相比,在二板市场上市的企业标准和上市条件都较低,中小企业更容易上市募集发展所需资金。由此不难看出,二板市场的建立能直接推动中小高科技企业的发展。

主板市场先于创业板市场产生,两者既相互区别又相互联系,主板市场是多层次市场的重要组成部分。相对创业板而言,主板市场是资本市场中最重要的组成部分,在很大程度上能够反映经济发展状况。而二板市场又是不同于主板市场的独特资本市场,具有自己的特点,能够弥补主板市场上市门槛过高的缺陷。其功能主要体现在两个方面:一是在风险投资机制中的作用,即承担风险资本的退出窗口作用;二是作为资本市场所固有的功能,包括优化资源配置、促进产业升级等。而对企业来讲,上市除了融通资金外,还有提高企业知名度、分担投资风险、规范企业运作等作用。建立二板市场,是完善风险投资体系,为中小高科技企业提供直接融资服务的重要一环。

(3) 按交易对象的不同,可分为股票市场、债券市场、基金市场和衍生品市场

①**股票市场** 是进行各种股票发行和买卖交易的场所。股票市场按其基本职能划分,又可分为股票发行市场和股票交易市场,两者在职能上是互补的。股票交易市场也称流通市场、二级市场,是已发行股票的交易与转让市场。发行市场则是股票发行人向投资者发售股票、进行筹资活动的市场。

②**债券市场** 是进行各种债券发行和买卖交易的场所。债券市场按其基本职能来划分,也可以分为债券发行市场和债券交易市场,两者也是紧密联系、相互依存、相互作用的。发行市场是交易市场的存在基础,发行市场的债券条件及发行方式影响交易市场中债券的价格及流动性。交易市场能促进发行市场的发展,为发行市场所发行的债券提供变现场所,保证了债券的流动性。交易市场的债券价格及流动性,直接影响发行市场中新债券的发行规模、条件等。

③**基金市场** 是指进行基金证券发行和转让的市场。由于投资基金是一种利益共享、风险共担的集合投资制度,它通过发行基金证券,集中投资者的资金,交由基金托管人托管,由基金管理人管理,主要从事股票、债券等金融工具投资。基金证券本身作为一种投资工具,也可以自由买卖和转让,从而也就形成了投资基金的流通市场。

④**衍生品市场** 是各类衍生品发行和交易的市场。衍生品市场按其主要品种又可细分为期货市场、期权市场、远期市场和互换市场。随着金融创新在全球范围内的不断深化,衍生品市场已成为金融市场不可或缺的组成部分。

(4) 按组织形式不同,可分为场内市场和场外市场

①**场内市场** 场内是指交易所交易。交易所是最主要的证券交易场所,它是交易市场的核心。交易所交易必须根据国家有关证券法律规定,有组织、规范地进行证券买卖。证券交易所交易与一般商品交易不同,在时间和场所上通常集中于某一固定的场所进行交易,一般是在商业或金融中心设有交易所并配有现代化的计算机、电话等设备,规定交易的开盘和收盘时间。在交易制度安排上,采用公平、持续的双向性拍卖撮合竞价成交,或者实行做市商报价制度。在管理上,具有严密的组织管理机构,只有交易所的会员才能在交易市场从事交易活动,非会员投资者必须通过具有交易所会员资格的证券经纪商进行证券交易。此外,在交易所上市交易的证券必须符合相关条件,并经过严格审查批准。场内交易是证券流通市场的中心,起着非常重要的作用。

②**场外市场** 是指证券交易所以外的证券交易市场的总称。在证券市场发展的初期,许多有价证券的买卖都是在柜台上进行的,因此,该市场也被称为柜台市场或店头市场。柜台交易一般是通过证券交易商来进行,通常采用协议价格成交。这种协商大多是在交易商之间进行,有时也在交易商与证券投资者之间进行。以柜台方式交易的证券,可能是已上市证券,也包括部分未上市证券。

3.1.4 证券市场的参与者

证券市场由证券发行人、证券投资者、证券市场中介机构、自律性组织和证券监管机构等微观主体构成。

3.1.4.1 证券发行人

证券发行人是指为筹措资金而发行股票、债券等证券的发行主体,是证券市场的证券供应者和资金需求者。发行人的数量和发行证券的数量、发行方式决定了发行市场的规模和发达程度。证券发行人主要是公司、金融机构和政府机构。

(1) 公司(企业)

公司(企业)作为独立经营的法人实体,发行股票和债券是筹措长期资本的主要途径。其中,发行股票所筹集的资本属于自由资本,而通过发行债券所筹集的资本属于借入资本。需要强调的是,只有股份有限公司才能发行股票。

随着经济的发展、科学技术的进步和资本有机构成的不断提高,公司(企业)对长期资本的需求越来越强烈。因此,公司(企业)作为证券发行人的主体地位将越来越明显。

(2) 金融机构

金融机构作为证券发行主体,通常有以下两种情形:一是有些金融机构本身就是股份制企业,其经营资本是以发行股票方式募集的;二是有些金融机构还以发行金融债券的方式募集资金、增加负债,借以扩大资产业务。随着金融机构股份制改组工作的全面展开,既发行债券也发行股票的金融机构作为证券市场发行主体的地位将越来越突出。

(3) 政府

政府(中央政府和地方政府)和中央财政直属机构发行的证券品种仅限于债券。其中,中央政府为弥补财政赤字或筹措经济建设所需资金,在证券市场上发行国债、财政债券、国家重点建设债券等政府债券;地方政府为筹措本地公共事业建设资金,可发行地方政府债券,又称市政债券。政府和政府机构发行的债券除上述用途外,也可用于某种特殊的政策,在战争期间还可用于弥补战争费用的开支。

中央银行作为证券发行主体,主要涉及两类证券:第一类是中央银行股票。在一些国家(如美国),中央银行采取了股份制组织结构,通过发行股票募集资金,但是,中央银行的股东并不享有决定中央银行政策的权利,只能按期收取固定的红利,其股票类似于优先股。第二类是中央银行出于调控货币供给量目的而发行的特殊债券。中国人民银行从2003年起开始发行中央银行票据,期限从3个月到3年不等,主要用于对冲金融体系中过多的流动性。

随着国家干预经济理论的兴起,政府和政府机构作为证券发行人的主体地位将越来越重要。

3.1.4.2 证券投资者

证券投资人是指通过买入证券而进行投资的各类机构法人和自然人,是证券市场的资金供应者和证券需求者。投资人数多少和资金实力的大小同样制约着证券市场的发展规模。相应地,证券投资人可以分为机构投资者和个人投资者两大类。

(1) 机构投资者

①政府 各国政府在证券市场上最初都是资金的需求者,但是为了调剂资金的余缺和

进行宏观调控，政府有时也是资金的供给者。当资金出现剩余时，政府为了降低持有闲置资金的机会成本，就会通过购买政府债券、金融债券投资于资本市场。

中央银行以公开市场操作作为政策手段，通过买卖政府债券或金融债券影响货币供应量，从而进行宏观调控。同时，出于维护金融安全与稳定的需要，一些国家的政府还成立专门机构或指定专门机构参与证券市场交易，以减少非理性的市场震荡。

我国国有资产管理部门或其授权部门持有国有股，履行国有资产的保值增值和通过国家控股、参股来支配更多社会资源的职责。

②金融机构

证券经营机构：这是经过证券监管机构批准成立的、在证券市场上最为活跃的金融机构，以其自有资本、运营资本和受托投资资金进行证券投资。

银行业金融机构：分为存款性金融机构和政策性银行。由于受自身的业务特点和政策法令的制约，银行业金融机构一般仅限于中央政府债券和地方政府债券的买卖，而且通常以短期国债作为其超额储备的持有形式。当然，有些国家也允许商业银行投资股票。

保险经营机构：保险公司是西方国家证券市场上主要的机构投资者之一，其投资规模已超过共同基金，可谓全球最大。目前，除用大量资金购买各类政府债券和信誉卓著的大公司债券并长期持有外，保险公司还广泛涉足基金和股票投资。

合格境外投资者（QFII）：QFII制度是一国（地区）在货币没有实现完全可自由兑换、资本项目尚未完全开放的情况下，有限度地引进外资、开放资本市场的一项过渡性制度。这种制度要求外国投资者若要进入一国证券市场，必须符合一定条件，经该国有关部门审批通过后汇入一定额度的外汇资金，并转换为当地货币，通过严格监管的专门账户投资当地的证券市场。

其他金融机构：信托投资公司、企业集团财务公司、金融租赁公司等。这些机构通常也在自身章程和监管机构许可的范围内进行证券投资。

③企业和事业法人　企业可以进入证券市场通过自营或委托专业机构进行证券投资，但必须使用自己的积累资金或暂时闲置的资金。企业还可以通过股票投资对其他企业实现控股或参股。中国现行法规规定，国有企业、国有资产控股企业、上市公司可参与股票配售，也可以投资于股票二级市场。

事业法人可用自有资金和有权自行支配的预算外资金进行证券投资。

④各类基金

证券投资基金：是一种非常重要的非存款性金融机构，也是一种大众化的证券投资机构。证券投资基金在美国非常盛行，曾一度超越处于统治地位的商业银行而成为美国证券市场最重要的金融机构。

我国的《基金法》规定，中国的证券投资基金可投资于股票、债券和国务院证券监管机构规定的其他证券品种。

社保基金：国外的社保基金通常由两部分组成：一是国家以社会保障税等形式征收的全国性基金，这属于国家控制的财政收入，对资金的安全性和流动性要求非常高（主要用于失业救济金和退休金的支付），对资金的投资方向也有严格限制（主要投资国债市场）；二是企业定期向员工支付并委托基金管理公司管理的企业年金，由于其资金运作周期长，故对账户资产增值有较高要求,但对其投资范围无过多限制。

企业年金:是在依法参加基本养老保险的基础上,企业及其职工自愿建立的补充养老保险基金。中国现行法规规定,企业年金可由年金受托人或受托人指定的专业投资机构进行证券投资。

社会公益基金:主要包括福利基金、科技发展基金、教育发展基金、文学奖励基金等。按照中国有关政策规定,各种社会公益基金可用于证券投资,以求保值增值。

(2)个人投资者

个人投资者是从事证券投资的社会自然人,他们是证券市场最广泛的投资者。个人投资者相对于机构投资者的特点是资金量较少、投资规模有限,在注重收益的同时,还对证券的变现性有较高的期望值。不过数量众多的个人投资者的集合资金总额也是相当可观的。

3.1.4.3 证券市场中介机构

证券市场中介机构是指为证券的发行、交易提供服务的各类机构。在证券市场中起中介作用的是证券公司(securities company)和其他证券服务机构。

(1)证券公司

证券公司是指依照《公司法》规定设立的,并经过国务院证券监督管理机构审查批准而成立的专门经营证券业务,具有独立法人地位的金融机构。根据证券公司的功能,可分为证券经纪商、证券自营商和证券承销商。

①证券经纪商　即证券经纪公司,是指代理买卖证券的证券机构,它们接受投资人委托、代为买卖证券,并收取一定手续费(即佣金),如江海证券经纪公司。

②证券自营商　即综合型证券公司,是指除了拥有证券经纪公司的权限外,还可以自行买卖证券的证券机构,它们的资金雄厚,可直接进入交易所为自己买卖股票,如国泰君安证券。

③证券承销商　是指以包销或代销形式帮助发行人发售证券的机构。实际上,许多证券公司都是兼营这三种业务的。

世界各国对证券公司的划分和称谓不尽相同,如美国称为投资银行,英国称为商人银行,日本等国家和中国一样,将专营证券业务的金融机构称为证券公司,而德国等一些国家则将实业银行与证券业混业经营,通常由银行设立公司来经营证券业务。

(2)证券服务机构

证券服务机构是指依法设立的从事证券服务业务的法人机构,主要包括证券登记结算公司、证券投资咨询公司、会计师事务所、律师事务所、资产评估机构、证券信用评级机构等。

3.1.4.4 自律性组织

证券市场的自律性组织主要包括证券交易所和行业协会。部分国家(地区)的证券登记结算机构也具有自律性质。在我国,按照《中华人民共和国证券法》(以下简称《证券法》)规定,证券自律管理机构是证券交易所和证券业协会。根据《证券登记结算管理办法》,我国的证券登记结算机构实行行业自律管理。

3.1.4.5 证券监管机构

在我国,证券监管机构是中国证监会及其派出机构。中国证监会是国务院直属的证监督管理机构，按照国务院授权和相关法律规定对证券市场进行集中、统一监管。它的主要职责为：依法制定有关证券市场监督管理的章程、规则，负责监督有关法律法规的执行，负责保护投资者的合法权益，对全国的证券发行、证券交易、中介机构的行为等依法实施监管，维持公平而有序的证券市场。

3.1.5 证券市场的产生与发展

3.1.5.1 证券市场的产生

相对于商品经济而言，证券市场的历史要短暂很多。换句话说，在商品经济的历史长河中，人类曾经历了一个长期没有证券市场的时代。证券市场从无到有，主要归因于以下三点：

①社会化大生产和商品经济的发展客观上需要新的筹集资金手段 自行积累、银行借款不能满足巨额资金需求。

②股份公司的出现为证券市场产生和发展提供了现实基础和客观要求 商品经济的进一步发展使得传统的企业组织结构发生变化，催生了股份公司的产生，股份公司通过发行股票、债券实现筹措资金扩大再生产的目的。因此，股份制的发展为证券市场的形成提供了现实条件。

③证券市场的形成得益于信用制度的发展 随着信用制度的发展，商业信用、国家信用、银行信用等融资方式不断出现，越来越多的信用工具随之涌现。信用工具一般都有流通变现的要求，而证券市场为有价证券的流通、转让创造了条件。因而，随着信用制度的发展，证券市场的产生成为必然。

3.1.5.2 证券市场的发展

纵观世界证券市场的发展历史，其进程大致可以分为五个阶段。

(1) 萌芽阶段(17世纪初~18世纪末)

①1602年，世界上第一个股票交易所在荷兰的阿姆斯特丹成立。

②1698年，柴思胡同的乔纳森咖啡馆，因众多经纪人在此交易而闻名。

③1773年，英国第一家证券交易所在乔纳森咖啡馆成立并于1802年获得英国政府正式批准，即伦敦交易所的前身。

④1790年，美国第一个证券交易所在费城成立。

⑤1792年5月17日，华尔街梧桐树协定，订立最低佣金标准以及其他交易条款。

⑥1793年，汤迪咖啡馆在纽约从事证券交易，1817年更名为纽约证券交易会，1863年更名为纽约证券交易所。

(2) 初步发展阶段(19世纪初~20世纪20年代)

20世纪初，资本主义从自由竞争阶段过渡到垄断阶段。股份公司数量剧增。以英国为例，1911—1920年建立了64 000家，1921—1930年建立了86 000家。至此，英国90%的资本都处于股份公司控制之下。其次，在这一时期，有价证券发行总额剧增。1921—1930年全世界有价证券共计发行6000亿法国法郎，比1890—1900年增加了近5倍。有价证券的结构也起了变化，在有价证券中占主要地位的已不是政府债券，而是公司股票和公司债券。

(3) 停滞阶段（1929—1945）

1929—1933 年，资本主义国家爆发了严重的经济危机以及第二次世界大战，导致了世界各国证券市场的动荡，不仅证券市场的价格波动剧烈，而且证券经营机构的数量和业务量都锐减。

(4) 恢复阶段（1945—20 世纪 60 年代）

第二次世界大战后至 20 世纪 60 年代，因欧美与日本经济的恢复和发展以及各国的经济增长大大地促进了证券市场的恢复和发展，公司证券发行量增加，证券交易所开始复苏，证券市场规模不断扩大，买卖越来越活跃。

(5) 加速发展阶段（20 世纪 70 年代至今）

20 世纪 70 年代以后，证券市场出现了前所未有的繁荣，证券市场的规模不断扩大，证券交易也日益活跃。其重要标志是反映证券市场容量的重要指标——证券化率（证券市值/GDP）的提高。根据深圳证券交易所的一项研究，1995 年年末发达国家的平均证券化率为 70.44%，其中美国为 93.45%，英国为 121.66%，日本为 68.75%。而到了 2010 年，美国、英国、日本证券化率分别提高至 118.63%、137.97% 和 74.7%，韩国、泰国、马来西亚等新兴市场经济国家的该项比率也均达到了 107.32%、104.65% 和 172.67%。

3.1.5.3 中国证券市场的产生与发展

中国证券市场的历史既年轻又源远流长。我国目前的证券市场从建立到现在，仅有 20 多个年头，而国内各收藏家所收集的证券，展示给我们的却是一幅长达百年之久的中国证券发展的历史画卷。纵观中国的百年证券史，跨越清朝末期、民国时期、革命根据地时期、中华人民共和国建立初期和改革开放时期。由于历史条件不同，每个时期的证券业在证券市场均表现出了不同的特点。

(1) 改革开放后的中国证券市场

①探索起步 1978 年改革开放的春风开启了中国经济快速发展的新局面，中国内地证券市场重新恢复和发展起来。1981 年财政部首次发行国库券揭开了新时期中国证券市场新发展的序幕。随着国民经济发展对社会资金的巨大需求，中国率先在上海、深圳等地开始了股份制改革试点工作。

②建立交易所

证券集中交易市场形成：1990 年 12 月和 1991 年 7 月上海证券交易所和深圳证券交易所分别正式运营，这标志着中国证券集中交易市场的形成，也预示着中国证券市场进入了快速发展时期。

政策支持：1992 年春，邓小平同志指出，证券市场要"允许看，但要坚决地试"；当年 10 月中共十四大报告明确提出要"积极培育包括债券、股票等有价证券的金融市场"，这表明证券市场作为国民经济的重要组成部分已在政治上得到认可；与此同时，全国证券市场统一监督管理的专门机构、国务院证券委员会及其监督管理执行机构——中国证监会宣布成立。

证券法律、法规体系初步建立：1993 年国务院先后发布了《股票发行与交易管理暂行条例》和《企业债券管理条例》等若干法规和行政章程，证券市场进入快速发展阶段。

③《证券法》出台，监管体制逐步完善 1998 年 12 月全国人大常委会通过《证券法》；

1999年1月1日正式实施,使中国证券市场的法制建设进入新的历史阶段。

④证券市场深化改革和稳步发展

政策进一步明确,法律基础进一步夯实:2004年1月31日,国务院发布的《关于推进资本市场改革开放和稳步发展的若干意见》(简称"国九条"),肯定了中国资本市场的巨大成就,明确了中国资本市场发展的指导思想和任务,提出了支持中国资本市场发展的若干政策。

重大制度变迁,市场稳步发展:2004年5月中小企业板块在深圳交易所主板市场设立;上市开放式基金(LOF)和交易型开放式基金(ETF)分别在深圳交易所和上海交易所推出;权证等创新品种层出不穷;交易机制、交易技术不断完善。

"新国九条"与"退市意见"为证券市场保驾护航:2013年12月27日,国务院办公厅发布了《关于进一步加强资本市场中小投资者合法权益保护工作的意见》,该意见包含了健全投资者适当性制度、优化投资回报制度、保障中小投资者知情权、健全中小投资者投票机制、建立多元化纠纷解决机制、健全中小投资者赔偿机制、证券监管部门应加大监管和打击力度、强化中小投资者教育、完善投资者保护组织体系等九方面内容,因此被市场人士称为"新国九条"。2014年10月17日,中国证监会发布《关于改革完善并严格实施上市公司退市制度的若干意见》(以下简称"退市意见")。"退市意见"是贯彻落实《证券法》关于股票退市的有关规定、贯彻落实国务院《关于进一步促进资本市场健康发展的若干意见》中关于改革完善上市公司退市制度有关要求的具体举措,退市意见健全和完善了资本市场的基础功能,敦促了上市公司退市的市场化、法治化和常态化。

(2)中国证券市场的对外开放

①在国际市场筹集资金——证券融资:走出去。

以债权融资为突破口:早在1982年1月,中国国际信托投资公司首次在境外发行100亿日元私募债券;1984年11月,中国正式进入国际债券市场——中国银行在东京公开发行200亿日元债券;1993年9月,中国主权外债的发行正式起步——财政部首次发行300亿日元债券。自1984年以来,财政部、国家开发银行、进出口银行、中信公司、中国银行、建设银行等陆续在境外发行外币债券,其发行范围覆盖欧洲、美国、日本、中国香港和新加坡等市场。

发行外资股:中国在利用国际债券市场融资的同时,越来越重视在境内外的股权融资。上海证券交易所和深圳证券交易所1992年开始发行境内上市外资股——B股;1993年开始发行境外上市外资股——H股和N股,同时尝试性地运用了存托凭证方式在国际资本市场融资。

②开放国内资本市场——证券业务:请进来。

- 允许境外券商在华设立分支机构并参与证券市场投资。
- 允许境内券商到海外设立分支机构或组建中外合资金融机构。
- 重视与境外监管机构的交流与合作。

③有条件地允许境内企业投资境外资本市场。

④实行内地交易所与香港联交所互联互通,增强中国资本市场的综合实力。

3.2 证券发行市场

3.2.1 证券发行市场概述

3.2.1.1 证券发行市场的概念及特点

(1) 证券发行市场的基本概念

证券发行市场是证券从发行人手中转移到认购人手中的场所,又称为初级市场或一级市场。证券发行市场实际上包括各个经济主体和政府部门从筹划发行证券、证券承销商承销证券到认购人购买证券的全过程。证券发行市场使股票、债券等证券数量和种类不断增加,把众多的社会闲散资金聚集起来转变成资本,集中体现了证券市场筹集资金的功能。在发行过程中,证券发行市场作为一个抽象的市场,其买卖成交活动并不局限于一个固定的场所,它是一个无形的市场。它为资金使用者提供了获得资金的渠道和手段。

①证券发行是证券发行人将某种证券首次出售给投资者的行为,属于第一次交易。证券发行市场具有证券创设功能,任何权利凭证若要进入证券市场并实现流通,必须首先取得合法的证券形式,证券发行是使证券得以转让和流通的前提。证券发行市场上的发行证券,可以是从未发行过证券的发行人创设的证券,也可以是证券发行人在前次发行后增发的新证券,还可以是因证券拆分或合并等行为而发行的证券。我国目前最常见的,是企业通过股份制改造发行的新股票,或上市公司为增加股本,以送股或配股等方式发行的新股票。上述情况都具有创设新证券的性质,属于证券发行活动。

②证券发行人必然是证券发行市场的主体。创设证券在本质上是证券发行人向投资者募集资金的筹资行为,证券发行往往要借助专业机构或人员参与才能完成,但它必然是在证券发行人主持下完成的。而且,首次出售所创设证券属于交易行为,必然是以证券发行人为一方当事人,认购人或其他投资者为另外一方当事人。鉴于证券发行市场参与者的特殊结构,其市场功能的核心是协调证券发行人于证券投资者之间的关系。

③证券发行市场主要是无形市场,通常不存在具体形式的固定场所,也无通常的专业设备和设施。证券发行人可以直接向社会公众投资者或特定范围的投资者发售证券以募集资金,也可以通过中介机构向社会投资者或特定范围的证券认购人募集资金。在国外,证券发行市场的存在形式非常复杂。证券发行人在各种中介机构的协助下,首先要进行证券发行准备工作;发行准备工作初步完成后,证券承销商会向潜在投资者提供招募文件,采取路演等方式宣传所发行证券;投资者填制认购文件并交付给证券承销商后,承销商会根据证券认购情况与证券发行人商定包销数量及发行价格,并从证券发行人处领取应向投资者交付的证券。上述行为可以在许多地方陆续进行,且无固定场所和法定设施。我国证券的公开发行多借助证券交易所的交易网络,因此交付证券主要通过证券交易所进行。

(2) 证券发行市场的特点

证券发行市场是整个证券市场的基础,它的内容和发展决定着证券交易市场的内容和发展方向。证券发行市场具有以下特点:

①证券发行是直接融资的实现形式 证券发行市场的功能就是联结资金需求者和资金

供给者，证券发行人通过销售证券向社会招募资金，而认购人通过购买其发行的证券来提供资金，从而将社会闲散资金转化为生产建设资金，实现直接融资的目标。

②证券发行市场是个无形市场　新发行证券的认购和销售主要不是在有组织的固定场所内进行，而是由众多证券承销商分散地进行，因而它是个抽象的、观念上的市场。

③证券发行市场的证券具有不可逆转性　在证券发行市场上，证券只能由发行人流向认购人，资金只能由认购人流向发行人，而不能相反，这是证券发行市场与证券交易市场的一个重要区别。

3.2.1.2　证券发行市场的参与人

证券发行市场由证券发行人、证券认购人、证券承销商和专业服务机构构成。

(1) 证券发行人

证券发行人又称发行主体，就是为筹措资金而发行股票或债券的企业单位、政府机构、金融机构或其他团体等，也包括在本国发行证券的外国政府和公司。证券发行人是证券发行市场得以存在与发展的首要因素。

(2) 证券认购人

证券认购人就是以取得利息、股息或资本收益为目的而根据发行人的招募要约，将要认购或已经认购证券的个人或机构。它是构成证券发行市场的另一个基本要素。在证券发行实践中，证券投资者的构成较为复杂，它可以是个人，也可以是团体，后者主要包括证券公司、信托投资公司、共同基金等金融机构和企业、事业单位以及社会团体等。在证券发行市场上，投资者人数的多少、购买能力的强弱、资产数量的大小、收益要求的高低以及承担风险能力的大小等，直接影响和制约着证券发行的消化量。当证券进入认购者或投资者手中，证券发行市场的职能也就实现了。

(3) 证券承销商

证券承销商主要是媒介证券发行人与证券投资者交易的证券中介机构。证券承销商是联结发行人和认购人的桥梁和纽带，其接受发行人的委托，通过一定的发行方式和发行渠道向认购人销售发行人的证券。我国目前从事证券承销业务的机构是经批准有承销资格的证券公司、金融资产管理公司和金融公司，主要分为：①证券承销商、经纪商——证券公司、非银行金融机构证券部；②证券交易所及证券交易中心；③具有证券律师资格的律师事务所；④具有证券从业资格的会计(审计)师事务所；⑤资产评估机构；⑥证券评级机构；⑦证券投资的咨询与服务机构。

(4) 专业服务机构

专业服务机构包括证券服务性机构和经济鉴证类机构以及其他服务机构。证券服务性机构包括证券登记结算公司和证券信用评级机构等，其主要作用是为发行人和认购人进行股权或债权注册登记和评估发行人信用级别；会计师事务所的主要作用是为发行人进行财务状况审计，为认购人提供客观的财务信息；资产评估机构的作用是运用合理的评估方法确定发行人和某些认购人的资产质量；律师事务所的作用是以合法的手段排除发行过程中的法律障碍，并就发行人申请证券发行时所处的法律状态出具法律意见书。

3.2.1.3　证券发行市场的作用

(1) 为资金需求者提供融资渠道

资金需求者为筹集资金，可根据需要(如各类证券的期限、收益、风险、流通性、参与权、发行成本等)和可能，选择发行证券的品种，并根据市场当时的供求关系和行情，确定发行数量和发行价格。市场中有众多的中介机构，接受发行者的委托向公众推销证券。发达市场可冲破地区界限，为发行者扩大筹资范围和筹资对象，并通过竞争使筹资成本趋于合理。

(2) 为资金供应者提供投资和获利的机会

引导闲置资金进入证券市场，实现社会储蓄向投资转化，为社会再生产顺利提供保障。

(3) 促进资源优化

通过市场竞争机制，使那些产业前景好、业绩优良和可持续发展的企业更能从证券市场筹集所需资金，使资金流入最能产生效益的行业和企业，形成资金流动的收益导向，促进资源优化。

3.2.1.4 证券发行的目的

(1) 股票发行的目的

公司发行股票主要分为两种情况：一是为设立新股份公司而发行股票筹集自有资本；二是现有股份公司为改善经营而发行新股。由此决定了在发行额度、发行时间、发行条件和发行价格等均有所不同。股份有限公司通过发行股票可以达到以下目的：

① 筹措自有资本　对于初创公司来说，发行股票筹措自有资本是最佳的筹资渠道，也是公司开业的基本保证。所以，股份公司一经获准成立，就需要发行股票，从投资者那里筹措自有资本，依靠认购者缴纳的股金组建公司并开展经营活动。自有资本与从银行贷款或发行债券而得到的借入资本不同，因为自有资本是不需要偿还的，可以无限期地使用，具有长期性和稳定性的特点。

② 追加投资，扩大经营　当公司成立后，为了扩大经营规模和范围需要追加投资，为了提高公司的竞争力也需要大量资金，在得不到银行贷款或不符合发行债券条件时，可以依法申请增发股票来满足资金需要。通过发行股票既可以满足投资者的需要，又可以迅速聚集闲散资金，解决公司扩大再生产资金不足的问题。

③ 增加自有资本　自有资本在公司资本总额中所占比例的高低，是衡量公司财务结构和实力的重要标志。为了保证公司自有资金与负债的合理比例，提高公司的信誉和安全经营程度，发行股票提高自有资本的比例是很有必要的。

④ 维护经营支配权　在市场经济条件下，优胜劣汰规律作用的结果使资本过小的公司潜存着被并购的危险。发行股票增加资本规模，有利于增强公司的抗风险能力，维护公司的经营支配权。

(2) 债券发行的目的

债券发行是发行人以借贷资金为目的，依照法律规定的程序向投资人要约发行一定债权和兑付条件的债券的法律行为。发行债券的主体不同，目的也不一样。一般来说，政府发行债券是为了弥补财政赤字、扩大政府公共事业投资、解决临时资金需要；企业(包括金融机构)发行债券主要为筹集资金、降低资金成本和维持对企业的控制权等目的。

3.2.2 证券发行和承销制度

3.2.2.1 证券发行制度

(1) 核准制

证券发行核准制实行实质管理原则,即证券发行人在发行证券过程中,不仅要以真实状况的充分公开为条件披露有关的信息,而且必须符合证券监管机构制定的、适合于发行的一系列实质性条件。符合条件的发行公司经证券监管机构批准方可在证券市场发行证券。这种发行制度赋予监管当局决定权,属政府主导型。其目的在于监管部门能尽法律赋予的职能,保证发行的证券符合公众利益和证券市场稳定发展的需要。

(2) 注册制

证券发行注册制要求发行人必须按法定程序向证券监管部门提交关于证券发行本身以及同证券发行有关的一切信息,申请注册,并对所提供信息的完整性、真实性和可靠性负责。这种发行制度实行公开管理原则,可以说是一种发行公司的财务公布制度,它强调市场对证券发行的决定权,属市场主导型。其目的在于向投资者提供证券发行的有关资料,但并不保证发行的证券资质优良,价格适当。

3.2.2.2 中国的证券发行制度

(1) 证券发行核准制

中国的证券发行核准制是指证券发行人提出发行申请,保荐机构(主承销商)向中国证监会推荐,中国证监会进行合规性初审后,提交发行审核委员会审核,最终经中国证监会核准后发行。核准制不仅强调公司信息披露,同时还要求必须符合一定的实质性条件,如企业盈利能力、公司治理水平等。核准制的核心是监管部门进行合规性审核,强化中介机构的责任,加大市场参与各方的行为约束,减少新股发行中的行政干预。

(2) 证券发行上市保荐制度

证券发行上市保荐制度是指由保荐机构及其保荐代表人负责发行人证券发行上市的推荐和辅导,尽职责调查、核实公司发行文件资料的真实性、准确性和完整性,协助发行人建立严格的信息披露制度。

(3) 发行审核委员会制度

发行审核委员会制度规定国务院证券监督管理机构设发行审核委员会(以下简称"发审委")。发审委依照《证券法》《公司法》等法律、行政规定和中国证监会的规定,对发行人的股票的发行申请和中国证监会有关职能部门的初审报告进行审核,并提出审核意见。中国证监会依照法定条件和法定程序作出予以核准或不予核准"发行申请"的决定,并出具相关文件。

3.2.2.3 证券发行方式

(1) 股票发行方式

① 网上竞价发行 是国际证券界发行证券的通行做法。在国外,网上竞价发行也称招标购买方式,是指一种由多个承销机构通过招标竞争确定发行价格,取得承销权后向投资者推销证券的发行方式。

在中国,网上竞价发行是指主承销商利用交易所的交易系统,以自己作为唯一的卖方,按发行人确定的底价将公开发行股票的数量输入其在交易所的股票发行专户;投资者在指定时间,以不低于发行底价的价格及限购数量进行竞价认购的一种发行方式。

②网上定价发行　是指主承销商利用交易所的交易系统,按事先规定的价格向投资者发售证券。

③定价市值配售　是指将发行总量中一定比例(也可能是全部)的新股向二级市场投资者配售,投资者根据其持有的上市流通证券的市值和折算的申购限量,自愿申购新股。若新股发行中市值配售比例不足100%,则采取市值配售与网上定价发行相结合或向二级市场投资者配售与向机构投资者配售相结合的方式。

④对一般投资者上网发行和对法人配售相结合　两者的比例由发行人和主承销商在充分考虑上市后该股票流动性等因素的基础上自行确定。

(2)债券发行方式

①定向发行　又称私募发行(面向少数特定投资者),属直接发行。一般由债券发行人与机构投资者(如人寿保险公司、养老基金、退休基金等)直接洽谈发行条件和其他具体事务。

②承购包销　发行人与承销团签订承购包销合同(合同中的有关条款是通过双方协商确定的),由承销团成员分销拟发行债券。目前在中国主要用于不可上市流通的凭证式国债的发行。

③招标发行　通过投标人的直接竞价确定发行价格(或利率)水平,发行人将投标人的标价自高向低排列(或将利率自低向高排列),从高价或低利率选起,直到满足需要发行的数额为止。

招标发行按标的物不同可分为价格招标(荷兰式)、收益率招标(荷兰式)和缴款期招标(美国式);按中标规则不同可分为荷兰式招标(单一价格中标)和美国式招标(多重价格中标)。

3.2.2.4　证券承销制度

证券承销是发行人将证券承销业务委托他人(即专门的证券承销机构)代为销售。按照发行风险的承担、所筹资金的划拨及手续费的高低等因素划分,证券承销方式有包销和代销两种。

(1)包销

①基本含义　包销是证券承销机构将发行人的证券按协议全部购入,或在承销结束时将售后剩余证券全部自行购入。

②全额包销　是指证券承销机构先全额购买发行人该次发行的证券,承担全部风险后,再向投资者发售的承销方式。

③余额包销　是指证券承销机构按照规定的发行额度和发行条件,在约定的期限内向投资者发售证券;在承销期结束时,证券承销机构负责认购剩余证券,并按约定时间向发行人支付全部证券款项的承销方式。

(2)代销

代销是指证券承销机构代发行人发售证券,到销售截止日,将证券预定发行总额的剩余部分全部退还给发行人的承销方式。

《证券法》规定，发行人向不特定对象发行的证券，法律、行政法规规定应当由证券公司承销的，发行人应当同证券公司签订承销协议；若证券票面总值超过 5000 万元，应当由承销团承销。证券承销采取代销或包销方式。我国《上市公司证券发行管理办法》规定，上市公司发行证券应当由证券公司承销；上市公司向原股东配售股份应当采用代销方式发行；非公开发行股票，发行对象均属于原前十名股东的，可由上市公司自行销售。

3.2.3 证券发行价格

3.2.3.1 股票发行价格

(1) 有关规定

①《公司法》规定，股票发行价格可以等于票面金额，也可以超过票面金额，但不能低于票面金额。

②股票以超过票面金额的价格发行所得的溢价款项，应列入发行公司的资本公积金。

③股票采取溢价发行的，其发行价格由发行人与证券承销机构协商确定。

(2) 定价方式

①通常的定价方式　股票发行的定价方式通常可采用协商定价、一般询价、累计投标询价和上网竞价等方式。

②中国的现行定价方式　中国的现行做法是采用首次公开发行的股票(IPO)询价制度，主要是通过向询价对象初步询价，确定发行价格区间和相应的市盈率区间；然后通过累计投标询价(发行人及保荐机构在发行价格区间向询价对象询价)最终确定发行价格。

其中，询价对象是指符合中国证监会规定条件的境内机构投资者、合格的境外机构投资者以及中国证监会认可的其他机构投资者。发行申请核准后，发行人应公告招股意向书并开始进行推荐和询价。

3.2.3.2 债券发行价格

(1) 发行价格概述

债券的发行价格是指投资者认购新发行的债券实际支付的价格。

债券的发行价格可分为以下几种：平价发行，即债券的发行价格等于其面值；折价发行，即债券的发行价格低于其面值；溢价发行，即债券的发行价格高于其面值。

(2) 定价方式

①以价格为标的　荷兰式招标是以募满发行额为止的所有投资者的最低中标价格作为最后中标价格，全体中标者的中标价格是单一的；美式招标是以募满发行额为止的中标者各自的投标价格作为最终中标价，各中标者的认购成本是不相同的。

②以收益率为标的　荷兰式招标是以募满发行额为止的中标者最高收益率作为全体中标者的最终收益率，所有中标者的认购成本是相同的；美式招标是以募满发行额为止的中标者所投标的各个价位上的中标收益率作为中标者各自的最终中标收益率，各中标者的认购成本是不相同的。

短期贴现债券多采用单一价格的荷兰式招标；长期附息债券多采用多种收益率的美式招标。

债券发行的定价方式以公开招标最为典型。

3.3 证券交易市场

3.3.1 证券交易市场概述

3.3.1.1 证券交易的起源和发展

(1) 债券交易

1141年法国出现了证券经纪商和集中交易的场所,直到18世纪末期,这里均为政府债券交易;19世纪后,资本主义高速发展,工业企业迫切需要资金,于是产生了企业债券,同时政府债券规模也进一步扩大,因而债券交易开始规模化、制度化和组织化;1802年,英国建立了世界上第一家大型专业债券交易中心。

(2) 股票交易

第一家专门从事股票交易的市场是于1602年在荷兰的阿姆斯特丹出现的,股票交易出现的时间相对较晚。此后约200年间,英国的乔纳森咖啡馆、美国的梧桐树下,都被视为集中交易的先河。

3.3.1.2 证券交易市场的作用

(1) 极大地提高证券的流动性,分散投资风险

证券交易市场把实业投资和发行市场投资的长期风险短期化了(如股票T+1、国债T+0制度),有力地吸引更多资金,尤其是无数笔短期巨资入场。通过不断交易的浩大市场,将巨资(通常达几亿、几十亿美元)投资项目分散到几万、几十万投资者手中,使集中风险极大地分散化。

(2) 更好地发挥筹资、投资功能和资本配置功能

投资者可在市场方便地购买证券,筹资者可在市场随行就是滚动式发行证券,买卖双方各得其所。证券市场和证券价格作为宏观经济和上市公司的晴雨表,会吸引更多投资者和资金,使社会资本向可持续发展的行业和企业聚焦,也会淘汰劣质企业,避免社会资本的浪费。

(3) 有效地降低交易成本,为交易提供连续性

证券交易市场中统一、公开的价格,为投资者提供了有关公平和公认价值的信息,降低了搜寻潜在资本和买、卖方信息的成本;先进的交易系统和众多的投资者,有助于熨平成交价格的大幅波动,保证了交易的连续性,使同一证券前后两笔交易的价格差异很小,也使即时交易的成交价格更为合理。

3.3.2 证券交易所

证券交易所是证券买卖双方公开交易的场所,是一个有组织、有固定地点、集中进行证券交易的二级市场,是整个证券流通市场的核心。证券交易所本身不买卖证券,也不决定证券买卖价格,而是为证券交易提供一定的场所和设施,配备必要的管理和服务人员,并对证券交易进行周密的组织和严格的管理,为保证证券交易顺利进行提供了一个稳定、公开、高效的市场。

3.3.2.1 证券交易所的职能

具体而言，证券交易所的主要职能有以下方面。

①提供买卖证券的交易席位和有关交易设施及相应的服务。

②制定有关场内买卖证券的上市、交易、清算、交割、过户等各项规则，并审核、监督规则的执行情况。

③管理交易所成员的交易行为，执行场内交易的各项规则，对会员违纪现象及交易中的反常情况做出快速、相应的处理。

④管理和公布有关证券交易的资料和信息。

⑤中国证监会赋予的其他职能。

3.3.2.2 证券交易所的特征

①有固定的交易场所和交易时间。

②交易者(证券经营机构)必须具备会员资格(交易采取经纪制，一般投资者不能直接进入交易所买卖证券，只能委托会员在经纪人之间进行交易)。

③交易对象限于符合一定标准、在交易所挂牌上市的证券。

④交易价格通过公开竞价方式决定。

⑤成交速度和成交率较高。

⑥实行"三公"(公开、公平、公正)原则，对证券交易严格监管。

3.3.2.3 证券交易所的组织形式

证券交易所的组织形式大致可以分为两类，即公司制和会员制。

(1) 公司制

①性质　公司制证券交易所是以股份公司形式组织，并以营利为目的的法人团体，一般由金融机构及各类民营公司组建。

②规定　公司制证券交易所章程中明确规定了作为股东的证券经纪商和证券自营商的名额、资格和公司的存续期，还规定公司的股东、高级职员、雇员不得担任证券交易所的高级职员，以保证交易的公正性。另外，公司制证券交易所必须遵守本国公司法的规定，在政府证券主管机构的管理和监督下，吸收各类证券挂牌上市。

(2) 会员制

①性质　会员制证券交易所是由会员自愿组成，不以盈利为目的的社会法人团体。

中国内地上海证券交易所和深证证券交易所均按会员制方式组成，是非营利性的事业法人。

②规定　《证券法》规定，证券交易所的设立和解散由国务院决定。证券交易所必须制定章程，证券交易所章程的制定和修改必须经国务院证券监督管理机构批准。

③组织机构　会员制证券交易所的组织机构由会员大会、理事会、监察委员会和其他专门委员会、总经理及其他职能部门组成。

④会员大会的职权　根据《证券法》和《证券交易所管理办法》规定，会员大会是证券交易所的最高权力机构，其职权包括：制定和修改证券交易所章程；选举和罢免会员理事；审议和通过理事会、总经理的工作报告；审议和通过证券交易所的财务预算和决算报告；决定证券交易所的其他重大事项。

3.3.2.4 证券交易所的运作系统

(1) 集中竞价交易系统

①交易系统　包括交易主机、参与者交易业务单元或交易席位和通信网络。

②结算系统　指对证券交易进行结算、交收和过户的系统。

③信息系统　包括交易通信网、信息服务网、证券报刊和因特网。

④监察系统　包括行情监控、交易监控、证券监控和资金监控。

(2) 大宗交易系统

①大宗交易是指在交易所正常交易日收盘后的限定时间内，在机构投资者之间进行的一笔数额较大的证券交易。

②大宗交易分为有涨跌幅限制和无涨跌幅限制两种。无涨跌幅限制的大宗交易需在前收盘价的上下30%或当日竞价时间内已成交的最高和最低成交价格之间，由买卖双方采用议价协商方式确定成交价，并经证券交易所确认后成交。

③大宗交易不计入当日行情，其成交价格不作为该证券当日的收盘价，也不纳入指数计算，但其成交量计入该证券当日的成交总量。

(3) 固定收益证券综合电子平台

①交易品种　包括国债、公司债券、企业债券、分离交易的可转换公司债券。

②固定收益平台设立交易商制度　一级交易商是指经上海证券交易所核准在平台交易中持续提供双边报价及对询价提供成交报价的交易商。

③交易方式　交易商可匿名申报也可实名申报的报价交易；交易商必须以实名方式申报的询价交易。

(4) 综合协议交易平台

①原则规定　符合法律法规和《深圳证券交易所交易规则》规定的证券大宗交易以及专项资产管理计划收益权份额等证券的协议交易，均可通过综合协议交易平台进行。

②交易品种　权益类证券(A股、B股、基金等)大宗交易；债券(国债、企业债券、公司债券、分离交易的可转换公司债券、可转换公司债券和债券质押式回购等)大宗交易；专项资产管理计划收益权份额协议交易和深圳证券交易所规定的其他交易。

3.3.2.5 中国的证券上市制度

(1) 证券上市

①含义和作用　证券上市是指已公开发行的证券经证券交易所批准在交易所内公开挂牌买卖。证券上市能提高上市公司的经济与社会地位，便于增资配股，提高证券流动性。

②申请股票上市

股份有限公司申请股票在主板市场上市应符合的条件：股票经国务院证券监督管理机构核准已向社会公开发行；发行后(前)公司股本总额不少于人民币5000(3000)万元；公开发行的股份达公司股份总额的25%以上，公司股本总额超过人民币4亿元的，公开发行股份的比例为10%以上；公司持续经营三年以上，且在最近三年内无重大违法行为，财务会计报告无虚假记载。证券交易所可以规定高于上述规定的上市条件，并报国务院证券监督管理机构批准。

股份有限公司申请股票在创业板市场上市应符合的条件：股票已公开发行；发行后

(前)公司股本总额不少于人民币3000(2000)万元；公开发行的股份达到公司股份总数的25%以上，公司股东人数不少于200人；公司持续经营两年以上，且无重大违法行为，财务会计报告无虚假记载；深圳证券交易所要求的其他条件。

(2) 证券暂停上市的规定

①股票 公司股本总额、股权分布等发生变化不再具备上市条件；公司不按照规定公开其财务状况，或对财务会计报告作虚假记载，可能误导投资者；公司有重大违法行为；公司近三年连续亏损；证券交易所上市规则规定的其他情形。公司有上述情形之一的，由证券交易所决定暂停其股票上市交易。

②债券 公司有重大违法行为；公司情况发生重大变化不符合公司债券上市条件；公司发行债券所募集的资金不按照核准的用途使用；未按照公司债券募集办法履行义务；公司最近两年连续亏损。公司有上述情形之一的，由证券交易所决定暂停其债券上市交易。

(3) 股票恢复上市的规定

①恢复上市应满足的充要条件 在股票暂停上市期间，公司若在法定披露期限内披露经审计的暂停上市后第一个半年度报告，且公司半年度财务报告为盈利，可向证券交易所提出恢复股票上市的书面申请。

②恢复上市推荐人

- 申请股票恢复上市的公司应当聘请具有主承销商资格且符合规定的机构担任恢复上市推荐人。
- 恢复上市推荐人应当遵循勤勉尽责、诚实信用的原则，审慎对待中介机构出具的意见，对公司恢复上市申请材料的真实性、准确性、完整性进行核查，就公司是否符合恢复上市条件出具"恢复上市推荐书"，并比照有关规定承担责任。

③律师事务所及其律师 申请股票恢复上市的公司所聘请的具有证券从业资格的律师事务所及其律师应当对恢复上市申请的合法、合规性进行充分的核查验证，对有关申请材料进行审慎审阅，并对恢复上市申请材料的真实性、准确性、完整性承担相应的法律责任。

自恢复上市之日起至恢复上市后第一个年度报告披露日止，证券交易所对其股票交易实施特别处理。

(4) 证券终止上市的规定

①股票 公司股本总额、股权分布等发生变化不再具备上市条件，在证券交易所规定的期限内仍不能达到上市条件；公司不按照规定公开其财务状况，或对财务会计报告做虚假记载且拒绝纠正；公司近三年连续亏损，在其后一个年度内未能恢复盈利；公司解散或被宣告破产；证券交易所上市规则规定的其他情形。公司有上述情形之一的，由证券交易所决定终止其股票上市交易。

②债券 公司有重大违法行为；公司情况发生重大变化不符合公司债券上市条件；公司发行债券所募集的资金不按照核准的用途使用；未按照公司债券募集办法履行义务；公司最近两年连续亏损。公司有上述情形之一的，由证券交易所决定终止其债券上市交易。

(5) 对上市股票交易的特别处理

①概述

基本原则：根据沪深证券交易所股票上市规则第九章"上市公司状况异常期间的特别

处理"的规定,当上市公司出现财务状况或其他状况异常,导致投资者难于判断公司前景,投资者权益可能受到损害时,证券交易所将对其股票交易实行特别处理。

种类及处理措施:特别处理分为"退市风险警示"和"其他特别处理"。为区别于其他股票,"退市风险警示"在公司股票简称前冠以"＊ST"字样;"其他特别处理"在公司股票简称前冠以"ST"字样。实行特别处理的股票交易价格其日涨跌幅限制为5%。

②财务状况异常的特别处理 "财务状况异常"主要指下面两种情况:一是最近两个会计年度的审计结果显示的净利润均为负值;二是最近一个会计年度的审计结果显示其股东权益低于注册资本。也就是说,公司连续两年亏损或每股净资产低于股票面值,就要予以特别处理。

若上市公司财务状况恢复正常,审计结果表明上述所列情形已消除,且满足"主营业务正常运营、扣除非经常性损益后的净利润为正值"的条件,可申请撤销股票交易特别处理。

③其他状况异常的特别处理 "其他状况异常"主要指自然灾害、重大事故等导致公司生产经营活动基本中止;公司涉及可能赔偿金额超过公司净资产的诉讼等情况,具体规定见股票上市规则。上市公司出现上述异常情况之一的,证券交易所可对其股票交易实行特别处理。上市公司认为上述所列的异常情况已经消除,可向证券交易所申请撤销股票交易特别处理。特别处理是对上市公司目前所处情况的一种客观揭示,并非是对上市公司的处罚。上市公司在特别处理期间的权利义务不变。

3.3.3 场外交易市场

3.3.3.1 场外交易市场的概念

场外交易市场是相对于交易所市场而言的,是在证券交易所之外进行的证券交易买卖的市场。传统的场内市场和场外市场在物理概念上的区分为:交易所市场的交易是集中在交易大厅内进行的;场外市场,也称"柜台市场"或"店头市场",是分散在各个证券商柜台的市场,无集中交易场所和统一的交易制度。但是,随着信息技术的发展,证券交易的方式逐渐演变为通过网络系统将订单汇集起来,再由电子交易系统处理,场内市场和场外市场的物理界限逐渐模糊。

目前,场内市场和场外市场的概念演变为风险分层管理的概念,即不同层次市场按照上市品种的风险大小,通过对上市或挂牌条件、信息披露制度、交易结算制度、证券产品设计以及投资者约束条件等做出差异化安排,实现了资本市场交易产品的风险纵向分层。

3.3.3.2 场外交易市场的功能

场外交易市场是我国多层次资本市场体系的重要组成部分,主要具备以下功能:

(1) 拓宽融资渠道,改善中小企业融资环境

不同融资渠道的资金具有不同的性质和相互匹配的关系,优化融资结构对于促进企业发展、保持稳定的资金供给至关重要。目前,中小企业尤其是民营企业的发展在难以满足现有资本市场约束条件的情况系下,很难获得维持稳定的资金供给。场外交易市场的建设及发展拓宽了资本市场积聚和配置资源的范围,为中小企业提供了与其风险状况相匹配的融资工具。

(2) 为不能在证券交易所上市交易的证券提供流通转让的场所

在多层次资本市场体系中，证券交易市场标准较高，大部分公司很难达到这一标准，但是公司股份天然具有流动的特性，存在转让的要求，场外交易市场为其提供了流通转让的场所，也为投资者提供了兑现及投资的机会。

(3) 提供风险分层的金融资产管理渠道

资本市场是风险投资市场，不同投资人具有不同的风险偏好。建立多层次资本市场体系，发展场外交易市场能够增加不同风险等级的产品供给，提供必要的风险管理工具以及风险的分层管理体系，为不同风险偏好的投资者提供了更多不同风险等级的产品，满足投资者对金融资产管理渠道多样化的要求。

3.3.3.3 场外交易市场的构成

(1) 柜台交易市场

柜台交易市场是通过证券公司、证券经纪人的柜台进行证券交易的市场。该市场在证券产生之时就已经存在，在交易所产生并迅速发展后，柜台市场之所以能够存在并得到发展，其原因有：

①交易所的容量有限，且有严格的上市条件，客观上需要柜台市场的存在。

②柜台交易比较简便、灵活，满足了投资者的需要。

③随着计算机和网络技术的发展，柜台交易也在不断地改进，其效率已和场内交易不相上下。

(2) 第三市场

第三市场是指已上市证券的场外交易市场。第三市场产生于1960年的美国，原属于柜台交易市场的组成部分，但其发展迅速，市场地位提高，被作为一个独立的市场类型对待。第三市场的交易主体多为实力雄厚的机构投资者。第三市场的产生与美国的交易所采用固定佣金制密切相关，它使机构投资者的交易成本变得非常昂贵，场外市场不受交易所的固定佣金制约束，因而导致大量上市证券在外进行交易，遂形成第三市场。第三市场成为交易所的有力竞争，最终促使美国证券交易委员会于1975年取消固定佣金制，同时也促使交易所改善交易条件，使第三市场的吸引力有所降低。

(3) 第四市场

第四市场是投资者绕过传统经纪服务，彼此之间利用计算机网络直接进行大宗证券交易所形成的市场。第四市场的吸引力在于：

①交易成本低　因为买卖双方直接交易，无经纪服务，其佣金比其他市场少得多。

②可以保守秘密　因无需通过经纪人，有利于匿名进行交易，保持交易的秘密性。

③不冲击证券市场　大宗交易如在交易所内进行，可能给证券市场的价格造成较大影响。

④信息灵敏，成交迅速　计算机网络技术的运用，可以广泛收集和存储大量信息，通过自动报价系统，可以把分散的场外交易行情迅速集中并反映出来，有利于投资者决策。第四市场的发展一方面对证交所和其他形式的场外交易市场产生了巨大的压力，从而促使这些市场降低佣金、改进服务；另一方面也对证券市场的监管提出了挑战。

3.3.3.4 我国的场外交易市场

(1) 银行间债券市场

全国银行间债券市场是指依托于中国外汇交易中心暨全国银行间同业拆借中心(以下简称"交易中心")和中央国债登记结算有限公司(以下简称"中央登记公司"),面向商业银行、农村信用联社、保险公司、证券公司等金融机构进行债券买卖和回购的市场。全国银行间债券市场成立于1997年6月6日。经过10多年的迅速发展,银行间债券市场目前已成为我国债券市场的主体部分。

(2) 全国中小企业股份转让系统

全国中小企业股份转让系统(俗称"新三板")是经国务院批准设立的全国性场外市场。全国中小企业股份转让系统有限公司为其运营管理机构,于2013年1月16日正式揭牌。

"新三板"的特点如下:挂牌门槛低,对企业无财务要求;实行备案制,挂牌时间短;挂牌成本低;企业数量增加快,股本规模小,集中在高新科技新产业,成长性好,流动性差,定向增资额度小但效率高;交易制度目前仍是撮合成交的方式,具有很强的试验色彩。

(3) 债券柜台交易市场

债券柜台交易市场又称柜台记账式债券交易业务,是指银行通过营业网点(含电子银行系统)与投资人进行债券买卖,并办理相关托管与结算等业务的行为。商业银行根据每天全国银行间债券市场交易的行情,在营业网点柜台挂出国债买入和卖出价格,以保证个人和企业投资者及时买卖国债,商业银行的资金和债券余缺则通过银行间债券市场买卖加以平衡。

3.3.4 证券交易机制

3.3.4.1 证券交易流程

(1) 开户

投资者进入股市的第一步是办理证券账户。证券账户可以视为投资者进入股票交易市场的通行证,只有拥有它,才能进场买卖证券。除开设证券账户以外,投资者还须事先在证券经纪商的某个证券营业部开立证券交易结算的资金账户,资金账户用于投资者证券交易的资金清算,记录资金的币种、余额和变动情况。

(2) 委托买卖

投资者开立了证券账户和资金账户后,就可以在证券营业部办理委托买卖。所谓委托买卖是指证券经纪商接受投资者委托,代理投资者买卖股票,从中收取佣金的交易行为。投资者发出委托指令的形式有柜台和非柜台委托两种。

(3) 成交

证券交易所交易系统接收申报后,要根据订单的成交规则进行撮合配对。在成交价格确定方面,一种情况是通过买卖双方直接竞价形成交易价格;另一种情况是交易价格由交易商报出,投资者接受交易商的报价后即可与交易商进行证券买卖。在配置订单原则方面,优先原则主要有价格优先原则、时间优先原则、按比例分配原则、数量优先原则、客户优先原则、做市商优先原则和经纪商预先原则等。我国采用价格优先原则和时间优原则。

(4) 清算与交割

清算是指证券买卖双方在证券交易所进行的证券买卖成交之后，通过证券交易所将证券商之间证券买卖的数量和金额分别予以抵消，计算应收、应付证券和应付股金的差额的一种程序。交割是指投资者与受托证券商就成交的买卖办理资金与股份清算业务的手续，深、沪两地交易均根据"集中清算、净额交收"的原则办理。

(5) 过户

所谓过户就是办理清算交割后，将原卖出证券的户名变更为买入证券的户名。对于记名证券来讲，只有办妥过户整个交易过程才完成，才表明拥有完整的证券所有权。目前在两个证券交易所上市的个人股票通常不需要股民亲自去办理过户手续。

3.3.4.2 证券交易价格形成机制

目前，我国证券交易所采用两种竞价方式：集合竞价方式和连续竞价方式。

上海证券交易所规定，采用竞价交易方式的，每个交易日的 9:15~9:25 为开盘集合竞价时间，9:30~11:30、13:00~15:00 为连续竞价时间。深证证券交易所规定，采用竞价交易方式的，每个交易日的 9:15~9:25 为开盘集合竞价时间，9:30~11:30、13:00~14:57 为连续竞价时间，14:57~15:00 为收盘集合竞价时间。集合竞价目的是确定开盘价和收盘价，连续竞价则是确定每笔的成交价格。

(1) 竞价原则

证券交易所内的证券交易按"价格优先、时间优先"原则竞价成交。

①价格优先　价格优先原则表现为：价格较高的买进申报优于价格较低的买进申报；价格较低的卖出申报优于价格较高的卖出申报。

②时间优先　时间优先原则表现为：同价位申报，依照申报时序决定优先顺序，即买卖方向、价格相同的，先申报者优于后申报者。先后顺序按证券交易所交易系统计算机主机接受申报的时间确定。

(2) 开盘价的确定——集合竞价

所谓集合竞价，是指在对规定的一段时间内接受的买卖申报进行一次性集中撮合的竞价方式。根据我国证券交易所的相关规定，集合竞价确定成交价的原则如下：

①可实现最大成交量的价格。

②高于该价格的买入申报与低于该价格的卖出申报全部成交的价格。

③与该价格相同的买方或卖方至少有一方全部成交的价格。

如有两个以上申报价格符合上述条件，深证证券交易所取距前收盘价最近的价位为成交价。上海证券交易所则规定使未成交量最小的申报价格为成交价格，若仍有两个以上使未成交量最小的申报价格符合上述条件，其中间价为成交价格。集中竞价的所有交易均为同一价格成交。

然后，进行集中撮合处理。所有买方有效委托按委托限价由高到低的顺序排列，限价相同者按照进入交易系统计算机主机的时间先后进行排列。所有卖方有效委托按照委托限价由低到高的顺序排列，限价相同者也按照进入交易系统主机的时间先后进行排列。依次将排在前面的买方委托与卖方委托配对成交。也就是说，按照价格优先、同等价格下时间优先的成交顺序依次成交,直至成交条件不满足为止,即所有买入委托的限价均低于卖出委托的限价。所有成交都以同一成交价成交。集合竞价中未能成交的委托,自动进入连续竞价。

【例 3-1】 某股票当日在集合竞价时买卖申报价格和数量情况见表 3-2 所列,该股票上日收盘价为 10.13 元。该股票在上海证券交易所当日开盘价及成交量分别是多少?如果是在深圳证券交易所当日开盘价及成交量分别是多少?

表 3-2 某股票某日在集合竞价时买卖申报价格和数量

买入数量(手)	价格(元)	卖出数量(手)
—	10.50	100
—	10.40	200
150	10.30	300
150	10.20	500
200	10.10	200
300	10.00	100
500	9.90	—
600	9.80	—
300	9.70	—

解:根据表 3-2 分析的各价位的累计买卖数量及最大可成交量见表 3-3 所列。

表 3-3 各价位累计买卖数量及最大可成交量

累计买入数量(手)	价格(元)	累计卖出数量(手)	最大可成交量(手)
0	10.50	1400	0
0	10.40	1300	0
150	10.30	1100	150
300	10.20	800	300
500	10.10	300	300
800	10.00	100	100
1300	9.90	0	0
1900	9.80	0	0
2200	9.70	0	0

根据表 3-2 和表 3-3,符合上述集合竞价确定成交价原则的价格有两个:10.20 元和 10.10 元。上海证券交易所的开盘价为:取这两个价格的中间价 10.15 元;深圳证券交易所的开盘价为:取离上日收盘价(10.13 元)最近的价位 10.10 元。成交量均为 300 手。

(3) 交易价的确定——连续竞价

连续竞价是指对买卖申报逐笔连续撮合的竞价方式。连续竞价阶段的特点是,每一笔买卖委托输入计算机自动撮合系统后,当即判断并进行不同的处理:能成交就予以成交;

不能成交就等待机会成交；部分成交者则让剩余部分继续等待。

按照我国证券交易所的有关规定，在无撤单的情况下，委托当日有效。

另外，开盘集合竞价期间未能成交的买卖申报，自动进入连续竞价。深圳证券交易所还规定，连续竞价期间未成交的买卖申报，自动进入收盘集合竞价。

①成交价格确定原则　连续竞价时，成交价格的确定原则为：最高买入申报与最低卖出申报价位相同，以该价格为成交价；买入申报价格高于即时揭示的最低卖出申报价格时，以即时揭示的最低卖出申报价格为成交价；卖出申报价格低于即时揭示的最高买入申报价格时，以即时揭示的最高买入申报价格为成交价。

例如，某股票即时揭示的卖出申报价格和数量分别为15.60元和1000股、15.50元和800股、15.35元和100股，即时揭示的买入申报价格和数量分别是15.25元和500股、15.20元和1000股、15.15元和800股。若此时该股票有一笔买入申报进入交易系统，价格为15.50元，数量为600股，则以15.35元成交100股、15.50元成交500股。

②证券价格的有效申报范围　竞价申报时还涉及证券价格的有效申报范围。根据现行制度规定，无论买入或卖出，股票、基金类证券在一个交易日内的交易价格相对于上一个交易日收市价格的涨跌幅度不得超过10%，其中ST股票价格涨跌幅度不得超过5%。涨跌幅价格的计算公式为：

$$涨跌幅价格 = 前收盘价 \times (1 \pm 涨跌幅比例)$$

例如，某G股票的收盘价为12.38元，某Y股票的交易特别处理，属于ST股票，收盘价为9.66元。则次一交易日G股票的价格上限为13.62元，价格下限为11.14元；Y股票交易的价格上限为10.14元，价格下限为9.18元。

3.3.5　中国证券市场的层次结构

3.3.5.1　主板市场

主板市场也称一板市场，是指传统意义上的证券市场（通常指股票市场），是一个国家或地区证券发行、上市及交易的主要场所。主板市场对发行人的营业期限、股本大小、盈利水平、最低市值等方面的要求标准比较高，上市企业大多为大型成熟企业，具有较大的资本规模以及稳定的盈利能力。

主板市场是多层次证券市场中最重要的组成部分。一般而言，各国主要的证券交易所均代表着国内的主板市场。上海证券交易所和深证证券交易所即中国证券市场的主板市场。主板市场在很大程度上能够反映一国经济的发展状况，因而有"宏观经济晴雨表"之称。

3.3.5.2　中小企业板市场

（1）中小企业板市场的创设

①暂不降低发行上市标准，而是在主板市场发行上市标准的框架下设立中小企业板块，以避免因发行上市标准变化而带来的风险。

②在考虑上市企业的成长性和科技含量的同时，尽可能扩大行业覆盖面，以增强上市公司行业结构的互补性。

③依托主板市场形成初始规模，避免直接建立创业板市场初始规模过小带来的风险。

④在主板市场的制度框架内实行相对独立运行，目的在于有针对性地解决市场监管的特殊问题，逐步推进制度创新，从而为建立创业板市场积累经验。

(2) 中小企业板市场的特点

①两个相同　一是指中小企业板块运行所遵循的法律、法规和部门规章与主板市场相同；二是指中小企业板块的上市公司与主板市场的发行条件和信息披露要求相同。

②四个独立　中小企业板块作为主板市场的组成部分，同时实行运行独立、检察独立、代码独立、指数独立。

③改进交易制度　完善开盘集合竞价制度和收盘价的确定方式，在监控中引入涨跌幅、振幅及换手率的偏离值等指标，完善交易异常波动停牌制度等。

④完善监管制度　推行募集资金使用定期审计制度、年度报告说明会制度、定期报告披露制度和上市公司股东持股分布制度等措施。

3.3.5.3　创业板市场

创业板市场是为适应新经济的要求和高新技术产业的发展需要而设立的、专门协助具有高成长性与高增长潜力的新兴创新企业和中小高科技企业直接融资并进行资本运作的市场。

创业板市场也称二板市场、另类股票市场和增长型股票市场等。创业板是多层式证券市场的重要组成部分。

创业板市场的主要功能体现在：推动和引导国家自主创新战略的实施，促进战略性新兴产业的快速发展；支持创新型企业发展，促进产融结合，初步显现对创业企业发展的支持效果；鼓励和引导社会投资，持续增强社会投资的带动效应。

(1) 创业板市场主要特点

①降低准入门槛、宽严适度；②要求主业突出；③取消对无形资产占比的限制，突出对自主创新的支持；④对连续盈利以及主营业务、实际控制人与管理层变更年限要求适当缩短，体现创业型企业特点；⑤对发行公司的要求更高；⑥发行审核机构设置注重适应创业板企业多、创新性强的特点，简化报审环节；⑦强化保荐人的尽职调查和审慎推荐；⑧以充分信息披露为核心，强化市场约束；⑨建立投资者适当管理制度，适度设置投资者如是要求；⑩充分揭露风险，注重投资者教育，坚持买者自负原则。

(2) 创业板市场和主板市场的区别

企业板市场：①经营年限相对较短，可不设最低盈利要求；②股本规模相对较小，一般要求总股本 2000 万元即可；③主营业务单一，要求创业板企业只能经营一种主营业务；④必须是股份全流通市场；⑤主要股东最低持股量及出售股份有限制。

3.3.5.4　三板市场

(1) 三板市场的含义

所谓三板市场，是指在交易所市场(主板市场)、创业板市场(二板市场)之外的第三层次的证券市场。在中国，习惯上将代办股份转让系统称为"三板市场"。

代办股份转让系统是由中国证券业协会组织设计、具有相应资格的证券公司参与的(以其自有或租用的专业设施)、为非上市股份公司流通股份提供转让的场所(2001 年 7 月 16 日正式开办)。代办股份转让系统的出现，解决了原中国证券交易自动报价系统

（STAQ）、人民银行发起的报价系统（NET）挂牌公司流通股份的流通问题，也为交易所终止上市公司提供了股份转让渠道，完善了中国证券市场的退出机制，成为中国证券市场体系的重要组成部分。

（2）新三板市场

①基本含义　新三板市场特指中关村科技园区非上市股份有限公司进入代办股份转让系统进行转让试点，因挂牌企业均为高科技企业，而不同于原转让系统内的退市企业及原STAQ、NET系统的挂牌公司，故被称为"新三板"。

②功能定位　"新三板"的近期定位即扩大中关村代办股份转让试点，为国家级高新区内的非上市中小成长型企业提供一个高效、便捷的投融资平台，服务多层次资本市场；"新三板"的远期定位是成为统一监管下的全国性场外交易市场。

③新三板市场与创业板市场比较　无论是在资本市场的定位还是挂牌条件和挂牌程序，或是信息披露、交易制度、投资者及股份限售规定等方面均有所不同。

（3）企业挂牌"新三板"的意义

①可通过股权转让，获取治理结构与产业链优势。

②可通过定向增资的资本运作方式，扩充资本实力。

③可通过并购重组，再造企业整合价值。

④可借助股权激励，稳定企业治理结构。

⑤可通过"转板"——资本运作，寻求发展机遇。

3.4　证券价格指数

指数（index）为统计学上的概念，是一种表明社会经济现象动态的相对数，运用指数可以测定不能直接相加或比较的社会经济现象，也可以分析社会经济现象总变动中各种因素变动的影响程度。指数在经济生活中应用广泛，如日常生活中我们比较熟悉的居民消费价格总指数、工业总产值指数、房地产价格指数等。

3.4.1　股票价格指数概述

3.4.1.1　含义

股票价格指数（stock index）是指数在证券市场中的应用，以反映一定时期内某一证券市场上股票价格的综合变动方向和程度，一般由证券交易所、金融服务机构、咨询研究机构或新闻单位编制和发布。具体指选取若干具有代表性的上市公司的股票计算其成交价而编制的一种股票价格平均数。它以某个时期的价格水平与另一个时期的价格水平对比为前提。作为对比基础的价格时期叫作基期，与之进行对比的价格时期叫作报告期。通常是报告期的股价与选定的基础价格相比，并将二者的比值再乘以机器的指数值，即为该报告期的股价指数。其基本计算方法是：

$$股票价格指数 = \frac{报告期平均股价水平}{基期股价平均水平} \times 100$$

在股票市场上，同一时间里有多种不同的股票在交易，由于受到政治、经济、市场及心理等各种因素的影响，每种股票的价格均处于不停的变动之中。投资者在进行投资决策时，不仅需要了解和关注所投资的个股的价格变动情况，而且也必须从众多个股票纷繁复杂的价格变动中判断和把握整个股票市场的价格变动水平与变动趋势。因此，最早的股价指数在1884年就应运而生，迄今已是证券市场中最为投资者所熟知的重要指标。

3.4.1.2 分类

随着证券市场的发展，市场的规模与容量不断扩大，投资者的投资目的和偏好也日益呈现多样化的趋势，单一的股价指数已不能满足众多投资者的不同需求。因此，现在的股票价格指数根据编制的方法、采样的范围、计算的方法等不同可以划分为不同的股价指数的类型。

(1) 根据编制原理的不同，广义的股价指数包括股价平均数和股票价格指数两种

股价平均数(stock average)采用简单的价格平均法，用来衡量样本股总的价格平均水平，实际上是一个表示价格的数值。最著名的道琼斯30种工业股票价格平均数(DJIA)就属于此类。股票价格指数(stock index)是将样本在计算期的股价与基期的股价相比较而得到的相对数，反映的是股票价格的相对水平。大多数的股价指数都属于此种类型，如美国的标准普尔500指数(S&P500)、国内的上证指数等。

(2) 根据计算的样本容量不同，股价指数可以分为综合股价指数和成分股价指数两种

综合股价指数(composite index)是指以全部的上市股票为样本编制而成的股价指数，它通常比较全面与准确，但由于样本不断增加，故它的可比性较差，如我国的上证综合指数和深证综合指数就属于此类。成分股价指数(component index)就是只选取一部分样本进行计算的指数，可比性较好，计算也较简单。如果选择的样本股具有相当的代表性，则指数计算的结果也能够较好地反映股市的变动。例如，S&P500指数和上证180指数就是成分股价指数。

(3) 根据样本的来源有无行业限制可以将股价指数分为全市场指数和分类指数

全市场指数(full - market index)的样本股的来源没有行业限制，全部的上市股票都可能被选入样本，一般也称为大盘指数。分类指数(index by category)的样本股票只能来自特定的行业范围，分类指数是建立在全市场指数的基础之上的，编制分类指数的目的是进一步为投资者选择哪一行业股票进行投资提供参考意见。

3.4.1.3 功能

①股票价格指数动态反映一定时期股票价格的相对水平，静态反映一定时点的股票行时(平均涨跌变化情况和幅度)。

②股票价格指数是一个国家或地区政治、经济发展状态的晴雨表(灵敏信号)。

③股票价格指数可为投资者提供公开、合法的参考依据。

④股票价格指数可为股指期货和股指期权交易提供工具。

3.4.2 股票价格指数编制步骤和方法

3.4.2.1 股票价格指数的编制要求

股票价格指数一般具有客观性、准确性、代表性和敏感性的特征。为反映这些特征，在编制的过程中，应符合以下要求：

①要正确选择若干种股票作为计算对象。
②要采用恰当的计算方法进行科学的编制计算。
③要有科学的计算依据和手段。
④选好计算股价指数的基期。

3.4.2.2 股票价格指数的编制步骤

世界各地的股票市场都有自己独特的价格指数,尽管这些股价指数各有特点,但其编制原理大致相同,主要都经过以下几个步骤:

(1)选取样本股

样本股选择没有统一规定,可以选择全部上市公司股票,也可以选择部分上市公司股票。主要有两个标准:一是具有代表性,能够代表整个市场或某一行业的股价水平;二是敏感性,根据样本股票编制出来的指数能够及时迅速地反映整个市场或某一行业的股价变动。

(2)计算基期平均股价或市值

①选择某一具有代表性或股价相对稳定的日期为基期。
②收集样本股在计算期的价格(有代表性的价格是样本股收盘平均价)。
③按选定的方法计算这一天的样本股的平均价格或总市值并做必要的修正。

(3)指数化

①将基期平均股价定为某一常数(通常为100或1000)。
②据此计算其股价的指数值。

3.4.2.3 股票价格指数的编制方法

股价指数计算的方法主要有三种:相对法、综合法、加权综合法。

(1)相对法

相对法又称平均法,就是先计算各个采样股票的相对股价指数,再加总求算术平均数。其计算公式为:

$$股票价格指数 = \frac{1}{n}\sum_{i=1}^{n}\frac{p_{1i}}{p_{0i}}$$

式中 p_{0i}——基期股价;

p_{1i}——报告期股价。

【例3-2】假定某股市采样股取四只,四只股票的交易资料见表3-4所列。

表3-4 采样股交易资料表

项目 种类	市价(元)		交易量(万股)		发行量	
	基期	报告期	基期	报告期	基期	报告期
A	5	8	1000	1500	3000	5000
B	8	12	500	900	6000	6000
C	10	10	1200	700	5000	6000
D	15	18	600	800	7000	10 000

将表中数字代入上式，得：

$$报告期股价指数 = \frac{1}{4}\left(\frac{8}{5} + \frac{12}{8} + \frac{14}{10} + \frac{18}{15}\right) \times 100 = \frac{5.7}{4} = 142.50$$

该计算结果说明报告期的股价比基期股价上升了 42.5 个百分点。

(2) 综合法

分别将基期和报告期的股价加总后，再用报告期股价总额与基期股价总额相比较。其计算公式为：

$$报告期股价指数 = \frac{\sum_{i=1}^{n} P_{1i}}{\sum_{i=1}^{n} P_{0i}} \times 100$$

代入表 3-4 中的数字得：

$$报告期股价指数 = \frac{8 + 12 + 14 + 18}{5 + 8 + 10 + 15} \times 100 = \frac{52}{38} \times 100 = 136.80$$

即报告期的股价比基期的股价上涨了 36.8 个百分点。

从平均法和综合法计算的股价指数来看，两者都未考虑到由于各种采样股票的发行量和交易量的不同，而对整个股市股价的影响也不同等因素，因此，计算出来的指数都不够准确。

(3) 加权综合法

为了使股价指数计算精确，需要对各个样本股票的相对重要性予以加权，这个权数可以是成交股数，也可以是股票发行量。按时间划分，权数可以是基期权数，也可以是报告期权数。

以基期成交股数（或发行股数）为权数的指数称为拉氏指数，即拉斯拜尔指数 (Laspeyres Index)。拉氏指数采用基期固定权数加权，当权数决定后便无需变动，计算较为方便，一般经济价格指数多采用这种方法，但当样本股变更或数量变化后，就不再适用了。

拉氏指数计算公式为：

$$报告期股价指数 = \frac{\sum_{i=1}^{n} P_{1i} Q_{0i}}{\sum_{i=1}^{n} P_{0i} Q_{0i}} \times 100$$

式中 Q_{0i}——基期第 i 只股票的发行量或交易量。

以报告期成交股数（或发行股数）为权数的指数称为派氏指数 (Passche Index)。这一方法计算复杂，但适用性较强，特别是在以发行量为权数计算股价指数的情况下，发生股票分割、派送股票股息和增资配股时，一方面股价下降，另一方面股数增加，而计算期的股票市值并没有发生变化，所以不需要进行调整，虽然基期市值需要修正，但是计算相对简单。此外，派氏指数比较精确，具有很高的连续性。目前世界上大多数股票指数，包括标准普尔指数、纽约证券交易所的综合股价指数等都是采用以发行量为权数的派生指数。其计算公式为：

$$报告期股价指数 = \frac{\sum_{i=1}^{n} P_{1i}Q_{1i}}{\sum_{i=1}^{n} P_{0i}Q_{1i}} \times 100$$

式中 Q_{1i} ——报告期第 i 只股票的发行量或交易量。

以报告期交易量为权数,将表 3-4 的有关数字代入公式中,则:

$$加权法指数 = \frac{8 \times 1500 + 12 \times 900 + 14 \times 700 + 18 \times 800}{5 \times 1500 + 8 \times 900 + 10 \times 700 + 15 \times 800} \times 100 = 139.466$$

表明报告期比基期股价指数上升了 539.466 个百分点。由于它是加权计算,比平均法计算出来的指数更能准确反映股票市场的价格变动情况。

3.4.3 国际著名的股票价格指数

3.4.3.1 道·琼斯工业股价平均数

道·琼斯工业股价平均数是反映美国政治、经济和社会状况最灵敏的指标,是世界上最早、最负盛誉、最具权威性、最有影响力的股票价格指数,该指数基期为 1928 年 10 月 1 日,基点为 100 点。

道·琼斯工业股价平均数实际上是一组平均数,包括以下五组指标:

(1) 工业股价平均数

以美国埃克森石油公司、通用汽车公司和钢铁公司等 30 家著名大公司为编制对象,能灵敏反应经济发展水平和变化趋势。平时所说的道·琼斯指数就是指道·琼斯工业股价平均数。

(2) 运输业股价平均数

以美国泛美航空公司、环球航空公司、国际联运公司等 20 家具有代表性的运输公司股票为编制对象。

(3) 公用事业股价平均数

以美国电力公司、煤气公司等 15 家公用事业大公司股票为编制对象。

(4) 股价综合平均数

以上述 65 家世界上第一流大公司(在各自行业中都居举足轻重的主导地位)股票为编制对象,而且不断地以新生更有代表性的股票取代那些已失去原有活力的股票,使其指数更具代表性,以便较好地与在纽约证券交易所上市的多种股票变动同步。

(5) 道·琼斯公正市价指数

以 700 种不同规模或实力的公司股票为编制对象,不但考虑了广泛的行业分布,而且兼顾了公司的不同规模和实力,因而其所选股票具有相当的代表性。该指数于 1988 年首次发布。

3.4.3.2 标准普尔股票价格指数

标准普尔股票价格指数(Standard & Poor's Stock Price Index, SPX)是由美国最大的证券研究机构——标准普尔公司在 1923 年开始编制发布的股价指数。最初采样的股票有 233 种,到 1957 年扩大为 500 种,包括 85 个工商行业的 400 种股票,商业银行、储蓄与贷款协会、保险公司和金融公司的 40 种股票,航空公司、铁路公司和公路货运公司的 20 种股票，以及公用事业的 40 种股票，将上述 500 种普通股票加权平均编制成综合价格指数。标准普尔股票价格指数以 1941—1943 年采样股票的平均市价为基期，基期指数值为 100，然后将所有采样股票以上市数量作权数加权平均计算。

道·琼斯股票价格平均数仅仅代表最大的公司的股票价格，而市场上各种股票包括上等股票、中等股票和较差的股票，股价变动并不一致，所以，道·琼斯股票价格平均指数不能充分反映股票价格变动的全貌。而标准普尔股票价格指数由于是根据纽约证券交易所中当时大约 90% 的普通股票价格计算出来的，具有更好的代表性，并且该指数采用加权平均法进行计算，精确度较高，具有较好的连续性，因此，比较合理地反映了股市的走势。

比较起来，道·琼斯工业股票指数对股价的短期走势具有一定的敏感性，而标准普尔混合指数用于分析股价的长期走势较为可靠。从对股票市场价格分析研究的角度，一些证券专家和经济学家偏向采用标准普尔指数，而从实用的角度，大多数证券公司和投资者则喜欢采用道·琼斯指数。

3.4.3.3　金融时报证券交易所指数

金融时报证券交易所指数也称富时指数，是英国最具权威性的股价指数，由《金融时报》编制和公布。

(1) 金融时报工业股票指数

金融时报工业股票指数又称 30 种股票指数，该指数包括 30 家最优良的工业股票价格，这 30 家公司股票的市值在整个股市中所占比重大，具有一定的代表性，是反映伦敦证券市场行情变化的重要尺度。该指数基期为 1935 年 7 月 1 日，基点为 100 点。

(2) 100 种股票交易指数

100 种股票交易指数又称"FT－100 指数"，该指数挑选了 100 家具有代表性的大公司的股票，通过伦敦股票交易市场电脑自动报价系统，能迅速地反映每一分钟的股市行情。该指数基期为 1984 年 1 月 3 日，基点为 1000 点。

(3) 综合精算股票指数

该指数从伦敦股票市场上精选 700 多种股票作为样本股加以计算。其特点是统计面宽、范围广，能较全面地反映整个股市状况。该指数基期为 1962 年 4 月 10 日，基点为 100 点。

3.4.3.4　日经股票价格指数

(1) 日经 225 种股价指数

它是以在东京证券交易所第一市场上市的 225 种股票为样本，以 1950 年算出的平均股价 176.21 为基数，从 1950 年连续编制，具有较好的可比性。其中包括 150 家制造业、15 家金融业、14 家运输业和 46 家其他行业公司股票。

(2) 日经 500 种股价指数

它是将 225 种股票样本扩大到 500 种(约占东京证券交易所第一市场上市股票的一半)。该指数的特点是：采样不固定，即每年根据公司前三个结算年度的经营情况、股票成交量、成交金额、市价总额等指标更换样本股票，因而该指数在较全面地反映日本股市行情变化的同时，还能如实地反映日本产业结构变化和市场变化情况。该指数从 1982 年 1 月 4 日开始编制。

3.4.3.5 NASDAQ 市场及其指数

NASDAQ 的中文全称是全美证券交易商自动报价系统,它是利用现代电子计算机技术,将 6000 多个证券商网点连接在一起的全美统一的场外二级市场。目前,世界上许多国家和地区都模仿美国的 NASDAQ 建立"第二交易系统"或"二板市场",但都不甚成功。中国 20 世纪 90 年代初期建立的 STAQ(全国证券交易商自动报价系统)和 NET(全国交易系统)也有类似的性质和情形。

NASDAQ 市场共设立了 13 种指数,其中 NASDAQ 综合指数是 NASDAQ 的主要市场指数。该指数于 1971 年 2 月 5 日发布,指数基点为 100 点;它是以在 NASDAQ 市场上市的所有本国和外国的上市公司(3300 多家)的普通股为基础计算的。

3.4.4 中国主要的证券价格指数

3.4.4.1 中国主要的股票价格指数

(1) 中证指数公司及其指数

①中证指数公司　中证指数有限公司是 2005 年 9 月 23 日由上海证券交易所和深圳证券交易所共同发起设立的。它是在沪、深 300 指数的基础上为股指期货等金融衍生工具提供标的指数,并为投资者提供标尺指数和投资基准。

②沪、深 300 指数　沪、深 300 指数简称"沪、深 300",指数基期为 2004 年 12 月 31 日,基点为 1000 点;指数代码沪市为"000300",深市为"399300"。该指数可反映中国证券市场股价变动的概貌和运行状况,并可作为投资业绩的评价标准,还可为指数化投资及指数衍生产品创新提供基础条件。

③中证流通指数　中证流通指数简称"中证流通",指数基期为 2005 年 12 月 30 日,基点为 1000 点;指数代码沪市为"000902",深市为"399902"。其样本股包括:已实施股权分置改革、股改前已全流通以及新上市全流通的沪、深两市上市公司 A 股股票。

④中证规模指数　中证规模指数包括中证 100 指数、中证 200 指数、中证 500 指数、中证 700 指数、中证 800 指数和中证流通指数。这些指数与沪深 300 指数共同构成中证规模指数体系。其中,中证 100 指数定位为大盘指数,中证 200 指数为中盘指数,沪深 300 指数为大中盘指数,中证 500 指数为小盘指数,中证 700 指数为中小盘指数,中证 800 指数则由大中小盘指数构成。中证规模指数的计算方法、修正方法、调整方法与沪深 300 指数相同。

(2) 上海证券交易所的股价指数

①样本指数类

上证成分股指数:简称"上证 180 指数",指数基期为 2002 年 7 月 1 日,基点为 2002 年 6 月 28 日上证 30 指数的收盘点数 3299.05 点;它是结合中国证券市场的发展现状并借鉴国际经验,在原上证 30 指数编制方案的基础上做进一步完善后形成的。其样本股的选择原则是:规模较大(总市值、流通市值);流通性较好(成交金额、换手率)且具行业代表性。

上证 50 指数:2004 年 1 月 2 日发布,指数基期为 2003 年 12 月 31 日,基点为 1000 点;其样本股是根据流通市值、成交金额的综合排名,由上证 180 指数样本中选择排名前

50位的股票组成。

上证红利指数：简称"红利指数"，2005年首个交易日发布；指数基期为2004年12月31日，基点为1000点；该指数用以反映上海证券市场高红利股票的整体状况和走势。

上证380指数：上海证券交易所和中证指数有限公司于2010年1月29日发布上证380指数。上证380指数样本股的选择主要考虑公司规模、盈利能力、成长性、流动性和新兴行业的代表性，侧重反映在上海证券交易所上市的中小盘股票的市场表现。

②综合指数类

上证综合指数：1991年7月15日编制并公布，指数基期为1990年12月19日；它以全部上市股票为样本，以股票发行量为权数，按加权平均法计算，其计算公式为：

本日股价指数＝本日股票市价总值÷基期股票市价总值×100

如遇新股上市、暂停上市或上市公司增资扩股，须做相应修正。

新上证综指：简称"新综指"，2006年1月4日首次发布；指数基期为2005年12月30日，基点为1000点；指数代码为"000017"；其样本股是在已实施股权分置改制的股票中选择，股权分置改革方案实施后的第二个交易日计入指数。新综指是一个全市场指数，它不仅包括A股市值，对于含B股的公司，其B股市值同样计算在内。

③分类指数类　上证综合指数系列还包括A股指数、B股指数及工业类指数、商业类指数、地产类指数、公用事业类指数、综合类指数、中型指数、上证流通指数等。上海证券交易所编制和发布的指数还有上证行业指数系列、策略指数系列、上证风格指数系列、上证主题指数系列等。

(3) 深圳证券交易所的股价指数

①规模指数　深证成分指数、中小板指数、创业板指数、深证100指数、深证300指数、中创500指数。

②行业指数　深证信息技术行业指数、深证医药卫生行业指数、深证主要消费行业指数、深证可选消费行业指数。

③风格指数　深证300成长指数、深证300价格指数、深证中小板300成长指数、深证中小板300价值指数。

④主题指数　深市精选指数、深证战略性新兴产业指数、深证TMT50指数、深证文化指数、深证科技100指数、深证创新指数。

⑤综合指数　深证综合指数、深证中小板综合指数、深证创业板综合指数。

(4) 央视财经50指数

央视财经50指数是基于基本面因素选股的创新型指数，是由央视财经频道与深圳证券信息有限公司联合北京大学、中国人民大学、复旦大学、南开大学以及中央财经大学大五所高校共同开发。该指数于2012年6月6日发布，指数代码为"399550"，简称"央视50"。该指数在深交所成功上市后，运行状况良好，指数化产品发展迅速，业绩持续领先市场，运维管理安全平稳，受到市场各方的普遍肯定。

央视财经50指数从五个被国际市场广泛认同的投资维度即"成长、创新、回报、公司治理、社会责任"对上市公司进行评价，选取50家公司作为样本。该指数的推出，强化了央视50指数"五维评价指标体系"的分析方法与理念，对于引领上市公司建立可持续发展战略、助力价值投资理念的传播与发展具有积极意义。

(5) 新丝路指数

2015年1月8日，中国国际广播电台、甘肃卫视、证券时报、深圳证券信息有限公司联合发布了中国首个"一带一路"指数——新丝路指数，旨在反映丝绸之路经济带区域内相关上市公司的整体表现，刻画丝绸之路经济带的发展特点。该指数是中国第一个刻画反映西部区域优秀上市企业的指数。该指数的发布有利于助推中国西部大开发，并通过资本输出带动消化产能，对全球重新进行资源整合，实现亚洲共赢共富。

新丝路指数代码为"399429"，指数基期为2011年12月30日，基点为1000点。新丝路指数以沪深A股市场中注册地为陕西、甘肃、宁夏、青海与新疆5省（自治区）的上市公司为备选范围，采用日均总市值比重、日均自由流通市值比重与日均成交金额比重1∶1∶1进行加权排序，选取排名靠前的100只股票构成样本股，并设置5%的个股权重上限。指数样本股每半年定期调整一次，调整时间为每年1月和7月的第一个交易日。

新丝路指数包括纯价格指数和全收益指数。纯价格指数通过深交所行情系统发布实时行情数据；全收益指数通过巨潮指数网发布收盘行情数据，同时借助甘肃卫视、中国国际广播电台环球资讯频道、证券时报、中华网、全景网、新财富网等媒体渠道对外展示。

3.4.4.2 中国香港的主要股价指数

(1) 恒生指数

这是由香港恒生银行于1969年11月24日起编制公布、系统反映香港股票市场行情变动、最具代表性和影响最大的指数。它挑选了33种有代表性的上市股票为成分股，用加权平均法计算。

2006年2月，首次将H股纳入恒生指数成分股。至2007年3月，中国建设银行、中国石化、中国银行、工商银行、中国人寿纳入恒生指数，恒指成分股增加至38只。

(2) 恒生综合指数系列

由恒生银行于2001年10月3日推出，分为地域和行业两个独立的指数系列。其中地域指数分为恒生香港综合指数和恒生中国内地指数。

恒生香港综合指数包括200家市值最大的上市公司。恒生中国内地指数又分为恒生中国企业指数（H股指数）和恒生中资企业指数（红筹股指数），共包括77家在香港上市而营业收益主要来自中国内地的公司。

3.4.4.3 中国主要的债券指数

(1) 上证国债指数

该指数于2003年1月2日发布，指数基期为2002年12月30日，基点为1000点；该指数是以在上海证券交易所上市的、剩余期限在一年以上的固定利率国债和一次还本付息国债为样本，以国债发行量为权数，采用派许法计算的。

(2) 上证企业债指数

该指数于2003年6月9日发布，指数基期为2002年12月31日，基点为100点；该指数是以在沪、深证券交易所上市交易的固定利率付息和一次还本付息、剩余期限在一年以上（含一年）、信用评级为投资级（BBB）以上的非股权连接企业债券为样本，采用派许法计算。

(3) 中国债券指数

该指数系列由中国国债登记结算有限责任公司于 2002 年 12 月 31 日发布，指数系列基期为 2001 年 12 月 31 日，基点为 100 点，每个工作日计算一次。

(4) 中证全债指数

中证指数有限公司于 2007 年 12 月 17 日发布中证全债指数。该指数的样本债券种类是在上海证券交易所、深圳证券交易所及银行间市场上市的国债、金融债及企业债。

中证全债指数体系还包括四个分年期指数和三个分类别指数。分年期指数是在全债指数样本集合中挑选剩余期限 1~3 年、3~7 年、7~10 年及 10 年以上的样本构成相应的指数。

3.4.4.4 中国基金指数

(1) 上证基金指数

该指数于 2000 年 5 月 9 日发布，基日指数为 1000 点；指数代码为"000011"；该指数的选样范围为在上海证券交易所上市的所有证券投资基金。

(2) 深证基金指数

该指数于 2000 年 7 月 3 日发布，指数基期为 2000 年 6 月 30 日，基点为 1000 点；该指数的编制采用派许法加权综合指数计算，权数为各证券投资基金的总发行规模。

(3) 中证基金指数系列

目前该指数系列有七个指数，包括中证开放式基金指数和三个分类指数（中证股票型基金指数、中证混合型基金指数和中证债券型基金指数）。中证基金指数系列均以 2002 年 12 月 31 日为基日，基点为 1000 点。

中证基金指数系列采用简单平均加权法计算。当指数样本、基金单位净值出现非交易因素的变动时，采用除数修正法修正，以保证指数的连续性。

知识拓展

股权分置改革

上市公司的股权结构是影响上市公司价值的重要因素。我国上市公司的股权结构曾经有复杂的历史，股权分置改革是我国上市公司股权结构状况变革的里程碑。

在 2005 年股权分置改革前，我国上市公司的股权被人为划分成国家股、法人股和流通股。其中，持股的法人绝大部分是国有经济主体。在这种情况下，国家股和法人股共同构成了国有股主体。其中，国家股市国家直接持股，法人股是国家间接持股。据统计，流通的国家股与法人股大约占了总股权的 60%~70%。其中，国家股和法人股是不能在二级市场流动的，所以也称非流通股，持有非流通股的股东为非流通股股东。投资者通过二级市场进行买卖的只有流通股，这部分占总股权的 30%~40%。流通股和非流通股在本质上都是对上市公司剩余求偿权的凭证，无论从享受股息、分红还是投票权的角度，流通股和非流通股的权力都是相同的。两者本质的区别在于，这种人为划定的流通股和非流通股由于存在是否能在二级市场交易的差别，所以两者定价的模式也就不同。流通股通过二级市场交易方式，按照市场价格定价，而非流通股通常以净资产为基础给予一定溢价（如

20%)的方式进行定价。这种人为划分出流通股和非流通股的股权结构称为股权分置。

一、股权分置的危害

股权分置的产生有其特殊的历史背景，该制度在当时的条件下促进了我国资本市场的发展。但是，伴随着我国资本市场的不断发展，股权分置的危害也逐渐体现出来。从结构和功能上看，股权分置使得中国资本市场长期以来都处在不正常状态。已有的分析表明，股权分置既是上市公司"融资饥渴症"产生的制度基础，又是资金使用效率低下、业绩不断下滑、关联交易盛行、内幕交易频频的重要原因。有学者认为，股权分置对中国资本市场的未来发展有八大危害，并对这八大危害进行了深入分析。在这八大危害中，又有三个最严重的危害，这些严重的危害使中国资本市场丧失了发展的动力。

首先，股权分置把上市公司变成了股东之间的利益冲突体，而不是利益共同体。股权分置从制度上造就了流通股股东和非流通股股东之间的利益冲突，使上市公司分裂为动力不同、目标不同的两条船。非流通股股东把利益的攫取主要放在流通股股东身上，而不是放在提高盈利水平、提高公司竞争力上。他们通过基于股权分置的高溢价融资，攫取流通股股东的利益，从而实现自身资产价值的快速增值。因为流通股股东的资产价值与市场价格存在高度相关性，而非流通股股东的资产价值则与市场价格无关，所以流通股股东承担了资本市场上的系统性风险及非系统性风险，而非流通股股东的利益与股票价格高低无关。

其次，股权分置损害了资本市场的定价功能。在正常的制度环境下，并购以及以并购为机制的存量资源配置是资本市场最重要的功能。实际上，增量融资并不是资本市场的核心功能。就增量融资而言，资本市场的功能不及商业银行强大，但在存量资源的配置和重组中，资本市场则是无以匹敌的，商业银行对此无能为力。这是因为资本市场创造了一种存量资源的流动机制，从而在技术层面上提供了公司并购重组的基础，商业银行无法提供存量资源的流动机制。股权分置的存在，使存量资源的再配置功能消失了，剩下的只是扭曲的增量融资。整个市场开始疯狂地追求增量融资，甚至把增量融资的多少作为评判资本市场重要性的主要标准。

再次，股权分置使中国资本市场不可能形成有助于企业长期发展的科学考核标准和有效激励机制。在成熟市场中，公司资产市值是考核管理层的核心指标。然而，股权分置的存在，使这种考核机制不复存在。确立了有利于企业长期发展的科学考核机制，我们才能建立起包括期权制度在内的有效的激励机制。在股权分置时代，期权制度只是一个美丽的传说，不可能实现，因为现实中缺乏期权制度实施的市场平台。在股权分置时代，股票期权主要表现为给非流通股期权。这种期权使持有者享受不到企业成长的财富效应，从而无法体现持有者的市场价值，因而起不到应有的激励作用。

二、股权分置改革完成后中国资本市场的变化

股权分置改革完成后，中国资本市场在以下几个方面发生重要变化：

①资本市场的资产估值功能将逐步恢复并不断完善，资产价值将从注意账面值过渡到盈利能力，"净资产"这样的财务概念将从资产估值的核心指标中慢慢退出，取而代之的是资产的未来现金流能力。

②市场有效性会有一定程度的提高，市场对实体经济反应的敏感度会有所提高，"政

策市"的烙印会随着市场功能的完善而慢慢淡去。

③资本市场的功能将发生根本性的转型，从"货币池"转为"资产池"。

④股权结构与公司治理有可能会发生重要变化。如果股权分置改革过程中不进行交易制度的改革，那么上市公司的股权结构与公司治理可能会从"一股独大"慢慢演变成股权高度分散化，进而演变成"内部人控制"的公司治理模式。

⑤大股东行为将完成从股东之间的内部博弈到市场博弈的转变，股东行为特别是大股东行为将日趋理性。

⑥上市公司的考核目标将从静态目标转为动态目标，与此相适应，激励机制也将从侧重于短期激励转向长期激励。

⑦中国资本市场的规则体系包括发行制度、交易制度、信息披露、并购规则以及退市机制等都将进行根本性调整，基本的方向是从"中国特色"向"国际惯例"过渡。

⑧市场预期机制将逐步形成，人们的投资理念会随之发生重要变化——从单纯追求市场价差收益逐步过渡到注重收益与风险的匹配。

▶思考题

一、名词解释

证券市场，证券发行人，证券投资者，一级市场，二级市场，第三市场，第四市场，主板市场，二板市场，新三板市场，场外市场，证券交易所，包销，代销，核准制，注册制，股票价格指数。

二、简答题

1. 简述证券市场的功能。
2. 证券市场的参与者主要包括哪些？
3. 简述证券交易所的职能和特征。
4. 简述场外交易市场的功能。
5. 股价指数有哪几种编制方法？

三、计算题

某股票指数选择 A、B、C 三种股票为样本，基期价格分别为 5.00 元、8.00 元和 4.00 元。某报告期的股价分别为 9.50 元、19.00 元和 8.20 元，设基期指数为 1000 点。请分别用相对法和综合法计算报告期股价指数。

第4章 证券市场监管

本章提要

市场监管是保证证券市场健康稳定运行的重要举措。通过本章学习，了解证券市场监管的目的意义、监管原则及监管手段，掌握证券市场监管的模式及监管内容，重点掌握我国证券市场监管中有关证券发行及上市的监管、对上市公司信息披露情况的监管、对证券交易行为的监管、对证券经营机构监管、对证券投资者监管及对证券从业人员监管等内容，了解我国证券市场监管的组织体系及相关法律体系。

4.1 证券市场监管概述

4.1.1 证券市场监管的含义及意义

4.1.1.1 证券市场监管的含义

证券市场监管是指证券管理机关运用法律的、经济的以及必要的行政手段，对证券的募集、发行、交易等行为以及市场参与者和服务者进行审核、许可、调控、指导、监督、检查的活动。

4.1.1.2 证券市场监管的意义

(1) 加强证券市场监管是保障投资者合法权益的需要

投资者是证券市场的支撑者，他们涉足证券市场是以获取某项权益和收益为前提的。证券发行公司、经纪公司、交易商的违规行为会使投资者蒙受巨大的损失，影响投资者的积极性，造成证券市场的萎缩。为保护投资者的合法权益，必须坚持"公开、公平、公正"的原则，加强对证券市场的监管。只有这样，才便于投资者充分了解证券发行人的资信、证券的价值和风险状况，从而使投资者能够比较正确地选择投资对象。

(2) 加强证券市场监管是维护市场良好秩序的需要

为保证证券发行和交易的顺利进行，一方面国家要通过立法手段，允许一些金融机构和中介人在国家政策法令许可的范围内买卖证券并取得合法收益；另一方面，在现有的经济基础和条件下，市场也存在着蓄意欺诈、垄断行市、操纵交易和哄抬股价等多种弊端。为此，必须对证券市场活动进行监督检查，对非法证券交易活动进行严厉查处，以保护正当交易，维护证券市场的正常秩序。

(3) 加强证券市场监管是发展和完善证券市场体系的需要

完善的市场体系能促进证券市场筹资和融资功能的发挥，有利于稳定证券行市，增强社会投资信心，促进资本合理流动，从而推动金融业、商业和其他行业以及社会福利事业的顺利发展。

证券市场是一个高收益、高风险和高投机的市场，不论是证券业的竞争过度，还是证券业的竞争不足，都会引起证券价格的剧烈波动甚至扭曲，从而使市场失灵，最终导致整个经济的无效率和福利水平的下降。为了消除或者减少这些负面影响，必须对证券市场实施监管，约束每个个体的行为，尽可能地消除或避免证券市场失灵所带来的资金配置不经济、不公平竞争以及由此带来的整个金融市场和宏观经济不稳定的后果，以确保市场机制在证券领域更好地发挥其应有的作用。

(4) 加强市场监管是提高证券市场效率的需要

证券产品是一种信息决定产品，交易双方存在着严重的信息不对称问题，市场的有效程度完全取决于证券发行者能否实现彻底的信息披露。

及时、准确和全面的信息是证券市场参与者进行发行和交易决策的重要依据。证券产品的交换价值几乎完全取决于交易双方对各种信息的掌握程度以及在此基础上所做出的判断，任何新信息的出现都有可能导致人们改变旧的判断，形成新的判断，从而导致证券交易价格的调整。因此，建立健全信息披露制度，监督证券市场主体的信息披露行为，是保证证券市场健康、有效发展的基本前提。

一个发达高效的证券市场也必定是一个信息灵敏的市场。它既要有现代化的信息通讯设备系统，又必须有组织严密的科学的信息网络机构；既要有收集、分析、预测和交换信息的制度与技术，又要有与之相适应的、高质量的信息管理干部队伍，而这些都只有通过国家的统一组织管理才能实现。

4.1.2 证券市场监管的原则

证券市场监管的原则包括：依法监管原则、保护投资者利益原则、"三公"原则以及监督与自律相结合的原则。

4.1.2.1 依法监管原则

我国证券市场发展的历史经验要求依法监管与自律监管相结合的监管方式。依法监管原则要求证券市场监管部门必须加强法制建设，明确划分市场各主体的权利与义务，保护市场参与者的合法权益，即证券市场管理必须有充分的法律依据和法律保障。

4.1.2.2 保护投资者利益原则

投资者保护不仅关系到资本市场的规范和稳定发展，也关系到整个经济的平稳增长。投资者，尤其是中小投资者，由于信息不对称、投资规模有限，其在资本市场中处于劣势地位，需要予以重点保护。监管机构应当在证券市场管理中采取相应措施，公平对待所有投资者，维护其合法权益，维护资本市场的健康运行。

4.1.2.3 "三公"原则

(1) 公开原则

公开原则要求证券市场具有充分的透明度，要实现市场信息的公开化。信息披露的主体不仅包括证券发行人、证券交易者，还包括证券监管者；要保障市场的透明度，除了证券发行人需要对影响证券价格的企业情况的进行详细说明外，监管者应当对有关监管程序、监管身份、证券市场违规处罚等进行公开。

(2) 公平原则

公平原则要求证券市场不存在歧视，市场参与主体享有完全平等的权利。具体而言，无论是投资者还是筹资者，是监管者还是被监管者，也无论其投资规模与筹资规模的大小，只要是市场主体，则在进入与退出市场、投资机会、享受服务、获取信息等方面都享有完全平等的权利。

(3) 公正原则

公正原则要求证券监管部门在公开、公平原则的基础上，对一切被监管对象给予公正待遇。根据公正原则，证券立法机构应当制定体现公平精神的法律、法规和政策；证券监管部门应当根据法律授予的权限履行监管职责，依法对一切证券市场参与者给予公正的待遇；对证券违法行为的处罚和对证券纠纷事件和争议的处理，都应当公平进行。

4.1.2.4 监督与自律相结合的原则

这一原则是指在加强政府、证券主管机构对证券市场监管的同时，也要加强从业者的自我约束、自我教育和自我管理。国家对证券市场的监管是证券市场健康发展的保证，而证券从业者的自我管理是证券市场正常运行的基础。

4.1.3 证券市场监管的目标和手段

4.1.3.1 监管目标

公平高效的法治监管是保障证券业持续发展的基石。国际证监会组织(IOSCO)提出证券监管的三大目标分别是：保护投资者，确保市场公平、有效和透明以及减少系统风险。

我国证券市场监管的目标是：运用和发挥证券市场机制的积极作用，限制其消极作用；保护投资者合法权益，保障合法的证券交易活动，监督证券中介机构依法经营，维持证券市场的正常秩序，保护投资者权益；防止人为操纵、欺诈等不法行为，维持证券市场的正常秩序；根据国家宏观经济管理的需要，运用灵活多样的方式，调控证券发行与证券交易规模，引导投资方向，促进国民经济健康发展。

4.1.3.2 监管手段

从一般的市场管理手段来考虑，政府可以采取法律、经济、行政三方面的手段，并辅以自律管理。

(1) 法律手段

法律手段主要是通过建立完善的证券法律、法规体系并严格执法，将证券市场运行中的各种行为纳入法制轨道。法律手段是证券市场监管的主要手段，具有较强的威慑力与约束力。

(2) 经济手段

经济手段主要是指政府为了管理和调控证券市场，通过运用信贷政策、税收政策、利率政策以及公开市场业务等间接手段对证券市场运行及参与主体行为进行干预。经济手段相对比较灵活，但调节过程可能较慢。

(3) 行政手段

行政手段是指政府监管部门采用计划、政策、制度以及办法等对证券市场进行直接行政干预和管理。与经济手段相比，行政手段更直接，具有强制性。一般用于证券市场发育早期、市场机制尚未理顺或遇突发性事件时。

4.2 证券市场监管的主要内容

证券市场监管的主要内容包括：对证券发行及上市的监管、对上市公司信息披露情况的监管、对证券交易行为的监管、对证券经营机构的监管、对证券投资者的监管、对证券从业人员的监管等。

4.2.1 对证券发行及上市的监管

4.2.1.1 证券发行审核制度

(1) 证券发行注册制与核准制

证券发行上市需要经过监管部门的资格审核，满足证券发行资格条件的证券才能发行上市。世界各国对证券发行上市的审核制度有注册制及核准制两种。

注册制下发行人需要充分披露信息，并对所提供信息的真实性、完整性及可靠性承担法律责任。注册制下，证券主管机关不对证券发行行为及证券本身做出价值判断，其对公开资料的审查仅涉及形式，不涉及任何实质条件。如果发行人未违反上述原则，监管部门应予以注册。注册制比较适合证券市场发展进入成熟阶段的国家，美国是实行证券发行注册制的典型代表。核准制要求证券发行者不仅必须公开有关发行证券的真实情况，拟发行的证券还必须符合证券监管机构制定的若干适合于发行的实质条件。证券监管机关有权否决不符合实质条件的证券发行申请。

(2) 中国证券发行制度演变

中国的股票市场诞生于1990年，起初证券发行推行审批制，即按计划分配发行的指标和额度，由地方或行业主管部门根据指标来推荐企业发行股票。审批制的核心在于争夺股票发行指标和额度。

从2001年，中国开始推行证券发行核准制，核准制包括"通道制"和"保荐制"两个阶段。2001年3月至2004年12月间的核准制处于"通道制"阶段。在该制度下，监管部门根据各家证券公司的实力和业绩，直接确定其拥有的申报企业的"通道"数量。具有承销资格的证券公司拥有的通道数量最多8条，最少2条。各家证券公司根据其拥有的"通道"数量选择和推荐企业，按照"发行一家再上报一家"原则向证监会申报。"通道制"改变了由行政机制遴选和推荐发行人的做法，淡化了证券发行的行政色彩，提高了证券发行监管工作的透明度。使得主承销商在一定程度上承担起证券发行的风险，同时也获得了遴选和推荐发行人的权利。此外，通道制还在一定程度上缓解了指标额度取消后，发行企业数量多与市场容量有限的矛盾。

2004年2月至2004年12月为"通道制"与"保荐制"并存期，2005年1月至2015年12月我国证券发行实行"保荐制"。与"通道制"相比，保荐制度增加了由保荐人承担发行上市过程中连带责任的内容，该制度和《证券法》中对会计师、律师职责的要求共同确立了中介机构及从业人员在发行上市环节的角色和独特作用。通过中介机构的专业工作，发现、培育并最终筛选出适合的上市企业。

2015年12月中国的证券发行开始由核准制向注册制改革。2015年12月27日，第十二届全国人民代表大会常务委员会第十八次会议审议通过《关于授权国务院在实施股票发行注册制改革中调整适用〈中华人民共和国证券法〉有关规定的决定（草案）》的议案，明确授权国务院可以根据股票发行注册制改革的要求，调整适用现行《证券法》关于股票核准制的规定，对注册制改革的具体制度做出专门安排。这一决定的正式通过，标志着推进股票发行注册制改革具有了明确的法律依据，是资本市场基础性制度建设的重大进展，也是完善资本市场顶层设计的重大举措，为更好地发挥资本市场服务实体经济发展的功能作用，落实好中央提出的推进供给侧结构性改革各项工作要求，提供了强有力的法律保障。

4.2.1.2　证券发行与上市的信息披露制度

信息披露制度要求信息披露义务人真实、准确、完整、及时地披露信息，不得有虚假记载、误导性陈述或者重大遗漏。

（1）证券发行信息的公开

《证券法》第二十五条对证券发行信息公开明确要求："证券发行申请经核准后，依照法律、行政法规的规定，在证券公开发行前，公告公开发行募集文件，并将该文件置备于指定场所供公众查阅。发行证券的信息依法公开前，任何知情人不得公开或者泄露该信息。发行人不得在公告公开发行募集文件前发行证券。"第三十一条要求："承销证券的证券公司对证券公开发行募集文件的真实性、准确性、完整性进行核查。"

（2）证券上市信息的公开

《证券法》第五十三条规定："股票上市交易申请经证券交易所审核同意后，签订上市协议的公司应当在规定的期限内公告股票上市的有关文件，并将该文件置备于指定场所供公众查阅。"第五十四条规定：签订上市协议的公司除公告前条规定的文件外，还应当公告下列事项：①股票获准在证券交易所交易的日期；②持有公司股份最多的前十名股东的名单和持股数额；③公司的实际控制人；④董事、监事、高级管理人员的姓名及其持有本公司股票和债券的情况。

（3）虚假信息披露或重大遗漏的法律责任

违反《证券法》第七十八条第二款："证券交易所、证券公司、证券登记结算机构、证券服务机构及其从业人员，证券业协会、证券监督管理机构及其工作人员，在证券交易活动中做出虚假陈述或者信息误导"的，第二百零七条明确规定："对上述行为人责令改正，处以三万元以上二十万元以下的罚款；属于国家工作人员的，还应当依法给予行政处分。"

《证券法》第一百九十一条规定："证券公司承销证券的过程中进行虚假的或者误导投资者的广告或者其他宣传推介活动的，责令改正，给予警告，没收违法所得，可以并处三十万元以上六十万元以下的罚款；情节严重的，暂停或者撤销相关业务许可。给其他证券承销机构或者投资者造成损失的，依法承担赔偿责任。对直接负责的主管人员和其他直接责任人员给予警告，可以并处三万元以上三十万元以下的罚款；情节严重的，撤销任职资格或者证券从业资格。"

《证券法》第一百九十三条规定:"发行人、上市公司或者其他信息披露义务人未按照规定披露信息(报告有关报告),或者所披露(报送)的信息有虚假记载、误导性陈述或者重大遗漏的,责令改正,给予警告,并处以三十万元以上六十万元以下的罚款。对直接负责的主管人员和其他直接责任人员给予警告,并处以三万元以上三十万元以下的罚款。发行人、上市公司或者其他信息披露义务人的控股股东、实际控制人指使从事上述违法行为的,依照上述规定处罚。"

第二百二十三条规定:"证券服务机构未勤勉尽责,所制作、出具的文件有虚假记载、误导性陈述或者重大遗漏的,责令改正,没收业务收入,暂停或者撤销证券服务业务许可,并处以业务收入一倍以上五倍以下的罚款。对直接负责的主管人员和其他直接责任人员给予警告,撤销证券从业资格,并处以三万元以上十万元以下的罚款。"

4.2.2 对上市公司信息持续披露的监管

信息持续披露制度的主要内容包括上市公司的年度报告、半年度报告等定期报告及临时报告。

《证券法》第六十五条规定:上市公司和公司债券上市交易的公司,应当在每一会计年度的上半年结束之日起两个月内,向国务院证券监督管理机构和证券交易所报送记载以下内容的中期报告,并予公告:①公司财务会计报告和经营情况;②涉及公司的重大诉讼事项;③已发行的股票、公司债券变动情况;④提交股东大会审议的重要事项;⑤国务院证券监督管理机构规定的其他事项。

《证券法》第六十六条规定:上市公司和公司债券上市交易的公司,应当在每一会计年度结束之日起四个月内,向国务院证券监督管理机构和证券交易所报送记载以下内容的年度报告,并予公告:①公司概况;②公司财务会计报告和经营情况;③董事、监事、高级管理人员简介及其持股情况;④已发行的股票、公司债券情况,包括持有公司股份最多的前十名股东的名单和持股数额;⑤公司的实际控制人;⑥国务院证券监督管理机构规定的其他事项。

《证券法》第六十七条规定:发生可能对上市公司股票交易价格产生较大影响的重大事件,投资者尚未得知时,上市公司应当立即将有关该重大事件的情况向国务院证券监督管理机构和证券交易所报送临时报告,并予公告,说明事件的起因、目前的状态和可能产生的法律后果。下列情况为前款所称重大事件:①公司的经营方针和经营范围的重大变化;②公司的重大投资行为和重大的购置财产的决定;③公司订立重要合同,可能对公司的资产、负债、权益和经营成果产生重要影响;④公司发生重大债务和未能清偿到期重大债务的违约情况;⑤公司发生重大亏损或者重大损失;⑥公司生产经营的外部条件发生的重大变化;⑦公司的董事、三分之一以上监事或者经理发生变动;⑧持有公司百分之五以上股份的股东或者实际控制人,其持有股份或者控制公司的情况发生较大变化;⑨公司减资、合并、分立、解散及申请破产的决定;⑩涉及公司的重大诉讼,股东大会、董事会决议被依法撤销或者宣告无效;⑪公司涉嫌犯罪被司法机关立案调查,公司董事、监事、高级管理人员涉嫌犯罪被司法机关采取强制措施;⑫国务院证券监督管理机构规定的其他事项。

4.2.3 对证券交易行为的监管

我国《证券法》第五条明确规定:"证券的发行、交易活动,必须遵守法律、行政法规;禁止欺诈、内幕交易和操纵证券市场的行为。"

4.2.3.1 对操纵市场的监管

(1) 操纵市场的含义及其危害

操纵市场是指某一单位或个人以获取利益或减少损失为目的,利用资金、信息等优势或滥用职权影响证券市场价格,制造证券市场假象,诱导或致使投资者在不了解事实真相的情况下做出买卖证券的决定,扰乱证券市场的行为。

人为地操纵证券交易价格和交易量,实质是制造虚假的证券交易价格和交易量,是对不特定的投资者的欺诈行为。所以,为了保护广大投资者的利益,维护证券交易公正合理地进行,必须严格禁止操纵证券市场行为。

(2) 对操纵市场行为的法律监管

我国《证券法》明令禁止操纵市场行为。第七十七条规定:禁止任何人以下列手段操纵证券市场:①单独或者通过合谋,集中资金优势、持股优势或者利用信息优势联合或者连续买卖,操纵证券交易价格或者证券交易量;②与他人串通,以事先约定的时间、价格和方式相互进行证券交易,影响证券交易价格或者证券交易量;③在自己实际控制的账户之间进行证券交易,影响证券交易价格或者证券交易量;④以其他手段操纵证券市场。操纵证券市场行为给投资者造成损失的,行为人应当依法承担赔偿责任。

第二百零三条规定:"违反《证券法》操纵证券市场的,责令依法处理非法持有的证券,没收违法所得,并处以违法所得一倍以上五倍以下的罚款;没有违法所得或者违法所得不足三十万元的,处以三十万元以上三百万元以下的罚款。单位操纵证券市场的,还应当对直接负责的主管人员和其他直接责任人员给予警告,并处以十万元以上六十万元以下的罚款。"

4.2.3.2 对内幕交易的监管

(1) 内幕交易相关概念及其危害

我国《证券法》第七十五条规定:证券交易活动中,涉及公司的经营、财务或者对该公司证券的市场价格有重大影响的尚未公开的信息,为内幕信息。下列信息皆属内幕信息:①本法第六十七条第二款所列重大事件;②公司分配股利或者增资的计划;③公司股权结构的重大变化;④公司债务担保的重大变更;⑤公司营业用主要资产的抵押、出售或者报废一次超过该资产的百分之三十;⑥公司的董事、监事、高级管理人员的行为可能依法承担重大损害赔偿责任;⑦上市公司收购的有关方案;⑧国务院证券监督管理机构认定的对证券交易价格有显著影响的其他重要信息。

内幕交易有违资本市场赖以生存和发展的"三公"原则,既损害投资者利益,又影响证券市场的稳定发展。禁止内幕交易是公开的投资环境、公平的证券交易、公正的市场秩序的必然要求。

(2) 对内幕交易的法律监管

《证券法》第七十六条规定:"证券交易内幕信息的知情人和非法获取内幕信息的人,

在内幕信息公开前，不得买卖该公司的证券，或者泄露该信息，或者建议他人买卖该证券。持有或者通过协议、其他安排与他人共同持有公司百分之五以上股份的自然人、法人、其他组织收购上市公司的股份，本法另有规定的，适用其规定。内幕交易行为给投资者造成损失的，行为人应当依法承担赔偿责任。"

《证券法》第二百零二条规定："证券交易内幕信息的知情人或者非法获取内幕信息的人，在涉及证券的发行、交易或者其他对证券的价格有重大影响的信息公开前，买卖该证券，或者泄露该信息，或者建议他人买卖该证券的，责令依法处理非法持有的证券，没收违法所得，并处以违法所得一倍以上五倍以下的罚款；没有违法所得或者违法所得不足三万元的，处以三万元以上六十万元以下的罚款。单位从事内幕交易的，还应当对直接负责的主管人员和其他直接责任人员给予警告，并处以三万元以上三十万元以下的罚款。证券监督管理机构工作人员进行内幕交易的，从重处罚。"

《中华人民共和国刑法》（以下简称《刑法》）第一百八十条规定："证券、期货交易内幕信息的知情人员或者非法获取证券、期货交易内幕信息的人员，在涉及证券的发行，证券、期货交易或者其他对证券、期货交易价格有重大影响的信息尚未公开前，买入或者卖出该证券，或者从事与该内幕信息有关的期货交易，或者泄露该信息，或者明示、暗示他人从事上述交易活动，情节严重的，处五年以下有期徒刑或者拘役，并处或者单处违法所得一倍以上五倍以下罚金；情节特别严重的，处五年以上十年以下有期徒刑，并处违法所得一倍以上五倍以下罚金。单位犯前款罪的，对单位判处罚金，并对其直接负责的主管人员和其他直接责任人员，处五年以下有期徒刑或者拘役。"

4.2.3.3 证券欺诈的监管

(1) 证券欺诈相关概念

对证券欺诈的监管强调的是禁止在证券发行、交易及相关活动中从事虚假陈述、欺诈客户等行为。欺诈客户行为，是指证券公司及其从业人员在证券交易及相关活动中，为了谋取不法利益，而违背客户的真实意思进行代理的行为，以及诱导客户进行不必要的证券交易的行为。虚假陈述是指相关主体对证券发行、交易及其相关活动的事实、性质、前景、法律等事项做出不实、严重误导或有重大遗漏的陈述或者诱导，致使投资者在不了解事实真相的情况下做出证券投资决定的行为。

(2) 对证券欺诈的法律监管

《证券法》第七十八条规定："禁止国家工作人员、传播媒介从业人员和有关人员编造、传播虚假信息，扰乱证券市场。禁止证券交易所、证券公司、证券登记结算机构、证券服务机构及其从业人员，证券业协会、证券监督管理机构及其工作人员，在证券交易活动中做出虚假陈述或者信息误导。各种传播媒介传播证券市场信息必须真实、客观，禁止误导。"

《证券法》第七十九条规定：禁止证券公司及其从业人员从事下列损害客户利益的欺诈行为：①违背客户的委托为其买卖证券；②不在规定时间内向客户提供交易的书面确认文件；③挪用客户所委托买卖的证券或者客户账户上的资金；④未经客户的委托，擅自为客户买卖证券，或者假借客户的名义买卖证券；⑤为牟取佣金收入，诱使客户进行不必要的证券买卖；⑥利用传播媒介或者通过其他方式提供、传播虚假或者误导投资者的信息；

⑦其他违背客户真实意思表示,损害客户利益的行为。欺诈客户行为给客户造成损失的,行为人应当依法承担赔偿责任。

《刑法》第一百六十条规定:"在招股说明书、认股书、公司、企业债券募集办法中隐瞒重要事实或者编造重大虚假内容,发行股票或者公司、企业债券,数额巨大、后果严重或者有其他严重情节的,处五年以下有期徒刑或者拘役,并处或者单处非法募集资金金额百分之一以上百分之五以下罚金。单位犯前款罪的,对单位判处罚金,并对其直接负责的主管人员和其他直接责任人员,处五年以下有期徒刑或者拘役。"第一百六十一条规定:"依法负有信息披露义务的公司、企业向股东和社会公众提供虚假的或者隐瞒重要事实的财务会计报告,或者对依法应当披露的其他重要信息不按照规定披露,严重损害股东或者其他人利益,或者有其他严重情节的,对其直接负责的主管人员和其他直接责任人员,处三年以下有期徒刑或者拘役,并处或者单处二万元以上二十万元以下罚金。"

4.2.4 对证券经营机构的监管

4.2.4.1 证券经营机构准入监管

《证券法》第一百二十二条规定:"设立证券公司,必须经国务院证券监督管理机构审查批准。未经国务院证券监督管理机构批准,任何单位和个人不得经营证券业务。"

《证券法》第一百二十四条规定:设立证券公司,应当具备下列条件:①有符合法律、行政法规规定的公司章程;②主要股东具有持续盈利能力,信誉良好,最近三年无重大违法违规记录,净资产不低于人民币二亿元;③有符合本法规定的注册资本;④董事、监事、高级管理人员具备任职资格,从业人员具有证券从业资格;⑤有完善的风险管理与内部控制制度;⑥有合格的经营场所和业务设施;⑦法律、行政法规规定的和经国务院批准的国务院证券监督管理机构规定的其他条件。

《证券法》第一百二十九条规定:"证券公司设立、收购或者撤销分支机构,变更业务范围,增加注册资本且股权结构发生重大调整,减少注册资本,变更持有百分之五以上股权的股东、实际控制人,变更公司章程中的重要条款,合并、分立、停业、解散、破产,必须经国务院证券监督管理机构批准。证券公司在境外设立、收购或者参股证券经营机构,必须经国务院证券监督管理机构批准。"

4.2.4.2 证券公司经营业务的监管

《证券法》第一百二十五条规定:经国务院证券监督管理机构批准,证券公司可以经营下列部分或者全部业务:①证券经纪;②证券投资咨询;③与证券交易、证券投资活动有关的财务顾问;④证券承销与保荐;⑤证券自营;⑥证券资产管理;⑦其他证券业务。

4.2.4.3 证券公司财务保证制度

《证券法》第一百二十七条明确规定证券公司经营各项业务的注册资本最低限额。同时规定:"国务院证券监督管理机构根据审慎监管原则和各项业务的风险程度,可以调整注册资本最低限额,但不得少于前款规定的限额。"

第一百四十八条规定:"证券公司应当按照规定向国务院证券监督管理机构报送业务、财务等经营管理信息和资料。国务院证券监督管理机构有权要求证券公司及其股东、实际控制人在指定的期限内提供有关信息、资料。证券公司及其股东、实际控制人向国务院证券监督管理机构报送或者提供的信息、资料，必须真实、准确、完整。"

第一百五十一条规定："证券公司的股东有虚假出资、抽逃出资行为的，国务院证券监督管理机构应当责令其限期改正，并可责令其转让所持证券公司的股权。在前款规定的股东按照要求改正违法行为、转让所持证券公司的股权前，国务院证券监督管理机构可以限制其股东权利。"

4.2.5 对证券投资者的监管

对投资者进行监管的目的主要是监督证券投资者依法公平交易，维护证券市场的平稳健康运行，保护广大投资者的利益。对证券投资者的监管主要包括对个人投资者的监管以及对机构投资者的监管。

对个人投资者的监管包括两个方面：对个人投资者投资资格的限制和对个人投资者买卖途径、行为的管理。

对机构投资者的监管主要包括以下几个方面：①对机构投资者资金来源的监管；②对机构投资者买卖证券的监管；③对机构投资者买卖行为的监管。

4.2.6 对证券从业人员的监督

证券从业人员是指经中国证监会依法批准的证券从业机构正式聘用或与其签订劳务协议的人员。证券从业人员能够更早地知晓证券市场的政策与信息，由此《证券法》以及证券业协会等对证券业从业人员的素质进行了特殊规定。

4.2.6.1 证券从业人员资格获取与执业规定

中国证券业实行从业人员资格管理制度，由中国证券业协会在中国证监会指导监督下对证券业从业人员实施资格管理。

证券公司、基金管理公司、基金托管机构、基金销售机构、证券投资咨询机构、证券资信评估机构及中国证监会认定的其他从事证券业务的机构中从事证券业务的专业人员，必须在取得从业资格的基础上取得执业证书，从事相应的证券活动。

4.2.6.2 证券业务人员资格管理的相关规定

《证券业从业人员资格管理办法》第二十三条规定："机构聘用未取得执业证书的人员对外开展证券业务的，由协会责令改正；拒不改正的，给予纪律处分；情节严重的，由中国证监会单处或者并处警告、三万元以下罚款。"第二十四条规定从业人员拒绝协会调查或者检查的，或者所聘用机构拒绝配合调查的，由协会责令改正；拒不改正的，给予纪律处分；情节严重的，由中国证监会给予从业人员暂停执业3~12个月，或者吊销其执业证书的处罚；对机构单处或者并处警告、三万元以下罚款。"

《证券法》第一百零九条、第一百三十二条规定："因违法行为或者违纪行为被开除的证券交易所、证券登记结算机构、证券服务机构、证券公司的从业人员和被开除的国家机关工作人员，不得招聘为证券交易所以及证券公司的从业人员。第一百三十三条规定国家机关工作人员和法律、行政法规规定的禁止在公司中兼职的其他人员，不得在证券公司中兼任职务。"

《证券法》第一百三十一条规定："证券公司的董事、监事、高级管理人员，应当正直诚实，品行良好，熟悉证券法律、行政法规，具有履行职责所需的经营管理能力，并在任职前取得国务院证券监督管理机构核准的任职资格。"有《公司法》第一百四十六条规定的情形或者下列情形之一的，不得担任证券公司的董事、监事、高级管理人员：①因违法行为或者违纪行为被解除职务的证券交易所、证券登记结算机构的负责人或者证券公司的董事、监事、高级管理人员，自被解除职务之日起未逾五年；②因违法行为或者违纪行为被撤销资格的律师、注册会计师或者投资咨询机构、财务顾问机构、资信评级机构、资产评估机构、验证机构的专业人员，自被撤销资格之日起未逾五年。

4.3 证券市场监管体制

4.3.1 证券市场监管模式

由于各国经济政治体制、证券市场发育程度以及历史传统习惯不同，在对本国证券市场进行监管的实践过程中，世界各国形成了以下三种不同的证券市场监管模式。

4.3.1.1 集中型证券市场监管

(1) 集中型证券市场监管的概念

集中型证券市场监管模式是指国家通过立法，由政府设立专门的证券监管机构对全国证券市场进行监督与管理的一种证券监管模式。

这种监管模式下，政府通过立法积极参与证券市场管理，通过设置专门的政府机关作为证券主管机构，由其代表国家对证券市场依法行使全面的监督及管理职权。美国是采用集中型证券监管模式的典型代表。

(2) 集中型证券市场监管的优点和缺点

以行政监管为主、自律监管为辅的集中型证券监管模式具有以下三个方面的优点：①具有专门的证券市场管理法规、统一的监管口径，对市场行为监管有法可依，提高了证券市场监管力度及权威性；②能公正、公平、高效、严格地发挥其监管作用，有利于协调不同利益集团之间的矛盾，提高了监管效率，降低了监管的成本；③监管机构与被监管对象分别独立，监管者超脱于被监管利益之外，更能公平、公正、客观、有效地发挥其监管职能，充分保护投资者利益。

这种监管模式在实际执行中也存在一些弊端：①证券法规的制定者和监管者超脱于市场，掌握的信息相对有限，从而使得市场监管可能脱离实际，造成监管效率下降；②对市场发生事件反应比较迟缓，可能处理不够及时；③自律组织与政府主管机关的配合可能难以协调，政府监管人员对证券市场的专业知识相对欠缺以及普遍存在的官僚主义可能导致政府集中监管的优势不能充分发挥。

4.3.1.2 自律型证券市场监管

(1) 自律型证券市场监管的概念

自律型监管模式，是指除了必要的国家立法之外，政府很少干预政府市场，国家不设置独立的政府主管部门，而由非政府监管机构和证券业自律组织主要依照自我监管规则，对证券市场予以监督管理的证券监管机制。英国是自律型监管模式的典型代表。

(2) 自律型证券市场监管的优点和缺点

自律型监管模式，以自律管理为主，行政监管为辅，无统一的全国性行政监管机构。其优点主要表现在以下三个方面：①允许证券商参与制定证券市场的监管规则，使市场监管更加切合实际，有利于证券商自觉遵守并维护这些法规；②与政府制定证券监管法规相比，市场参与者制定、修订的证券监管法规具有更大的灵活性及针对性；③自律组织能够对市场上的违规行为做出快速反应，并及时采取有效措施，有利于提高监管效率。

其缺点则主要表现为：①监管重点集中于市场规范有效运转以及保护证券交易所会员经济利益上，对投资者利益往往不能提供充分的保障；②缺少强有力的立法支持，监管比较软弱；③没有统一的监管机构，难以实现全国证券市场的协调有序发展，容易造成市场秩序混乱。

4.3.1.3　中间型证券市场监管

中间型证券市场监管模式是行政监管与自律监管并重的监管模式，这种监管体制设有专门的立法和政府监管机构进行集中监管，同时也强调自律组织的自律监管。实行中间型监管体制的国家有德国、意大利、泰国、约旦等。

目前世界上大多数实行集中型或自律型监管体制的国家已逐渐向中间型过渡，使两种体制取长补短，发挥各自的优势。但由于各国国情不同，在实行中间型监管体制时侧重点有所不同，有的较倾向于立法管理，有的较倾向于自律管理。

4.3.2　中国证券市场现行的监管体制

中国证券市场是在借鉴国外证券市场监管成功经验并结合我国具体国情，选择以政府监管为主导的集中型监管体制模式，其主要原因如下：

(1) 国情更适合选择集中型监管模式

我国在长期的经济发展实践中积累了丰富的以政府监管为主导的集中型经济管理经验，在借鉴国外证券市场监管经验的基础上采用集中型监管更能发挥中国证券市场监管的效率。

(2) 证券市场起步阶段要求集中型监管

中国证券市场刚刚起步，基本的法律制度尚不完善，信息披露失真、操纵市场、内幕交易、欺诈、过度投机等违法违规行为时有发生。由一个权威的证券市场监管机构在法律法规的框架内对证券市场行为进行集中监管，是保证证券市场平稳、健康、高效运行的必要措施。

(3) 自律管理功能有限

中国证券市场发展时间较短，证券业行业自律监管经验有限，从业人员自律意识薄弱，单由行业自律组织难以有效监管整个证券行业。

4.3.3　中国证券市场监管的组织执行机构及其职责

4.3.3.1　中国证监会的组织机构

中国证监会为国务院直属正部级事业单位，依照法律、法规和国务院授权，统一监督管理全国证券期货市场，维护证券期货市场秩序，保障其合法运行。

中国证监会设在北京，现设主席 1 名，纪检组长 1 名，副主席 4 名，主席助理 2 名；会机关内设 21 个职能部门，一个稽查总队，三个中心；根据《证券法》第十四条规定，中国证监会还设有股票发行审核委员会，委员由中国证监会专业人员和所聘请的会外有关专家担任。中国证监会在省、自治区、直辖市和计划单列市设立 36 个证券监管局，以及上海、深圳证券监管专员办事处（图 4-1）。

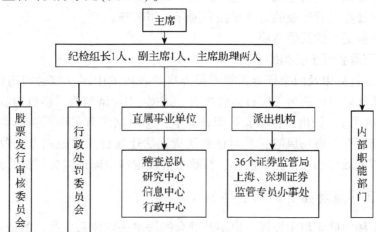

图 4-1 中国证监会组织机构

4.3.3.2 中国证监会的职责

依据有关法律法规，中国证监会在对证券市场实施监督管理中履行下列职责：

①研究和拟订证券期货市场的方针政策、发展规划；起草证券期货市场的有关法律、法规，提出制定和修改的建议；制定有关证券期货市场监管的规章、规则和办法。

②垂直领导全国证券期货监管机构，对证券期货市场实行集中统一监管；管理有关证券公司的领导班子和领导成员。

③监管股票、可转换债券、证券公司债券和国务院确定由证监会负责的债券及其他证券的发行、上市、交易、托管和结算；监管证券投资基金活动；批准企业债券的上市；监管上市国债和企业债券的交易活动。

④监管上市公司及其按法律法规必须履行有关义务的股东的证券市场行为。

⑤监管境内期货合约的上市、交易和结算；按规定监管境内机构从事境外期货业务。

⑥管理证券期货交易所；按规定管理证券期货交易所的高级管理人员；归口管理证券业、期货业协会。

⑦监管证券期货经营机构、证券投资基金管理公司、证券登记结算公司、期货结算机构、证券期货投资咨询机构、证券资信评级机构；审批基金托管机构的资格并监管其基金托管业务；制定有关机构高级管理人员任职资格的管理办法并组织实施；指导中国证券业、期货业协会开展证券期货从业人员资格管理工作。

⑧监管境内企业直接或间接到境外发行股票、上市以及在境外上市的公司到境外发行可转换债券；监管境内证券、期货经营机构到境外设立证券、期货机构；监管境外机构到境内设立证券、期货机构，从事证券、期货业务。

⑨监管证券期货信息传播活动，负责证券期货市场的统计与信息资源管理。

⑩会同有关部门审批会计师事务所、资产评估机构及其成员从事证券期货中介业务的资格，并监管律师事务所、律师及有资格的会计师事务所、资产评估机构及其成员从事证券期货相关业务的活动。

⑪依法对证券期货违法违规行为进行调查、处罚。

⑫归口管理证券期货行业的对外交往和国际合作事务。

⑬承办国务院交办的其他事项。

4.3.3.3 中国证监会派出机构的职责

包括36个监管局以及两个证券监管专员办事处在内的中国证监会派出机构受证监会的垂直领导，依法以自己的名义履行监管职责。依据《中国证监会派出机构监管职责规定》（证监会令第118号），派出机构的监管职责如下：①对辖区有关市场主体实施日常监管；②防范和处置辖区有关市场风险；③对证券期货违法违规行为实施调查，做出行政处罚；④证券期货投资者教育和保护；⑤法律、行政法规规定和中国证监会授权的其他职责。

4.3.4 中国证券市场监管的法规体系

我国资本市场的健康稳定发展，离不开健全的法律法规体系。我国的证券法律法规体系可以分为四个层次：国家法律、行政法规、部门规章及规范性文件、自律性规则。我国证券市场形成及发展的20多年中，一系列法律法规的出台对市场的规范和有序发展起到重要作用。

4.3.4.1 国家法律

法律由全国人民代表大会或其常务委员会制定。在证券法律体系中，除《中华人民共和国宪法》（以下简称《宪法》）外，证券法律具有最高的法律效力。现行的证券市场法律主要包括《证券法》《公司法》及《基金法》等。

《证券法》于1998年12月29日第九届全国人民代表大会常务委员会第六次会议通过，于1999年7月1日实施。后经第十届全国人民代表大会常务委员会第十一次、第十八次会议修订。现行《证券法》于2006年1月1日起施行。《证券法》为规范证券发行和交易行为，保护投资者的合法权益，维护社会经济秩序和社会公共利益，促进社会主义市场经济的发展而制定。它对证券的发行、上市、交易、上市公司收购等问题进行了明确规定，并对证券交易所、证券公司、证券登记结算机构、证券服务机构、证券监管机构、证券业协会等进行了明确的认定。

《公司法》于1993年12月29日经第八届全国人民代表大会常务委员会通过，于1994年7月1日起实施。现行《公司法》于2005年10月27日经第十届全国人民代表大会常务委员会第十八次会议修订通过，于2006年1月1日起实施。《公司法》为了规范公司的组织和行为，保护公司、股东和债权人的合法权益，维护社会经济秩序，促进社会主义市场经济的发展而制定。该法对公司设立、合并、分立、增减资、股份发行和转让、股权转让等做出明确规定，是规范股份有限公司活动的主要法律。

《基金法》于2003年10月28日第十届全国人民代表大会常务委员会第五次会议通过，自2004年6月1日起施行。现行《基金法》为2015年4月24日第十二届全国人民代表大会常务委员会第十四次会议修正后的版本。《基金法》为了规范证券投资基金活动，保护投资人及相关当事人的合法权益，促进证券投资基金和资本市场的健康发展而制定。该法对基金管理人、托管人、基金的公开募集、投资与信息披露、违反该法的法律责任等做出明确规定。

4.3.4.2 行政法规

行政法规由国务院根据《宪法》及有关法律制定，法律效力仅次于国家法律。现行证券市场有关的主要行政法规有《股票发行与交易管理暂行条例》《证券、期货投资咨询管理暂行办法》《证券交易所风险基金管理暂行办法》《证券公司风险处置条例》《证券公司监督管理条例》以及《证券期货规章草案公开征求意见试行规则》等。

《证券公司监督管理条例》经2008年4月23日国务院第六次常务会议通过，自2008年6月1日起施行。该条例为了加强对证券公司的监督管理，规范证券公司的行为，防范证券公司的风险，保护客户的合法权益和社会公共利益，促进证券业健康发展，根据《公司法》《证券法》而制定。条例对证券公司的设立与变更、证券公司组织机构、业务规则与风险控制、客户资产的保护、监督与管理措施等进行了明确的规定。

《证券公司风险处置条例》经2008年4月23日国务院第六次常务会议通过，自2008年6月1日起施行。该条例为了控制和化解证券公司风险，保护投资者合法权益和社会公共利益，保障证券业健康发展，根据《证券法》《中华人民共和国企业破产法》而制定。条例对证券公司停业整顿、托管、接管、行政重组、撤销、破产清算、重整以及监督协调等进行了明确规定。

4.3.4.3 部门规章及规范性文件

部门规章及规范性文件由中国证券监督管理机构根据国家法律及国务院行政法规制定，其法律效力次于法律及行政法规。我国证券市场成立20多年来已颁布多项规章及规范性文件，其中主要的部门规章有：《证券期货市场诚信监督管理暂行办法》《上市公司证券发行管理办法》《上市公司信息披露管理办法》《上市公司收购管理办法》《上市公司重大资产重组管理办法》《证券交易所管理办法》《证券登记结算管理办法》《证券业从业人员资格管理办法》《证券公司风险控制指标管理办法》及《律师事务所从事证券法律业务管理办法》等。

各层次的法律法规相互联系交织，形成覆盖证券上市发行、上市公司运营、信息披露、机构投资者、证券监管等多方面的法律法规体系。近年来，随着我国证券市场各项业务不断深入发展，证券法规体系也在不断完善。

▶ 知识拓展

上海首例"抢帽子"类操纵证券市场案告破

2012年，身为某证券公司经纪人的朱某，深感自己辛辛苦苦拉客户买卖证券赚取佣金的收入实在太低，而且极其不稳定。碰巧此时，朱某全家都喜欢收看的某财经频道一档股评节目，发布了招聘股评嘉宾广告，朱某立即投出了自己"美化"后的简历。在通过节目组的面试后，朱某顺利坐上了股评节目嘉宾主持的座椅，从此开始了他股评大师"朱老师"的职业生涯。朱某不仅定期上节目侃侃而谈,还经常出席一些讲座或者节目的线下见面会,开始拥有了大量的拥趸。

转眼到了2013年,朱某已经在股民圈中积聚了不少人气,他也从中看到了赚钱的"机会"。每次参加节目当天,朱某会从看好的股票中挑选一只,随后构思一下关于这只股票的一些推荐或者评价语言,如板块前景、利好消息等,并且利用多个证券账户大量买入,之后朱某会赶到某电视台,参加晚上某股评节目的直播。

在节目中,朱某会点评自己已大量买入的股票,而收看该节目的观众,特别是广大老年观众,便跟风买入股票。殊不知他们眼中的这位"专家"在推荐后的次日,当大量观众买入拉高股价后,便抛掉了他口中所谓的"优质股票"。而广大观众还在傻傻等待这些股票真能如嘉宾口中所讲的那样"有机会"或者"强势上涨"。

事情总有败露的一天,有人发现跟随"朱大师"却步步"踏空",于是向相关部门进行了举报。上海公安经侦部门侦查发现,2013年3月至2014年8月,犯罪嫌疑人朱某在担任某证券公司经纪人期间,实际控制多个证券账户,采取对多只股票先行建仓买入后,于当日或次日在某股评节目中对该些股票公开做出评价、预测或投资建议,并造成节目中评价或者推荐的多只股票在播出后的第一个交易日成交量放大明显。然后,朱某再于节目播出后一至两个交易日内将股票全部卖出,交易金额约4000万元人民币。目前,朱某因涉嫌操纵证券市场罪被检察机关批准逮捕。

对此,上海公安经侦部门指出,我国法律将"证券公司、证券咨询机构、专业中介机构及其工作人员,在媒体或者自媒体上对上市公司或者其股票公开做出评价、预测或者投资预测,以便通过期待的市场波动取得经济利益的行为"定义为"抢帽子"交易,属于操纵证券市场犯罪的手法之一。

公安部门再次提醒,一是证券业从业人员要严格遵守职业操守,践行行业规范,切实保护广大投资者的合法权益,行政监管部门及公安机关会严厉打击证券领域违法犯罪行为。二是广大股民不要轻信所谓的"大师""专家"对个股的推荐,莫让"专家"变"庄家",对于股市的投资还应回归到对市场价值的理性判断。三是媒体在邀请嘉宾时,要加大对其身份审核,并对节目中所阐述的观点严格把关,杜绝不法分子将媒体当作作案平台牟取私利。

(来源:http://www.cs.com.cn/xwzx/zq/201610/t20161025_ 5079209.html)

A股减持乱象:花样减持"套路太深" 监管利剑已然出鞘

个别上市公司重要股东罔顾宏观环境和市场规则,频繁、超限、花样减持股份,对市场造成恶劣影响,已引起监管层高度关注。健康的资本市场离不开良好的市场生态,无序减持不利于保障中小投资者利益,会对市场生态造成严重伤害。在中国资本市场进入"严监管时代"的大背景下,一系列有利于市场生态重塑、保护市场投融资功能的措施有望陆续出台,引导资本市场回归"初心",真正为实体经济注入活力。

一、无序减持"慌不择路"

统计数据显示,2017年初至2月中旬,已有285家上市公司总计被减持751次,合计减持金额约为243.05亿元。其中，部分上市公司的重要股东无视监管规则，违规减持频现。

最为恶劣的案例当属山东墨龙。经查，该公司实际控制人张恩荣自2014年9月26日至2017年1月13日累计减持公司股份4390万股，占总股本的5.502%。期间，在减持比例达到5%时，张恩荣并未公告并停止买卖。更令市场和监管层震惊的是，张恩荣的巨量违规减持发生在公司披露业绩"崩塌式变脸"之前，其因涉嫌违反证券法律法规已被立案调查。

山东墨龙绝非个案。就在2月14日，深交所又向步步高股东钟永利下发了监管函，对其违规行为给予提醒。据披露，作为持有步步高超5%股份的二股东，钟永利于2016年10月31日减持了公司90340股股票，减持比例为0.0116%，而此前其并未披露减持计划。类似的还有联发股份。根据交易所监管函，港鸿投资作为持股5%以上股东，违规减持了联发股份7.18万股股票，同样没有按照要求预披露减持计划。

如果说上述公司股东的违规减持是"慌不择路"，那么，另有一些公司股东的"清仓式"减持计划流露出的则是一种"决绝"，其对市场信心的打击更加沉重。例如，共达电声2月15日公告称，公司二股东宫俊在持股仅仅一年多之后，计划减持其所持全部公司股份，总计1800万股。

在自2016年下半年以来出现的"清仓式"减持大潮中，曾经与上市公司并肩奋战的创投机构离场态度明显。例如，2月8日海顺新材公告称，其三股东兴创投资计划减持369万股公司股份，占公司总股本的6.9127%。事实上，兴创投资在2月6日方有369.5万股解禁，几乎是解禁即清仓。

二、花样减持"套路太深"

减持本无可厚非，但个别公司股东为了能"卖个好价"，甚至直接利用与上市公司的"亲密关系"，控制利好或利空消息的发布，为套现离场打掩护。

吉艾科技便属典型案例。1月25日，公司发布2016年度业绩预告，高达5.25亿至5.3亿元的预亏额令投资者大吃一惊，而公司三季报披露的前三季度归属母公司股东的亏损额只有1614.59万元，而且并未按照惯例对全年业绩进行预告。

与此同时，吉艾科技的大股东却没闲着。2016年8月、9月，彼时公司第一大股东、实际控制人黄文帜拟通过大宗交易在六个月内减持5200万股，占公司总股本11.97%，并拟将剩余股份全部转让给一致行动人高怀雪。

与吉艾科技相比，金亚科技股东的"套路"则更加隐蔽，直接将减持计划内嵌在重组方案之中。根据方案，金亚科技拟斥资6亿元购买卓影科技100%股权，除支付现金3.63亿元外，剩余2.37亿元对价将由股东王仕荣向公司提供无息借款，而该笔对价款项由交易对方受让王仕荣持有的金亚科技价值2.37亿元股票的形式完成。王仕荣持有金亚科技5.38%的股权，为持股5%以上的股东，其行为已涉嫌违规。对此，交易所已下发问询函。

事实上，梳理减持"套路"，出现频率最高的当属简单粗暴的高送转。经查，在发布2016年度高送转方案的公司中，赢时胜、云意电气、和邦生物、中能电气等公司均发布了大股东减持的相关公告。

东方通则是最新的案例。2月12日晚间，公司披露了"每10股派发现金股利1.8元，同时以资本公积金向全体股东每10股转增30股"的高送转方案；而一个月前，公司解禁股刚刚上市流通。就在"高送转"方案披露的近一周前，持股3.43%的公司监事会主席朱律玮披露了其为期半年的减持计划。

三、监管利剑已然出鞘

大股东及董事、监事、高级管理人员基于其身份的特殊性，导致其证券转让行为的影响力远远大于中小股东。因此，监管层对于相关股东减持动作的关注度也愈加提高。目前对于"高送转""重组嵌入减持"等问题，相关监管机构几乎第一时间予以关注，并发函要求公司做详细信息披露。不仅如此，对于明显违规减持的行为，监管机构则是直接出击，认定违法事实、严厉惩处，并及时给予公开披露。

2月6日，上交所发布对中毅达及有关责任人予以公开谴责并市场禁入的决定。根据上交所的纪律处分决定，中毅达的"三宗罪"主要体现为虚构收入、业绩重大变化信披不及时以及未及时披露重组标的资产被司法冻结的重要信息。其中，中毅达在1月22日即已向公司全体董事和高级管理人员通报2015年度预亏776.53万元的情形下，直至1月30日才向市场披露该消息。而就在此期间，公司股东西藏一乙、西藏钱锋分别在市场上抛售了数千万股。

减持本是常态，但为了追求更高的收益，而不顾市场底线，利用消息、资源优势拉升股价，与资本市场本义背道而驰，也是监管机构严厉打击的对象。监管层已明确"依法监管、全面监管、从严监管"的监管理念。2017年将深化依法全面从严监管，维护市场秩序，继续提升监管能力。市场发展方向和监管理念已经明晰，下一步针对"减持乱象"或将出台一系列有针对性的措施，以引导市场主体有序参与，营造良好市场秩序。

（来源：http://finance.ifeng.com/a/20170217/15202153_0.shtml）

思考题

一、名词解释

操纵市场，内幕信息，内幕交易，欺诈客户行为，虚假陈述，集中型证券市场监管，自律型证券市场监管，中间型证券市场监管。

二、简答题

1. 简述证券市场监管的必要性。
2. 简述证券市场监管的原则和手段。
3. 我国的证券发行制度经历了哪几个阶段？每个阶段具有怎样的特征？
4. 证券发行注册制度的优点有哪些？我国当前的注册制度改革中存在哪些问题？实施注册制，能够解决核准制实施过程中存在的问题吗？
5. 我国现行证券市场监管模式存在哪些问题？其改进方向是什么？
6. 我国证券监管自律组织有哪些？实施了怎样的监管功能？存在哪些可以改进的空间？

第5章 证券投资的宏观经济分析

本章提要

通过本章学习,了解宏观经济分析的意义和评价宏观经济的基本变量,掌握宏观经济运行对证券市场的影响,掌握宏观经济政策对证券市场的重要影响,了解证券市场供求关系的决定因素与变动特点。

5.1 宏观经济分析概述

5.1.1 宏观经济分析在证券投资中的意义

宏观经济分析是证券投资中不可或缺的基本分析方法之一。投资者能够通过宏观经济形势研判来预测投资收益与风险,从而做出最终投资决策。近年来,我国面临着国际经济形势的动荡及国内经济结构不断调整、创新的双重影响,使得证券市场投资活动面临着巨大挑战。因此,对宏观经济走势的研判显得尤为重要,宏观经济因素已成为了我国证券市场投资的重要影响因素之一。

(1) 研判证券市场的总体变动方向

宏观经济因素对证券市场价格的影响是基础性的、全局性的、长期性的重要因素。宏观经济趋势变动主要受宏观经济的周期性波动及国家经济政策两大因素影响。经济只有通过对宏观经济总体变动趋势做以判断,才能准确做出正确的投资决策。

(2) 判断证券市场的投资价值

证券市场的投资价值与国民经济整体运行状况密切相关。从一定意义上说,整个证券市场的投资价值取决于整个国民经济增长质量与速度,因为不同部门、不同行业与成千上万的不同企业相互影响、相互制约,共同影响国民经济发展的速度和质量。企业的投资价值必然在宏观经济的总体中综合反映出来,所以宏观经济分析是判断整个证券市场投资价值的关键。

(3) 预测宏观经济政策的走向

证券市场与国家宏观经济政策息息相关。在市场经济条件下,国家通过财政政策、货币政策及汇率政策来调控经济,或抑制过热的经济或拉动经济快速增长。宏观政策变动终将影响到企业经济效益,从而进一步对证券市场产生影响。同时,证券市场运行状况也反映了国民经济变动状况,即"证券市场是国民经济晴雨表"。因此,投资者必须通过宏观经济政策预测,掌握其对证券市场的影响方向与程度,才能准确把握整个证券市场的投资行为。

5.1.2 宏观经济分析的基本方法

宏观经济分析是以整个国民经济活动作为考察对象,研究各个有关的总量及其变动,特别是研究国内生产总值和国民收入的变动及其与社会就业、经济周期波动、通货膨胀、经济增长等之间的关系。宏观经济分析方法一般会采用经济指标、计量模型及概率等方法进行分析与预测。

5.1.2.1 经济指标

宏观经济分析可以比较直观地通过一系列的经济指标来进行分析和比较,也是大多数投资者常用方法。经济指标有三类:一是先行指标。这类指标可以对将来的经济状况提供预示性的信息。先行指标主要包括股价指数、货币供应量、固定资产投资率升降、房屋建造许可证数量、机器设备订单数、PMI 等。二是同步指标。通过这类指标算出的国民经济转折点大致与总的经济活动的转变时间同时发生。同步指标主要包括失业率、国内生产总值及国民生产总值等。三是滞后指标。这些指标反映出的国民经济的转折点一般要比实际经济活动滞后三个月到半年。滞后指标主要有利息率、生产成本、物价指数等。

5.1.2.2 计量经济模型

计量经济模型揭示经济活动中各个因素之间的定量关系,用随机性的数学方程加以描述。如 2013 年诺贝尔经济学奖授予美国经济学家尤金·法马、拉尔斯·彼得·汉森和罗伯特·席勒,以表彰他们对资产价格所做的实证分析。诺贝尔经济学奖评选委员会的评委们表示,"可预期性"是 2013 年获奖成就的核心。席勒教授则通过数学模型深入研究了资产的价格波动,还运用学术成果分析、预测了现实世界。

5.1.2.3 概率预测

概率预测方法运用得比较多也比较成功的是对宏观经济的短期预测。宏观经济短期预测是指对实际国内生产总值及其增长率、通货膨胀率、失业率、利息率、个人收入、个人消费、企业投资、公司利润及对外贸易差额等指标的下一时期水平或变动率的预测,其中最重要的是对前三项指标的预测。

5.1.3 判断宏观经济形势的基本变量

5.1.3.1 判断经济增长与经济周期的主要指标

(1)国内生产总值

国内生产总值(GDP)是指一个国家(或地区)所有常住单位在一定时期内生产活动的最终成果。国内生产总值是国民经济核算的核心指标,也是衡量一个国家或地区总体经济状况重要指标。国内生产总值的持续稳定增长是政府追求的目标之一。国内生产总值变动是一国经济成果的最终反映,国内生产总值的持续上升表明国民经济良性发展,人们有理由对未来经济产生好的预期,也会增强证券市场投资者信心。因此,在宏观经济分析中,国内生产总值指标占有非常重要的地位,具有十分广泛的用途。

(2)经济增长率

一般用国内生产总值的增长速度来衡量经济增长率。经济增长率也称经济增长速度,它是反映一定时期经济发展水平变化程度的动态指标,也是反映一个国家经济是否具有活力的基本指标。对于发达国家来说,其经济发展总水平已经达到相当的高度,经济发展速度的提高就比较困难;对经济尚处于较低水平的发展中国家而言,由于发展潜力大,其经济发展速度可能达到高速甚至超高速增长。这时就要警惕由此可能带来的诸如总需求膨胀、通货膨胀、泡沫经济等问题,以避免造成宏观经济的过热态势。

(3) 失业率

失业率是指失业人口占劳动人口(指年龄在 16 周岁以上具有劳动能力的人的全体)的比率,是反映一个国家或地区失业状况的主要指标。失业率是衡量经济发展水平的一个重要指标。当失业率很高时,资源被浪费,人们收入减少,在此期间,经济问题还可能影响人们情绪和家庭生活,进而引发一系列的社会问题。值得注意的是,通常所说的充分就业是指对劳动力的充分利用,但不是完全利用,因为在实际的经济生活中不可能达到失业率为零的状态。在充分就业情况下也会存在一部分"正常"的失业,如由于劳动力的结构不能适应经济发展对劳动力的需求变动所引起的结构性失业。

(4) 通货膨胀率

通货膨胀是指一般物价水平持续、普遍、明显的上涨。对通货膨胀的衡量可以通过对一般物价水平上涨幅度的衡量来进行。一般来说,常用的指标主要有零售物价指数、批发物价指数和国民生产总值物价平减指数。

通货膨胀对社会经济产生重要影响。通货膨胀按严重程度划分,可分为温和的、严重的和恶性的三种;通货膨胀按产生原因划分,可分为需求拉动型通胀、成本推进型通胀和结构型通货膨胀。通货膨胀对社会经济产生的影响主要有:引起收入和财富的再分配,扭曲商品相对价格,降低资源配置效率,促发泡沫经济乃至损害一国的经济基础。

5.1.3.2 判断金融市场形势的主要指标

(1) 货币供应量

货币供应量是单位和居民个人在银行的各项存款和手持现金之和,其变化反映着中央银行货币政策的变化,对企业生产经营、金融市场,尤其是证券市场的运行和居民个人的投资行为有重大的影响。中央银行根据宏观监测和宏观调控的需要,一般根据流动性的大小将货币供应量划分为不同的层次。我国现行货币统计制度将货币供应量划分为三个层次:

① M0 流通中现金,是指银行体系以外各个单位的库存现金和居民的手持现金之和。

② M1 狭义货币供应量,是指 M0 加上企业、机关、团体、部队、学校等单位在银行的活期存款。

③ M2 广义货币供应量,是指 M1 加上企业、机关、团体、部队、学校等单位在银行的定期存款和城乡居民个人在银行的各项储蓄存款。

④ M3 是指 M2 加上金融债券、商业票据和大额可转让定期存单等。

中央银行可以通过增加或减少货币供应量控制货币市场,实现对经济的干预。货币供应量的变动会影响利率,中央银行可以通过对货币供应量的管理来调节信贷供给和利率,从而影响货币需求,达到影响宏观经济活动的目的。

(2) 利率

利率或称利息率,是指在借贷期内所形成的利息额与所贷资金额的比率。利率直接反映的是信用关系中债务人使用资金的代价,也是债权人出让资金使用权的报酬。

从宏观经济分析的角度看,利率的波动反映出市场资金供求的变动状况。在经济发展的不同阶段,市场利率有不同的表现。在经济持续繁荣增长时期,资金供不应求,利率上升;当经济萧条、市场疲软时,利率会随着资金需求的减少而下降。利率影响着人们的储蓄、消费和投资行为;利率结构也影响着居民金融资产的选择,影响着证券的持有结构。

(3) 汇率

汇率是外汇市场上一国货币与他国货币相互交换的比率。实质上可以把汇率看作是以本国货币表示的外国货币的价格。一国的汇率会因该国的国际收支状况、通货膨胀水平、利率水平、经济增长率等因素的变化而波动;同时,汇率及其适当波动又会对一国的经济发展发挥重要作用。特别是在当前国际分工异常发达、各国间经济联系十分密切的情况下,汇率的变动对一国的国内经济、对外经济以及国际间的经济联系都产生着重大影响。为了不使汇率的过分波动危及一国的经济发展和对外经济关系的协调,各国政府和中央银行都通过在外汇市场上抛售或收购外汇的方式干预外汇市场,以影响外汇供求,进而影响汇率。此外,政府的宏观经济政策的变化,也会直接影响到一国对外贸易结构、通货膨胀水平以及实际利率水平等因素,从而对汇率水平产生影响。

5.2 宏观经济运行对证券市场的影响

5.2.1 证券市场价格的主要影响因素

收益和风险是证券投资中关注的焦点,它们将直接影响到人们对证券资产未来收益的预期价格变动。而在证券市场中影响证券投资收益和风险的影响因素非常复杂,通常可以归结为以下几种主要因素。

5.2.1.1 宏观因素

宏观因素就是从宏观方面直接或间接地影响到企业的经营状况及获利能力的因素,从而影响居民对持有该企业金融资产的心理预期,对金融资产的供求产生影响。因此,宏观因素产生证券投资风险多半是系统风险。宏观因素具体可分为宏观经济因素、政治因素、心理因素等。

(1) 宏观经济因素

宏观经济因素最主要的是宏观经济运行状况及宏观经济政策对股价的影响。具体包括经济运行状况、通货膨胀、利率、失业率、汇率、财政收支、国际收支、金融监管状况等宏观经济因素。

①宏观经济运行状况 在众多的宏观经济因素中,首先要分析的是宏观经济运行的总体状况。一般说来,在宏观经济运行良好时,社会总需求与总供给趋于平衡,经济发展的良好势头,企业经营环境不断改善,公司利润持续上升,股息和红利不断增长,上市公司的股票和债券价格上涨。宏观经济形势较好时证券投资风险也较小,证券市场中投资者投资积极性得以提高,从而增加了对证券的需求,也会促使证券价格上涨;当宏观经济运行较差时,经济处于严重失衡,总需求大大超过总供给,这将表现为高的通货膨胀率,这时

大多数企业经营将面临困境，居民实际收入也将降低，证券投资风险也较大，证券市场中投资者投资积极性受到挫伤，从而降低了对证券的需求，必将导致证券市场价格下跌。

②通货膨胀　主要是考虑通货膨胀和通货紧缩两种情况。通货膨胀对经济的影响是多方面的，总的看来会影响收入和财产的再分配，影响到社会再生产的正常运行。进而改变人们对物价上涨的预期。因此，通货膨胀因素对股价的影响是复杂的。就股市而言，适度的通货膨胀会使股价波动与之呈现正相关变动，有利于股票价格的上升。但通货膨胀严重时，不仅会对经济产生负面影响，还会使股票价格缩水。

③利率　一国的利率水平将影响企业的经营成果，从而影响到证券资产的价格波动。当利率上升，上市公司的融资成本增加，企业将缩减投资和生产，投资和生产的缩减又势必会影响公司的利润，投资者预期企业盈利水平降低，股票价值下降，股价下跌。反之，利率下降时，公司融资成本较低，公司业绩偏好，促使股价上升。同时，当利率上升时，部分资金从投向股市转向银行储蓄和购买债券，从而会减少市场上的股票需求，也会使股票价格出现下跌。反之，利率下降时，储蓄的获利能力降低，一部分资金又可能从银行和债券市场流向股市，从而增大了股票需求，使股票价格上升。因此，利率与股价运动呈反方向变化是一种较为普遍的现象，投资者应密切关注利率的升降，并对利率的走向进行必要的预测，以便在利率变动之前，对股票买卖进行决策。

④失业率　失业率指标对证券市场的影响也是显而易见的，几乎每一次失业率指标的公布，都会引发证券市场的波动。例如，美国劳工部公布了美国2009年6月的失业率从5月的9.4%攀升至9.5%，创下26年以来的最高水平。这份就业报告令市场担心此前对经济复苏前景的预期可能过于乐观，对经济状况尤为敏感的工业和原材料类股因此遭遇沉重打击。到纽约股市2009年7月2日收盘时，道琼斯30种工业股票平均价格指数比前一个交易日跌223.32点，收于8280.74点，跌幅为2.63%。标准普尔500种股票指数跌26.91点，收于896.42点，跌幅为2.91%。纳斯达克综合指数跌49.20点，收于1796.52点，跌幅为2.67%。失业率作为宏观经济一个重要指标对证券市场预期产生较强作用。

⑤汇率　对证券市场的影响是多方面的，一般来讲，一国的经济越开放，证券市场的国际化程度越高，汇率变动对证券市场影响越大。汇率与股票的关系较为复杂，当汇率上升，本币贬值，本国产品竞争力强，出口型企业将受益，因而企业的股票价格将上涨；相反，依赖于进口的企业成本增加，利润受损，股票价格将下跌。汇率上升，为维持汇率稳定，政府可能动用外汇储备，抛售外汇，从而将减少本币的供应量，使得证券市场价格持续下跌。理论上说，本币升值时对证券市场形成利好，本币贬值时对证券市场是利空。随着我国的对外开放不断深入，以及世界贸易的开放程度的不断提高，我国股市受汇率的影响也会越来越显著。

⑥财政收支　在开放经济的今天，国际收支状况也会较大影响到证券市场。国际收支差额通过影响一国国内资金供应量，对股价产生间接影响。国际收支如长期保持顺差，大量的外汇储备产生，国内资金供应量增加，可促使股价攀升。反之，国际收支长期保持逆差，大量的外汇储备减少，国内资金供应量减少，则导致股价下跌。如1998年发生的亚洲金融危机，亚洲各国国际贸易环境恶化，国际收支逆差产生，不仅使得大多数国家经济增长不足，还对各国证券市场产生巨大的负面影响。

⑦国际收支　国际收支状况对证券市场的影响是通过贸易差额产生的国际间资本流动及汇率变动影响企业的经营成果方式对一国证券市场产生影响。国际收支差额通过影响一国国内资金供应量，从而对股价产生间接影响。如经常项目和资本项目保持顺差，大量的外汇储备，国内资金供应量增加，使可用于购买股票的资金来源扩大，促使股价上升。而当一国国际收支失衡，热钱大规模撤离，经济体普遍面临资金流出压力，该国证券市场就会出现剧烈波动。在世界经济缓慢复苏，国际金融动荡加剧的背景下，我国作为开放程度越来越高的经济体，跨境资本流动受到在所难免，保持我国国际收支平衡将有助于促进我国证券市场平稳发展。

⑧金融监管　维持证券市场的正常秩序是证券管理机构的任务。当某些股票的市场价格因过度投机而波动过大时，管理机构会通过规定信用贷款限额、提高信用交易的保证金比率、降低抵押证券的抵押率等方法，限制股票交易的规模，平抑股票价格的异常波动。因此，证券管理机构的管制行为也经常是影响股票价格的重要因素。

2015年6月中旬以来中国股市出现剧烈波动，在不到两个月的时间内上证综指下跌超过40%，市值蒸发超过20亿元，占2014年GDP的近30%。可见，我国股市大幅波动足以证明我国证券市场监管体系尚需进一步完善，推进我国资本市场健康、有序发展。相对于2015年的跌宕起伏，2016年A股市场指数表现日趋稳健。正是这一良好的市场运行环境，为证券市场制度和基础设施建设的稳步推进赢得了时间。先是市场体系建设取得新进展，私募市场在阳光化道路上迅速壮大；多层次资本市场体系建设重心继续下移，新三板挂牌企业数超万家。后是基础制度市场化改革深化，证监会对新股、再融资、并购重组各个环节加强监管，优化资源配置，严查高送转减持，把关资金举牌，谨防借壳套利，把社会资金导流到能创造价值的产业和企业；退市制度"落地生根"，助推市场优胜劣汰。同时，市场创新持续推进，新三板分层机制盘活市场存量，多元化的机构投资者将随着市场的极速扩容而迎来黄金发展期。市场对外开放有序拓展，连接深港资本市场的大桥——深港通正式上线，随着互联互通理念的逐步加深，投资和金融自由化突破值得期待。

(2) 政治因素

证券市场价格的波动，除受经济的、技术的和社会心理的因素影响外，还要受政治因素的影响，而且这一因素对证券价格的影响是全面的、整体的和敏感的。所谓政治因素，指的是国内外的政治形势、政治活动、政局变化、国家领导人的更迭、执政党的更替、国家政治经济政策与法律的公布或改变、国家或地区间的战争和军事行为等。这些因素，尤其是其中的政局突变和战争爆发，会引起证券市场价格的巨大波动。上述政治因素中，经常遇到的是国家经济政策和管理措施的调整，这会影响到股份有限公司的外部经济环境、经营方向、经营成本、盈利以及分配等方面，从而直接影响证券市场价格。

(3) 社会心理因素

社会心理因素即投资者的心理变化对证券市价有着很大影响。社会心理因素对证券价格变动的影响主要表现在：如果投资者对某种证券的市场前景过分悲观，就会不顾发行公司的盈利状况而大量抛售手中的证券，致使证券价格下跌。在股票交易市场，很多投资者存在一种盲目跟风心理。这种跟风心理，被人们称之为"羊群心理"。"羊群心理"往往存在于小户持股者身上。这种心理状态往往被一些大投机者所利用，从而引起股价上涨或下跌。投资者的心理状态，是多种因素作用的结果。对于具有不同心理素质的投资者来说，在同样的外部因素的影响下，其心理状态是不一样的。一个成功的股票投资者，除了要求有足够的实践经验和丰富的股市知识外，还必须具有良好的心理素质、稳定的心理机能和对外部的抗干扰能力。

(4) 法律因素

法律因素即一国的法律特别是证券市场的法律规范状况。一般来说，法律不健全的证券市场更具有投机性，震荡剧烈，涨跌无序，人为操纵成分大，不正当交易较多；反之，法律法规体系比较完善，制度和监管机制比较健全的证券市场，证券从业人员营私舞弊的机会较少，证券价格受人为操纵的情况也较少，因而表现得相对稳定和正常。总体上说，新兴的证券市场往往不够规范，而成熟的证券市场法律法规体系则比较健全。

(5) 军事因素

军事因素主要指军事冲突。军事冲突是一国国内或国与国之间、国际利益集团与国际利益集团之间的矛盾发展到无法采取政治手段来解决的最终结果。军事冲突小则造成一个国家内部或一个地区社会经济生活的动荡，大则打破正常的国际秩序。它使证券市场的正常交易遭到破坏，因而必然导致相关的证券价格的剧烈动荡。例如，海湾战争之初，世界主要股市均呈下跌之势，而且随着战局的不断变化，股市均大幅振荡。可见，军事因素会对证券市场形成明显影响。当发现实际上军事不确定因素有升级趋势时，投资需要格外谨慎。

(6) 文化、自然因素

一个国家的文化传统往往在很大程度上决定着人们的储蓄和投资心理，从而影响证券市场资金流入流出的格局，进而影响证券市场价格；证券投资者的文化素质状况则从投资决策的角度影响着证券市场。一般文化素质较高的证券投资者在投资时相对理性，如果证券投资者的整体文化素质较高，则证券市场价格相对稳定；相反，如果证券投资者的整体文化素质偏低，则证券市场价格容易出现暴涨暴跌。在自然方面，如发生自然灾害，生产经营就会受到影响，从而导致有关证券价格下跌；反之，如进入恢复重建阶段，由于投入大量增加，对相关物品的需求也大量增加，从而导致相关证券价格的上升。

5.2.1.2 产业因素

经济发展有其内在的规律，各个不同行业之间也彼此关联、相互影响，在经济发展的不同时期和阶段，不同行业可能会有不同的表现。

(1) 行业周期

行业自身也有产生、发展和衰落的生命周期。一般将行业的生命周期分为初创期、成长期、稳定期和衰退期四个阶段，不同行业经历这四个阶段的长短不一。一般在初创期，盈利少，风险大，因而股价较低；成长期利润大增，风险有所降低但仍然较高，行业总体股价水平上升，个股价格波动较大；在稳定期公司盈利相对稳定，风险较小，股价比较平稳；衰退期的行业通常称为夕阳行业，盈利普遍减少，风险也较大，股价呈跌势。

(2) 产业政策

行业股价变动还受政府产业政策的明显影响，政府通过产业政策鼓励某行业的发展，行业的经营状况和盈利的增加，也提高人们的预期从而使该行业股价上涨。如"十三五"期间,我国大气、水和土壤三大环保攻坚战役也到了关键时期。环保政策不断完善,从加强监测监管、税负平移以税治污,到鼓励 PPP、绿色金融等融资模式,一系列措施将持续优化产业结构、引导资金流入节能环保领域,投资促进环保产业持续健康发展。据此分析,与环保相关的企业将会有较好的发展预期。

5.2.1.3 公司因素

公司因素主要包括与公司业绩及成长性相关的各类因素,公司因素一般只影响特定公司自身的证券价格。公司业绩反映当前企业的经营水平,体现为证券的现价,而公司成长性则反映企业未来发展前景,决定证券价格的长期走势。公司因素通常包括公司的财务状况、公司的盈利能力、股息水平与股息政策、公司资产价值、公司的管理水平、市场占有率、新产品开发能力、公司的行业性质等重要因素。

5.2.1.4 市场因素

市场因素即影响证券市场价格的各种证券市场操作。例如,看涨与看跌、买空与卖空、追涨与杀跌、获利平仓与解套或割肉等行为,不规范的证券市场中还存在诸如分仓、串谋、轮炒等违法违规操纵证券市场的操作行为。一般而言,如果证券市场的做多行为多于做空行为,则证券价格上涨;反之,如果做空行为占上风,则证券价格趋于下跌。由于各种证券市场操作行为主要是短期行为,因而市场因素对证券市场价格的影响具有明显的短期性质。

5.2.2 宏观经济变动与证券市场波动的关系

5.2.2.1 GDP 变动对证券市场的影响

GDP 是一国经济的根本反映。从长期来看,在上市公司的行业结构与该国产业结构基本一致的情况下,股票平均价格的变动与 GDP 的变化趋势是相吻合的,即 GDP 的持续快速增长会带来股票平均价格的持续上升,但并不能简单地认为 GDP 增长,证券市场就必将伴之以上升的走势,实际走势有时可能相反,关键是看 GDP 的变动是否导致各种经济因素(或经济条件)的恶化。以下对几种基本情况进行讨论。

(1) 持续、稳定、高速的 GDP 增长

在这种情况下,证券市场将基于以下原因而呈现上升趋势:①伴随着总体经济增长,上市公司利润持续上升,股息不断增长,投资风险也越来越小,从而公司的股票和债券全面得到升值,证券价格上扬;②人们对经济形势产生了良好的预期,投资积极性得到提高,增加了对证券的需求,供求关系的变化促使股价上升;③随着 GDP 增长,国民收入和个人收不断提高,从而增加证券的需求,导致证券价格上涨。

(2) 高通货膨胀下的 GDP 增长

当经济处于严重失衡的高速增长时,总需求大大超过总供给,表现为高的通货膨胀率,这是经济恶化的先兆,如不及时采取调控措施,必将导致未来的"滞胀"。这时经济中的矛盾会突出表现出来,企业经营环境恶化,居民实际收入也将降低,因而失衡的经济增长必将导致证券市场下跌。

(3) 宏观调控下的 GDP 减速增长

当 GDP 呈失衡增长时,政府可能采取宏观调控措施以维持经济的稳定增长,这样必

然减缓 GDP 的增长速度。如果调控目标得以实现，GDP 仍以适当的速度增长而未导致 GDP 的负增长或低增长，说明宏观调控措施十分有效，这时证券市场也将反映这种好的形势而呈平衡渐升的态势。

(4) 转折性的 GDP 变动

如果 GDP 一定时期以来呈负增长，当负增长速度减缓并呈现向正增长转变的趋势时，表明恶化的经济环境逐步得到改善，证券市场也将由下跌转为上升。如果 GDP 由低速度增长转向高速增长，表明在低速增长中，经济结构得到调整，经济的"瓶颈"制约得以改善，新一轮经济高速增长已经来临，证券市场也将有快速上涨之势。

上述只按一种方向进行分析，实际上，每一点都可沿相反的方向导出相反的结果。一般情况下，证券市场提前对 GDP 的变动做出反映。因此，对 GDP 变动分析时必须着眼于未来，这是最基本的原则。

5.2.2.2 经济周期变动对证券市场的影响

(1) 经济周期的界定

根据宏观经济周期扩张与紧缩，经济周期通常分为繁荣、衰退、萧条和复苏四个阶段。

①繁荣阶段　该阶段因为投资需求和消费需求的不断扩张，往往超过了产出的增长，所以刺激产品的价格就会迅速上涨到较高水平。这个阶段就业率比较高。对于企业而言，它们的生产能力的增长速度开始减速，逐渐面临产能约束，而且通货膨胀的威胁也开始显现。故此，这个时期国民收入较高，生产迅速增加，投资增加，信用扩张，价格水平上升，就业增加，公众对未来经济走向保持乐观态度。

②衰退阶段　该阶段开始于经济周期的高峰之后。这个时候市场需求开始不断萎缩，于是便造成供过于求，企业的盈利能力较弱，连同大宗商品在内的整体物价水平开始不断下跌，大量产品积压，居民收入出现大幅度下降，失业率也在上升，经济增长速度减缓甚至停滞，人们开始对经济丧失信心，甚至产生了恐慌。

③萧条阶段　该阶段供给和需求都处于较低的水平，经济前景还比较迷茫，社会需求不足，失业率处于较高的水平，居民收入下降较多。通常在这种情况下，政府的宏观调控会加以干预，渐渐地减少社会恐慌情绪，从而让人们对未来的信心逐渐恢复，萧条阶段是整个社会经济的探底期，是经济复苏的前奏。

④复苏阶段　经济开始复苏，需求开始释放，生产逐渐活跃，价格水平趋稳并进入上升区间。同时经济的增长率可能由负转正，由慢变快，并且逐渐提高，失业率下降，居民收入开始增多，人们对未来经济的预期转为乐观。由于此时企业闲置的生产能力还没有完全释放，周期性的扩张也变得强劲，所以在这个阶段，企业的利润也开始大幅增长。复苏阶段往往要依赖于政府一系列的调控手段来刺激经济发展。

上述四个阶段就是整个经济周期的循环过程。掌握经济周期的规律，关注经济周期各阶段的经济指标的变动，对证券市场投资决策是很有必要的。

(2) 经济周期对证券市场价格变动的影响

证券市场的运行与宏观的经济运行通常是一致的，经济的周期决定证券市场的周期。同时，证券市场周期的变化也预示了经济周期发生了变动。实证研究显示，证券市场尤其是股票市场的波动超前于经济波动。往往在经济还没有走出谷底时，股价已经开始回升，这主要是由于投资者对经济周期向好的预期所引起的。由于驱动经济周期的转换的因素不同，因而经济周期对股市的影响也会千差万别。

当经济处于繁荣时期，企业的商品生产能力与产量大增，商品销售状况良好，企业开始大量盈利，股息、红利相应增多，股票价格上涨至最高点，此时明智投资者逃顶，部分投资者追涨；当经济开始衰退之后，企业的产品滞销，利润相应减少，促使企业减少产量，从而导致股息、红利也随之不断减少，大部分投资者抛售，使股票价格下跌；当经济衰退后处于萧条期时，整个经济生活处于瘫痪状况，大量的企业倒闭，股票持有者由于对形势持悲观态度，大部分投资者纷纷逃离卖出手中的股票，从而使整个股市价格大跌，少部分低位吸纳；当经济衰退后处于复苏期时，经济周期经过最低谷之后又出现缓慢复苏的势头，随着经济结构的调整，商品开始有一定的销售量，企业又能开始给股东分发一些股息红利，股东慢慢觉得持股有利可图，于是投资者纷纷购买，使股价缓缓回升。

通过1998—2016年我国GDP累计同比上涨与上证指数同比上涨走势图可见，当经济增速加快时，上证指数也趋于较快上升，如2002—2007年；当经济增速放缓和下降时，上证指数也趋于下跌，如2007年下半年至2008年（图5-1）。可见，经济周期发生了变动会影响证券市场呈现周期性的变动。

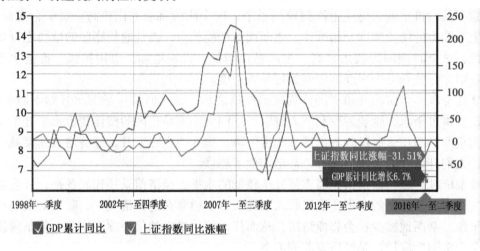

图 5-1　GDP 累计同比上涨与上证指数同比上涨走势图

5.2.2.3　通货膨胀对证券市场的影响

通货膨胀是影响股票市场价格的一个重要宏观经济因素。这一因素对股票市场趋势的影响比较复杂，它既有刺激股票市场的作用，又有压抑股票市场的作用。通货膨胀主要是由于过多地增加货币供应量造成的。货币供应量与股票价格一般呈正比关系，即货币供给量增大使股票价格上升；反之，货币供给量缩小则使股票价格下降。但在特殊情况下又有相反的趋势。因此，对影响进行分析必须从该时期通货膨胀的原因、通货膨胀的程度，配合当时的经济结构和形势，以及政府可能采取的干预措施等方面的分析入手。

温和、稳定的通货膨胀对证券价格上扬有推动作用。这种类型的通货膨胀，通常被理解是一种积极的经济政策结果，旨在调整某些商品的价格并以此推动经济的增长。在这种情况下，某些行业、产业和上市公司因受政策的支持，其商品价格有明显的上调，销售收入也随之上升，公司业绩提高，促使其证券价格上涨。但与此同时，一部分上市公司得不到政策支持，其业绩承受向下调整的压力，其证券价格也有较大幅度的下降。因此，以温和、稳定的通货膨胀来刺激经济，其初始阶段将会导致证券市场各品种之间的结构性调整。如果通货膨胀在一定范围内存在，经济又处于比较景气（扩张）阶段，产量和就业都持续增长，证券价格也会稳步攀升。但是严重通货膨胀是非常危险的，因为此时的价格被严重扭曲，货币不断大幅度贬值，人们为资金保值而囤积商品、购买房产，资金相应流出资本市场，证券价格随之下跌；同时，扭曲的经济失去效率，企业难以筹集到必要的生产资金，而且原材料、劳动力价格飞涨，使企业经营严重受损，盈利水平下降，甚至倒闭。政府不能容忍通货膨胀的存在，又必然会运用宏观经济政策抑制通胀，其结果是置企业于紧缩的宏观形势中，这又势必在短期内导致企业盈利的下降，资金进一步逃离资本市场，证券市场的价格又会形成新一轮的下跌。

通货膨胀时期，并不是所有价格和工资都按同一比率变动，而是相对价格发生变化。这种相对价格变化引致财富和收入的再分配，因而一部分公司获利而一部分公司受损，上市公司的证券价格也会相应发生变动。通货膨胀使得各种商品的价格具有更多的不确定性，使企业未来经营具有更大的风险性，从而影响投资者的心理和预期，并可能导致证券价格的暴涨或暴跌。显然，在适度通货膨胀的刺激下，人们为了避免损失，将资金投入证券市场，同时通货膨胀初期物价上涨，也刺激了企业利润增加，证券价格相应看涨；但持续通货膨胀的存在，提高了企业成本，遏制了商品需求，企业收支状况恶化，证券价格下跌。此时，如果政府再采取严厉的紧缩政策，必然使企业经营环境进一步恶化，证券价格不可避免地下跌。

5.3 宏观经济政策对证券市场的影响

宏观经济政策是指国家或政府运用一定的政策工具，调节控制宏观经济的运行，以达到一定的政策目标。宏观当局常常会基于对不同市场的政策目标以及根据市场的具体波动状况，相应采取不同的政策措施，而这些政策措施，通过不同的渠道传递到相关的市场，进而影响到相关市场的运行状况。宏观经济政策主要包括产业政策、货币政策、财政支出政策、税收收入政策等。由于我国证券市场起步较晚，并且处于不断创新发展阶段。因此，宏观经济政策因素对我国证券市场起着极为重要的作用。

5.3.1 货币政策对证券市场产生的影响

货币政策是指中央银行通过控制货币供应量来调节利率进而影响投资和整个经济以达到一定经济目标的经济政策。货币政策按照调节货币供应量的程度分为紧缩性的货币政策和扩张性的货币政策。

5.3.1.1 货币政策对证券市场产生影响的机理

扩张性货币政策即中央银行一般通过在市场上购买国债、降低贴现率或存款准备金率，来加大货币的投放，以增加货币的供给。货币供给的增加将使利率下降，一方面将为企业提供充足的资金，获利能力增强，个人收入也随之增长；另一方面会促使一部分资金从银行流入证券市场，增加对证券的需求；同时利率的下降，也增加了证券的内在价值。以上都将促进证券市场价格的上升。反之，紧缩性货币政策下中央银行一般通过在市场上卖出国债、提高贴现率或存款准备金率，来收缩银根，以减少货币的供给。货币供给的减少将使利率上升，一方面将使企业面临资金紧张的压力，获利能力减小，个人收入也随之减少；另一方面会促使一部分资金从证券市场流入银行，降低对证券的需求；同时利率的上升，也降低了证券的内在价值。以上都将导致证券市场价格下跌。

5.3.1.2 货币政策对证券市场调整的工具

一般情况下，中央银行的货币政策工具主要有：法定存款准备金率、再贴现率和公开市场业务。现阶段，中国的货币政策工具还有对商业银行的信贷规模控制、差别化的存款准备金率、基准利率控制等。

(1) 法定存款准备金率

存款准备金是指金融机构为保证客户提取存款和资金清算需要而准备的在中央银行的存款，中央银行要求的存款准备金占其存款总额的比例就是存款准备金率。法定存款准备金率的调整直接影响整个经济和社会心理预期，其作用效果十分明显。通过货币乘数影响货币供给，即使是存款准备金的小幅调整，也会引起货币供应量的巨大波动。因而，世界各国央行对这一货币政策工具的运用始终持谨慎态度。

从理论上看，存款准备金率调整与股票价格指数的影响是反向的关系。当中央银行提高存款准备金率时，商业银行可放贷的资金量减少，从基本面意味着企业获取资金的难度增加，从资金面也意味着流入股市的资金规模的下降，股指下跌；当中央银行降低存款准备金率时，从基本面将意味着企业获取资金的难度降低，从资金面也意味着流入股市的资金规模增加，股指上升。从我国历次存款准备金率调整对股市的影响来看，存款准备金率的高低与股指的运行方向并非呈现出绝对的反向运动，特别是在 2007—2008 年价格泡沫形成和破灭的时期，当股价呈现出单边上行或下行的趋势时，存款准备金的调整对股价指数的反向影响被价格非理性的上涨或下跌掩盖，见表 5-1。

表 5-1 历次存款准备金率调整后对股市影响一览表

公布日	大型金融机构(%)			中小金融机构(%)			股市	
	调整前	调整后	幅度	调整前	调整后	幅度	沪指(%)	方向
2012 年 2 月 4 日	20	19.5	-0.5	16.5	16	-0.5	-0.96	反向
2012 年 5 月 12 日	20.50	20	-0.50	17.00	16.50	-0.50	-0.60	反向
2012 年 2 月 18 日	21	20.50	-0.50	17.50	17.00	-0.50	0.30	反向
2011 年 11 月 30 日	21.50	21	-0.50	18	17.50	-0.50	2.29	反向
2011 年 6 月 14 日	21	21.50	0.50	17.50	18	0.50	-0.95	反向
2011 年 5 月 12 日	20.50	21	0.50	17.00	17.50	0.50	0.95	正向
2011 年 4 月 17 日	20	20.50	0.50	16.50	17.00	0.50	0.22	正向

(续)

公布日	大型金融机构(%)			中小金融机构(%)			股市	
	调整前	调整后	幅度	调整前	调整后	幅度	沪指(%)	方向
2011年3月18日	19.50	20.00	0.50	16.00	16.50	0.50	0.08	正向
2011年2月18日	19.00	19.50	0.50	15.50	16.00	0.50	1.12	正向
2011年1月14日	18.50	19.00	0.50	15.00	15.50	0.50	-3.03	反向
2010年12月20日	18.00	18.50	0.50	14.50	15.00	0.50	1.41	正向
2010年11月19日	17.50	18.00	0.50	14.00	14.50	0.50	0.81	正向
2010年11月10日	17.00	17.50	0.50	13.50	14.00	0.50	1.04	正向
2010年5月2日	16.50	17.00	0.50	13.50	13.50	0.00	-1.23	反向
2010年2月12日	16.00	16.50	0.50	13.50	13.50	0.00	-0.49	反向
2010年1月12日	15.50	16.00	0.50	13.50	13.50	0.00	-3.09	反向
2008年12月22日	16.00	15.50	-0.50	14.00	13.50	-0.50	-4.55	正向
2008年11月26日	17.00	16.00	-1.00	16.00	14.00	-2.00	-2.44	正向
2008年10月8日	17.50	17.00	-0.50	16.50	16.00	-0.50	-0.84	正向
2008年9月15日	17.50	17.50	0.00	17.50	16.50	-1.00	-4.47	正向
2008年6月7日	16.50	17.50	1.00	16.50	17.50	1.00	-7.73	反向
2008年5月12日	16.00	16.50	0.50	16.00	16.50	0.50	-1.84	反向
2008年4月16日	15.50	16.00	0.50	15.50	16.00	0.50	-2.09	反向
2008年3月18日	15.00	15.50	0.50	15.00	15.50	0.50	2.53	正向
2008年1月16日	14.50	15.00	0.50	14.50	15.00	0.50	-2.63	反向
2007年12月8日	13.50	14.50	1.00	13.50	14.50	1.00	1.38	正向
2007年11月10日	13.00	13.50	0.50	13.00	13.50	0.50	-2.40	反向
2007年10月13日	12.50	13.00	0.50	12.50	13.00	0.50	2.15	正向
2007年9月6日	1.00	12.50	0.50	12.00	12.50	0.50	-2.16	反向
2007年7月30日	11.50	12.00	0.50	11.50	12.00	0.50	0.68	正向
2007年5月18日	11.00	11.50	0.50	11.00	11.50	0.50	1.04	正向
2007年4月29日	10.50	11.00	0.50	10.50	11.00	0.50	2.16	正向
2007年4月5日	10.00	10.50	0.50	10.00	10.50	0.50	0.13	正向
2007年2月16日	9.50	10.00	0.50	9.50	10.00	0.50	1.41	正向
2007年1月5日	9.00	9.50	0.50	9.00	9.50	0.50	2.49	正向

(2) 公开市场业务

公开市场业务是中央银行在金融市场上买卖政府债券来控制货币供给和利率的政策行为，是中央银行控制货币供给量的重要和常用的工具。当政府倾向于实施较宽松的货币政策时，中央银行会大量购进有价证券，从而使市场上货币供给量增加。这会推动利率下调，资金成本降低，从而企业和个人的投资和消费热情高涨，生产扩张，利润增加，这又会推动股票价格上涨；反之，股票价格将下跌。同时，公开市场业务对证券市场的影响，还在于中央银行的公开市场业务的运作是直接以国债为操作对象,从而直接关系到国债市场的供求变动,影响到国债价格的波动。

我国央行从 1998 年开始建立公开市场业务一级交易商制度,选择了一批能够承担大额债券交易的商业银行作为公开市场业务的交易对象。从交易品种看,央行公开市场业务债券交易主要包括回购交易、现券交易和发行中央银行票据。其中回购交易分为"正回购"和"逆回购"两种,正回购为央行向一级交易商卖出有价证券,并约定在未来特定日期买回有价证券的交易行为,正回购为央行从市场收回流动性的操作,正回购到期则为央行向市场投放流动性的操作;逆回购为央行向一级交易商购买有价证券,并约定在未来特定日期将有价证券卖给一级交易商的交易行为,逆回购为央行向市场上投放流动性的操作,逆回购到期则为央行从市场收回流动性的操作。2017 年 2 月 3 日,央行公开市场操作,进行 200 亿元七天期逆回购操作,中标利率 2.35%;100 亿元 14 天期逆回购操作,中标利率 2.5%;200 亿元 28 天期逆回购操作,中标利率 2.65%,中标利率较之前均提高 10 个基点。在 2017 年 1 月 24 日,央行开展 MLF 操作较之前中标利率均上升 10 个基点。央行同时上调常备借贷便利(SLF)利率,调整后隔夜、七天、一个月利率分别为 3.1%、3.35% 和 3.7%。公开市场业务会影响货币供给量,从而影响证券价格。

(3) 利率

从理论上看,利率调整与股票价格指数的运行方向应该是反向的。对于股票资产而言,利率上升,上市公司的融资成本增加,企业将缩减投资和生产,投资者预期企业盈利水平降低,股票价值下降,股价下跌;利率下降,上市公司的融资成本降低,将刺激企业投资和生产,投资者预期企业盈利水平提高,股票投资价值上升,股价上涨。从我国历次利率调整对股市的影响来看,利率的高低与股指的运行方向并非呈现出绝对的反向运动,特别是后来被证实为价格泡沫形成和破灭的时期,当价格呈现出单边上行或下行的趋势时,利率调整对股票价格指数的反向影响被价格的非理性上涨或下跌所掩盖,见表 5-2。

表 5-2 央行历次调息时间表及对股市影响

数据上调时间	存款基准利率(%)			贷款基准利率(%)			调息次日指数涨跌		
	调整前	调整后	幅度	调整前	调整后	幅度	上证指数(%)	深圳成指(%)	方向
2015 年 3 月 1 日	2.75	2.5	-0.25	5.60	5.35	-0.25	0.78	1.07	反向
2014 年 11 月 22 日	3	2.75	-0.25	6	5.65	-0.4	1.85	2.95	反向
2012 年 7 月 6 日	3.25	3	-0.25	6.31	6	-0.31	-2.37	-2	正向
2012 年 6 月 8 日	3.50	3.25	-0.25	6.56	6.31	-0.25	1.07	1.47	正向
2011 年 7 月 7 日	3.25	3.50	0.25	6.31	6.56	-0.25	0.13	0.09	反向
2011 年 4 月 6 日	3.00	3.25	0.25	6.06	6.31	0.25	0.22	1.18	正向
2011 年 2 月 9 日	2.75	3.00	0.25	5.81	6.06	0.25	1.59	3.07	反向
2010 年 12 月 26 日	2.50	2.75	0.25	5.56	5.81	0.25	-1.90	-2.02	反向
2010 年 10 月 20 日	2.25	2.50	0.25	5.31	5.56	0.25	-0.68	-0.14	正向
2008 年 12 月 23 日	2.52	2.25	-0.27	5.58	5.31	-0.27	-1.76	-1.54	正向
2008 年 11 月 27 日	3.60	2.52	-1.08	6.66	5.58	-1.08	-2.44	-0.37	反向

(续)

数据上调时间	存款基准利率(%)			贷款基准利率(%)			调息次日指数涨跌		方向
	调整前	调整后	幅度	调整前	调整后	幅度	上证指数(%)	深圳成指(%)	
2008年10月30日	3.87	3.60	-0.27	6.93	6.66	-0.27	-1.97	-1.15	正向
2008年10月9日	4.4	3.87	-0.27	7.20	6.93	-0.27	-3.57	-5.52	正向
2008年9月16日	4.14	4.14	0.00	7.47	7.20	-0.27	-4.47	-0.89	正向
2007年12月21日	3.87	4.14	0.27	7.29	7.47	0.18	2.60	2.05	正向
2007年9月15日	3.60	3.87	0.27	7.02	7.29	0.27	2.06	1.54	正向
2007年8月22日	3.33	3.60	0.27	6.84	7.02	0.18	1.05	1.77	正向
2007年7月21日	3.06	3.33	0.27	6.57	6.84	0.27	3.81	5.38	正向
2007年5月1日	2.79	3.06	0.27	6.39	6.57	0.18	1.04	1.4	正向
2007年3月18日	2.52	2.79	0.27	6.12	6.39	0.27	2.87	1.59	正向
2006年8月19日	—	—	0.27	—	—	0.27	0.20	—	正向
2006年4月28日	—	—	—	—	—	0.27	-0.96	—	反向
2004年10月29日	—	—	0.27	—	—	0.27	-1.58	—	反向
1993年7月11日	—	—	1.80	—	—	—	-2.65	—	反向
1993年5月15日	—	—	2.18	—	—	0.82	-2.35	—	反向

通过表5-2可以看出，在2007—2008年股票价格泡沫形成和破灭的时期，在价格出现过度上涨时，即使央行上调基准利率，但此时是股票价格单边上行时期，利率和股票价格表现为正向关系的假象；同理，当价格出现恐慌性的暴跌时，即使央行下调基准利率，也不能阻止股票价格单边下跌的趋势，利率和股票价格也表现为正向相关的假象。除去2007年和2008年的极端时期，可以发现利率调整与股票价格走势仍然是反向关系居多。

5.3.2　财政政策对证券市场产生的影响

财政政策是通过财政收入和财政支出的变动来影响宏观经济活动水平的经济政策。财政政策的主要手段有三个，即改变政府购买水平、改变政府转移支付水平和改变税率。

5.3.2.1　财政政策对证券市场影响的机理

一般来说，宽松的财政政策刺激经济发展，证券市场走强。而紧缩的财政政策将使得过热的经济受到控制，证券市场也将走弱。这些手段可以单独使用，也可以配合协调使用。财政预算政策、税收政策除了通过预算安排的松紧、课税的轻重影响到财政收支的多少，进而影响到整个经济的景气外，更重要的是对某些行业、某些企业带来不同的影响。如果财政预算对能源、交通等行业在支出安排上有所侧重，将促进这些行业的发展，从而有利于这些行业在证券市场上的整体表现。同样，如果国家对某些行业、某些企业实施税收优惠政策，诸如减税、提高出口退税率等措施，那么这些行业及其企业就会处于有利的经营环境，其税后利润增加，该行业及其企业的股票价格也会随之上扬。另外，针对证券投资收入的所得税的征收情况则对证券市场具有更直接的影响。一些新兴市场国家为了加快发展证券市场，在一个时期内免征证券交易所得税，这将加速证券市场的发展和完善。

国债的发行对证券市场资金的流向也有较大影响,如果一段时间内,国债发行量较大且具有一定的吸引力,将分流股票市场的资金。财政补贴会使相关企业获益,财政管理体制的主要功能是调节各地区、各部门之间的财力分配,转移支付制度的主要功能是调整中央政府与地方政府之间的财力纵向不平衡以及调整地区间财力横向不平衡,这些都会影响到相关地区和行业的景气度。

5.3.2.2 财政政策手段对证券市场的影响

财政政策工具也称财政政策手段,是指国家为实现一定财政政策目标而采取的各种财政手段和措施。通过财政政策手段的运用,证券市场价格会受到影响。

(1) 改变政府的购买水平

政府购买是社会总需求的一个重要组成部分。扩大政府购买水平,能增加政府在道路、桥梁、港口等基础设施领域的投资,可直接增加相关产业(如水泥、钢铁、建材、机械等产业)的产品需求,这些产业的发展又形成对其他产业的需求,以乘数的方式促经济发展,公司利润上升,居民收入水平提高,促使证券价格上扬。减少政府购买水平的效应正好相反。

(2) 改变政府转移支付水平

政府转移支付政策是通过政府为企业、个人或下级政府提供无偿资金援助,以调节社会分配和生产的政策。如对居民的补助,对企业的投资补助、限价补助、进出口补助等,都会直接促进企业生产发展或保证企业利润的提高。政府转移支出本身具有直接影响国民收入分配的功能。改变政府转移支付水平主要从结构上改变社会购买力状况,从而影响总需求。提高政府转移支付水平,会使一部分人的收入水平提高,也间接促进了公司利润的增长,因而有助于证券价格上扬;反之证券价格下跌。

(3) 改变税率

税率是对征税对象的征收比例,也是衡量税负轻重与否的重要标志。首先,利率水平与公司的融资成本成正比,降低利率会相应减少公司的利息负担,增加公司盈利,从而促进股票价格上升。其次,降低利率会使部分投资者将储蓄转化为投资,增加股票需求,有助于股票价格上涨。一般而言,利率对证券市场的影响是较为明显的,其反应也是迅速的。

另外,针对投资者相关交易的税率,将直接影响到投资者交易成本,从而影响到交易的意愿,也影响股票价格。如通过印花税的调整激活低迷股票市场或抑制过热股票市场。我国开征股票交易印花税以来,根据股市的实际情况对印花税进行了以下调整:1991年10月,鉴于股市持续低迷,深证交易所将印花税税率下调为3‰。在随后几年的股市中,股票交易印花税成为重要的市场调控工具。1997年,为抑制投机、适当调节市场供求,国务院首次做出上调股票交易印花税的决定,为平抑过热的股市,自5月10日起,股票交易印花税税率由3‰上调至5‰。1998年6月12日,为活跃市场交易,又将印花税率由5‰下调为4‰。1999年6月1日,为拯救低迷的B股市场,国家又将B股印花税税率由4‰下降为3‰。2001年11月16日,财政部调整证券(股票)交易印花税税率,对买卖、继承、赠与所书立的A股、B股股权转让书据,由立据双方当事人分别按2‰的税率缴纳证券(股票)交易印花税。2005年1月24日,下调股票交易印花税,执行1‰税率。2007

年经国务院批准,财政部决定从 2007 年 5 月 30 日起,调整证券股票交易印花税税率,由现行 1‰调整为 3‰,即对买卖、继承、赠与所书立的 A 股、B 股股权转让书据,由立据双方当事人分别按 3‰的税率缴纳证券股票交易印花税。2008 年 4 月 24 号起,调整证券(股票)交易印花税率,由 3‰调整为 1‰。2008 年 9 月 19 日起,由双边征收改为单边征收,税率保持 1‰,由出让方按 1‰的税率缴纳股票交易印花税,受让方不再征收。可见,印花税调整有效地对我国股票市场进行了适时的调控,保证了我国资本市场持续、健康的发展。

5.3.3 汇率政策对证券市场产生的影响

在开放经济条件下,汇率对经济的影响十分显著。汇率的高低将影响资本的国际流动,也会影响本国的进出口贸易。如果以单位外币的本币标值来表示汇率,那么汇率对证券市场的影响主要有以下几个途径:

①汇率上升,本币贬值,本国产品的竞争力增强,出口型企业将受益,因而此类公司的证券价格就会上扬;相反,进口型企业将因成本增加而受损,此类公司的证券价格将因此而下跌。汇率下跌的情形与此相反。

②汇率上升,本币贬值,将导致资本流出本国。因此,本国的证券市场需求减少,价格下跌;反之,汇率下降,则资本流入本国,本国的证券市场将因需求旺盛而价格上涨。

为了消除汇率变动对本国经济的消极影响,本国中央政府常常对汇率的变动进行干预,这种干预政策也会对本国的证券市场产生影响。当汇率上升时,为保持汇率稳定,政府可能动用外汇储备,即抛出外汇,购进本币,从而减少本币的供应量,使证券价格下跌。

由此可见,汇率的变动和汇率政策的调整与实施主要是从结构上影响证券市场,一方面引起本国证券市场和外国证券市场的相对变化;另一方面引起本国证券市场上出口型企业和进口型企业证券价格的相对变化。

▲ 知识拓展

美国大选"惊吓"全球市场

北京时间 2016 年 11 月 9 日,唐纳德·特朗普赢得第 45 任美国总统大选当日,市场避险情绪高涨,纳斯达克指数期货触及熔断,跌幅 5.08%;标普 500 指数期货一度跌 5%,触及熔断;道琼斯指数期货现跌 4.3%。日经 225 指数跌幅扩大至 5.5%,日本东证指数跌幅扩大至 5%;澳元/日元日内跌幅近 6%,为 2010 年以来的最大单日跌幅。恒生指数当早高开 0.61%,重返 23 000 点之上,开盘后掉头向下,最高跌逾 800 点,午后港股继续下跌,最高跌近 1000 点,失守 22 022 点。

美国大选搅动全球市场,A 股市场紧跟外围市场大跌,黄金板块逆势大涨,沪指一度跌近 2%报 3097 点。墨西哥比索兑美元跌超 13%。

(来源:腾讯财经,2016)

八成 PPP 概念上市公司业绩正增长

PPP(Public-Private-Partnership)，即公私合作模式，是公共基础设施中的一种项目融资模式。在该模式下，鼓励私营企业、民营资本与政府进行合作，参与公共基础设施的建设。

PPP 是国家推动基建的重要模式，国家接连出台 PPP 政策如项目管理实施办法、资产证券化等推动 PPP 模式发展，预计 2017 年会是项目落地高峰期。2016 年为 PPP 大年，PPP 概念股成为资本市场中的一道风景线，被投资者所青睐。数据显示，A 股共有 82 家 PPP 概念上市公司，2016 年，受益于 PPP 项目的增量推出和落地，在 2015 年还是亏损的七家公司中，2016 年业绩预计大增，其中有六家公司已经成功扭亏，成功扭亏的公司分别是腾达建设（600512）、国中水务（600187）、中毅达（600610）、国统股份（002205）、棕榈股份（002431）、新筑股份（002480）。据《证券日报》统计，64 家发布 2016 年业绩预告的 PPP 概念上市公司中，有五家公司表示业绩预减，14 家公司业绩预增，六家扭亏、一家续亏，一家首亏，四家续盈，五家预减，28 家预增。也就是说，81% 的 PPP 概念股在 2016 年保持了业绩的同比增长。根据公司业绩变动原因可见，PPP 项目对上市公司扭亏起到了积极的作用。其中，腾达建设业绩预告显示，公司预计 2016 年 1~12 月，归属于上市公司股东的净利润为 8000 万元至 8600 万元，较上年同期增长 380%~400%。国统股份发布的业绩扭亏公告显示，公司预计 2016 年 1~12 月，公司归属于上市公司股东的净利润盈利 500 万元至 1500 万元。

（来源：证券日报，2017）

思考题

一、名词解释

先行指标，同步指标，滞后指标，宏观经济周期，财政政策，货币政策，汇率政策。

二、简答题

1. 简述宏观经济分析在证券投资中的意义。
2. 宏观经济形势的基本变量有哪些？
3. 简述影响证券市场价格变动的主要因素。
4. 简述宏观经济周期对证券市场价格的影响。
5. 简述通货膨胀对证券市场的影响。
6. 财政政策的变动对证券价格有何影响？
7. 货币政策的变动对证券市场价格有何影响？
8. 汇率政策的变动对证券市场价格有何影响？

第6章 证券投资的行业分析

本章提要

行业分析构成证券投资基本分析的主要内容之一。通过本章学习，了解行业分析的意义和行业分析的主要任务，掌握行业划分的方法，重点掌握经济周期与行业分析、行业的生命周期分析、行业的市场结构和竞争结构分析等行业分析的内容和方法，要求对影响行业发展的主要因素、行业投资的选择等内容进行全面把握。

6.1 行业分析概述

6.1.1 行业的定义

所谓行业，是指从事国民经济中同性质的生产或其他经济社会活动的经营单位和个体等构成的组织结构体系，如林业、汽车业、银行业、房地产业、餐饮业等。行业的发展状况对于该行业上市公司的影响非常巨大，从某种意义上说，投资某上市公司，实际上就是以某行业为投资对象。

从严格意义上来讲，行业与产业有差别，主要是适用范围不一样。产业是指一个企业群体。在这个企业群体中，各成员企业由于其产品在很大程度上的可相互替代性而处于一种彼此紧密联系的状态，并且由于产品可替代性的差异而与其他企业群体相区别。因此，产业作为经济学的专门术语，有更严格的使用条件。构成产业一般具有以下三个特点：一是规模性；二是职业化；三是社会功能性。

行业虽然也拥有职业人员，也具有特定的社会功能，但一般没有规模上的约定。例如，国家机关和党政机关行业就不构成一个产业。证券投资分析师关注的往往都是具有相当规模的行业，特别是含有上市公司的行业，所以在业内一直约定俗成地把行业分析与产业分析视为同义语。

从证券投资分析的角度看，行业分析主要是界定行业本身所处的发展阶段和其在国民经济中的地位，同时对不同的行业进行横向比较，为最终确定投资对象提供准确的行业背景。行业分析的重要任务之一就是挖掘最具投资潜力的行业，并在此基础上选出具有投资价值的上市公司。

6.1.2 行业分析的意义和主要任务

6.1.2.1 行业分析的意义

宏观经济分析主要分析了社会经济的总体状况，但没有对总体经济的各组成部分进行具体分析。宏观经济的发展水平和增长速度反映了各组成部分的平均水平和速度，但各个组成部分的发展却有很大的差别，并非都是总体水平相一致。实际上，总是有些行业的增长快于宏观经济的增长，而有些行业的增长慢于宏观经济的增长。

从证券投资分析的角度看，宏观经济分析是为了掌握证券投资的宏观背景条件，把握证券市场的发展趋势，但宏观经济分析并没有为投资者指出具体的投资领域和投资对象。对证券投资者而言，要对投资的具体领域和具体对象加以选择，除了提供宏观经济分析之外，更需要深入的行业分析和公司分析。

行业分析的意义表现为：①行业分析是对上市公司进行分析的前提，也是连接宏观经济分析和上市公司分析的桥梁，它是基本分析的重要环节。②行业是决定上市公司投资价值的重要因素之一。每个行业都有自己特定的生命周期，处在生命周期不同发展阶段的行业，其投资价值是不一样的；在国民经济中具有不同地位的行业，其投资价值也是不一样。例如，在宏观经济运行态势良好、经济迅速增长、效益提高的情况下，有些部门的增长与国民生产总值、国内生产总值增长同步，有些部门则高于或低于国民生产总值、国内生产总值的增长。因此，公司的投资价值可能会由于所处行业不同而有明显差异。

在证券投资分析中，行业分析和公司分析是相辅相成的。一方面，上市公司的投资价值可能会因为所处行业的不同而产生差异；另一方面，同一行业内的上市公司也会千差万别。

6.1.2.2 行业分析的主要任务

行业分析是连接宏观经济分析和公司分析的桥梁，在证券投资分析中占有非常重要的地位，它与公司分析是相辅相成的。行业分析的主要任务包括：解释行业本身所处的发展阶段及其在国民经济中的地位；分析影响行业发展的各种因素并判断其对行业影响的力度；预测行业的未来发展趋势，揭示行业投资风险，判断行业投资价值，从而为政府部门、投资者及其他机构提供投资决策依据。

6.1.3 行业的分类

在国民经济中，各个产业的发展很不平衡。一些产业如日中天，一些产业则苟延残喘；一些产业的增长与国民生产总值的增长保持同步，一些产业的增长高于国民生产总值的增长，而另一些产业的增长则低于国民生产总值的增长。由于这一现象的存在，要选择适当的产业进行投资，就有必要对产业进行有效的分类和分析研究。

对产业的分类目前有多种方法，如联合国标准产业分类法、我国的国民经济产业分类法等。

6.1.3.1 标准行业分类法

为便于汇总各国的统计资料并进行相互对比，联合国经济和社会事务统计局制定了《全部经济活动国际标准行业分类》(以下简称《国际标准行业分类》)，该分类将国民经济划分为10个门类：①农业、畜牧狩猎业、林业和渔业；②采矿业及土、石采掘业；③制造业；④电、煤气及水的生产和供应业；⑤建筑业；⑥批发和零售业、饮食和旅馆业；⑦运输、仓储和邮电通信业；⑧金融、保险、房地产和工商服务业；⑨政府、社会和个人服务业；⑩其他。对每个门类再划分为大类、中类、小类。

6.1.3.2 我国国民经济行业的分类

1985年，我国国家统计局明确划分三大产业。农业为第一产业；工业和建筑业为第二产业；第一、二产业以外的各行业定义为第三产业，主要是指向全社会提供各种各样的劳务的服务性行业。第三产业的内涵非常丰富，而且随着生产力的发展，它所包括的细分行业也不断增多，因而它是一个发展性概念。

1994年颁布的中华人民共和国国家标准《国民经济行业分类与代码》（GB/T 4754—1994）是第一次修订，对我国国民经济行业分类进行了详细的划分，将社会经济活动划分为门类、大类、中类和小类四级，即16个门类，90多个大类，360多个中类，840多个小类。2002年进行第二次修订，2011年进行第三次修订。

经过调整与修改，新标准共有行业门类20个，行业大类95个，行业中类396个，行业小类913个，基本反映出我国目前行业结构状况。其中，大的门类从A到T分别为：A：农、林、牧、渔业；B：采掘业；C：制造业；D：电力、煤气及水的生产和供应业；E：建筑业；F：交通运输、仓储及邮政业；G：信息传输、计算机和软件业；H：批发和零售业；I：住宿和餐饮业；J：金融业；K：房地产业；L：租赁和商务服务业；M：科学研究、技术服务与地质勘查业；N：水利、环境和公共设施管理业；O：居民服务和其他服务业；P：教育；Q：卫生、社会保障和社会福利业；R：文化、体育和娱乐业；S：公共管理和社会组织；T：国际组织。

6.1.3.3 从证券市场角度进行的产业分类

从证券投资的角度来看，一般的投资者关心的只是他们的证券投资是否能保值增值。因此，证券市场的产业分类要重点反映产业的盈利前景。产业的发展前景与许多因素有关，因此从证券市场角度进行产业的分类也有多重标准。

（1）根据产业的发展与国民经济周期性变化的关系分类

①成长型产业　成长型产业的运动状态与经济活动总水平的周期及其振幅无关。这些产业销售收入和利润的增长速度不受宏观经济周期性变动的影响，特别是经济衰退的消极影响。它们依靠技术进步，推出新产品，提供更优质的服务及改善经营管理，可实现持续成长。例如，在过去的几十年内，计算机、信息产业和生物制药产业就是典型的成长型产业。

②周期型产业　周期型产业的运动状态直接与经济周期相关。当经济处于上升时期，这些产业会紧随其扩张；当经济衰退时，这些产业也相应跌落。产生这种现象的原因是，当经济上升时，对这些产业相关产品的购买被延迟到经济改善之后，如珠宝业、耐用品制造业及其他依赖于需求的具有收入弹性的产业就属于典型的周期性产业。

③防御型产业　防御型产业与周期型产业刚好相反，这种类型产业的运动状态并不受经济周期的影响。也就是说，无论宏观经济处在经济周期的哪个阶段，产业的销售收入和利润均呈缓慢增长态势或变化不大。正是由于这个原因，对其投资便属于收入投资，而非

资本利得投资。例如,食品业和公用事业就属于防御型产业,因为社会需求对其产品的收入弹性较小,所以这些公司的收入相对稳定。

④成长周期型产业　这种类型的产业既含有成长状态,又随经济周期而波动。许多产业都属于这种类型。

(2) 根据产业未来可预期的发展前景分类

根据产业未来可预期的发展前景,可以分为朝阳产业和夕阳产业。朝阳产业是指未来发展前景看好的产业,如目前的信息产业。朝阳产业尽管发展前景一片光明,但在创立之初常常十分弱小,此时它又被称为幼稚产业。夕阳产业是指未来发展前景不乐观的产业,如目前的钢铁业、纺织业。朝阳产业和夕阳产业的划分具有一定的相对性。一个国家或地区的夕阳产业在另一个国家或地区则可能是朝阳产业,如化工产业在发达国家已是夕阳产业,而在我国则被认为是朝阳产业。

(3) 按照产业所采用技术的先进程度分类

按照产业所采用技术的先进程度,可分为新兴产业和传统产业。新兴产业是指采用新兴技术进行生产、产品技术含量高的产业,如电子业。传统产业是指采用传统技术进行生产、产品技术含量低的产业,如资源型产业。由于技术的不断更新和发展,新兴产业和传统产业之间的区分是相对的。目前,两者之间的区分是以第三次技术革命为标志的,以微电子技术、基因工程技术、海洋工程技术、太空技术等为技术基础的产业称为新兴产业,而以机械、电子等为技术基础的产业称为传统产业。新兴产业和传统产业内部也可进一步分类。一般新兴产业多为朝阳产业,传统产业多为夕阳产业。

(4) 按照产业的要素集约度分类

按照产业的要素集约度,可以分为资本密集型产业、技术密集型产业和劳动密集型产业。资本密集型产业是指需要大量资本投入的产业,技术密集型产业的技术含量较高,而劳动密集型产业主要依赖于劳动力。它们之间并没有严格的界限,有些产业同时是资本密集型产业和技术密集型产业,如汽车业。一般由于通常情况下资本是不可替代的短缺资源,因而资本密集型产业容易产生垄断;技术密集型产业由于技术的不断更新,容易导致十分残酷的竞争;至于劳动密集型产业,由于劳动是一种可替代性较强的生产要素,它特别容易受到技术革新的冲击。

(5) 证监会的行业分类

按照证监会的行业分类方法,我国上市公司的行业分类以上市公司营业收入为分类标准,所采用的财务数据为经会计师事务所审计的合并报表数据。当上市公司某类业务的营业收入比重大于或等于50%,则将其划入该业务相对应的行业。当上市公司没有一类业务的营业收入比重大于或等于50%,但某类业务的收入和利润均在所有业务中最高,而且均占到公司总收入和总利润的30%以上(包括本数),则该公司归属该业务对应的行业类别。不能按照上述分类方法确定行业归属的,由上市公司行业分类专家委员会根据公司实际经营状况判断公司的行业归属;归属不明确的,划为综合类。由此,上市公司可分为19大类:①农、林、牧、渔业;②采矿业;③制造业;④电力、热力、燃气及水生产和供应业;⑤建造业;⑥批发和零售业;⑦交通运输、仓储和邮政业;⑧住宿和餐饮业;⑨信息传输、软件和信息技术服务业;⑩金融业;⑪房地产业;⑫租赁和商务服务业;⑬科学研究和技术服务业；⑭水利、环境和公共设施管理业；⑮居民服务、修理和其他服务业；⑯教育；⑰卫生和社会工作；⑱文化、体育和娱乐业；⑲综合类。

值得注意的是，在全球金融市场中最负盛名的道琼斯指数所做的产业分类相对而言较为简单。道琼斯分类法将股票分为三类，即工业、运输业和公用事业，然后选取有代表性的股票。虽然入选的股票并不涵盖这类行业中的全部股票，但足以代表该行业的变动趋势，具有相当的代表性。在道琼斯指数中，工业类股票取自工业部门的 30 家公司，包括了采掘业、制造业和商业；运输业类股票取自 20 家交通运输业公司，包括了航空、铁路、汽车运输与航运业；公用事业类股票取自 6 家公用事业公司，主要包括电话公司、煤气公司和电力公司等。

6.1.4 产业的基本特性分析

产业的基本特性分析一般包括产业的特性、发展规模和利润水平等方面内容。

6.1.4.1 产业的特性

产业分析首先要对产业的特性进行分析，对产业特性的分析可以通过回答以下问题来完成：

①本产业在工业生产总过程中处于什么位置？产业范围包括哪些？

②本产业有什么资本需求？产业中的企业所需的资源是属于资金密集型、技术密集型还是劳动密集型的？

③本产业与经济周期有什么关系？是成长型产业、周期型产业还是防御型产业？

④本产业是完全竞争型产业还是垄断竞争型产业？抑或是寡头垄断、完全垄断型产业？

⑤本产业的主要厂商有哪些？主导产品有什么？

⑥本产业所需要的主要原材料是什么？主要供求商有哪些？

⑦本产业的技术总体水平如何？产业的主要技术特点是什么？

⑧本产业的技术将朝什么方向发展？

6.1.4.2 产业的发展规模

产业的发展规模直接决定着产业未来的发展前景以及产业内公司成长的空间。对产业本身的需要、资源供应以及产业的生产能力则对产业的发展规模有着直接的影响，对产业发展规模的分析可以重点围绕以下几个问题展开：

①社会对产业的产品或服务的需求总量是多少？需求的趋势如何？影响需求的重要因素有哪些？

②产业的资源(包括自然资源、资本资源和人力资源等)供应状况如何？

③产业目前的总生产能力，包括设计能力、实际能力有多大？生产能力是过剩还是不足？

6.1.4.3 产业的利润水平

产业的利润水平决定着产业的吸引力以及产业的竞争状况。产业的利润水平在很大程度上决定着一个企业的价值。对产业利润水平的分析可以通过回答以下几个问题来实现：

①产业的毛利率，净资产收益率现状如何？未来的发展趋势如何？

② 本产业的历史经营业绩如何？其变动的主要原因是什么？

③ 本产业中的财务指标(如毛利率、资本收益率、每股平均收益、流动比率、速动比率、存货周转率等)的平均水平如何？

④ 本产业的长期利润前景如何？产业利润率的预期变动趋势？

6.2 行业生命周期分析

6.2.1 经济周期与行业分析

经济周期变化一般会对行业的发展产生影响，但影响的程度不尽相同。根据经济周期与行业发展的相互关系，可将行业划分为成长型行业、周期型行业和防御型行业三种类型。

6.2.1.1 成长型行业

成长型行业的发展一般与经济周期的变化没有必然的联系。这些行业较快的发展速度主要依靠技术进步、新产品的开发和更优质的服务。在经济高涨时，它的发展速度通常高于平均水平；在经济衰退时期，它所受影响较小甚至仍能保持一定的增长。例如，在过去的几十年内，计算机和打印机制造业就是典型的成长型行业。投资者对高增长的行业十分感兴趣，主要是因为这些行业对经济周期波动来说，提供了一种财富的"套期保值"的手段，且选择该行业进行投资可以分享行业增长的利益。

6.2.1.2 周期型行业

周期型行业的运动状态直接与经济周期相关。当经济处于上升时期，这些行业会紧随其扩张；当经济衰退时，这些行业也相应跌落。产生这种现象的原因是，当经济上升时，对这些行业相关产品的购买相应增加，如消费品业、耐用品制造业及其他需求的收入弹性较高的行业。

6.2.1.3 防御型行业

防御型行业的特征是受经济周期的影响小，它们的商品往往是生活必需品或是必要的公共服务，公众对它们的商品有稳定的需求，因而行业中有代表性的公司盈利水平相对也较稳定。这些行业往往不因经济周期变化而出现大幅度变动，甚至在经济衰退时也能取得稳步发展。食品业和公用事业就属于这一类行业。投资者投资于该行业一般属于收入型投资，而非资本利得型投资。

了解经济周期与行业的关系，是为了使投资者认清经济循环的不同表现和不同阶段，顺势选择不同行业进行投资。当经济处于上升、繁荣阶段时，投资者可选择投资周期型行业证券，以谋取丰富的资本利得；当经济处于衰退阶段时，投资者可选择投资防御型行业证券，以获得稳定的适当的收益，并可减轻所承受的风险。

6.2.2 行业的生命周期分析

通常，每个行业都要经历一个由成长到衰退的发展演变过程，这个过程便被称为行业的生命周期。一般来说，行业的生命周期可分为四个阶段，即初创期、成长期、成熟期和衰退期。

由于行业生命周期各阶段的风险和收益状况不同，而证券投资的目的就是在尽可能小的风险条件下获取最大的收益，因此，处于行业生命周期不同阶段的产业在证券市场上的表现就会有较大的差异。

6.2.2.1 初创期

在行业初创期，由于新行业刚刚诞生或初建不久，只有为数不多的创业公司投资于这个行业，且创业公司的研究和开发费用较高，而大众对其产品尚缺乏全面了解，产品市场需求狭小，市场风险很大；营业收入较低，财务状况较差，甚至出现较大亏损；信用的不足又使创业公司缺乏强劲的资本基础，还可能因财务困难而引发破产风险。因此，初创期是一个风险大、收益小的时期，期间的主要风险为技术风险和市场风险。

处于初创期的行业，由于行业创立不久，厂商较少，收益较少甚至亏损，因而在传统的证券市场上是不符合上市条件的。为了满足这些产业发展对资本的需求，推进经济结构的调整和升级，除风险投资基金外，许多国家和地区纷纷创立上市条件有别于传统证券市场的、便于新兴产业上市融资的新型证券市场，如美国的 NASDAQ 市场、香港的创业板市场、中国深交所创业板等，这些新型证券市场最重要的上市条件之一就是尽管目前企业状况可能不佳，但对企业未来发展的前景看好。正是基于对未来高成长的预期，一些处于初创期的产业的证券表现常常极为出色。例如，美国的网络股雅虎(Yahoo)，其股价曾以每笔交易上扬几十美元的速度上涨，最高价达 300 多美元，但此时其业绩尚处于亏损状态，之后又曾在一个交易日内下跌数十美元。由于这种价格的大幅扬升没有业绩基础，加之初创期产业的风险较大，证券价格的大幅波动也是不可避免的，因而必然是投机性的。初创期企业更适合投机者和创业投资者。

6.2.2.2 成长期

成长期是产业发展的黄金时代。在成长期，企业的生产技术逐渐形成，产业的发展已得到普遍认可，市场急剧扩张，销售收入迅猛增长，而技术的成熟化、产品的多元化和标准化使成本大幅度降低。因而，处于此阶段的产业不仅业绩优良，而且高速成长。但产业内部发展并不均衡，资本、技术实力雄厚且营销管理水平较高的大公司处于竞争的有利地位，而规模较小，管理、营销水平不高的中小公司则处于相对不利的地位，常常倒闭或被兼并。因而成长期的主要风险在于管理风险和市场风险。

处于成长期的产业由于利润快速成长，因而其证券价格也呈现快速上扬趋势。由于证券价格的上涨有业绩为基础，所以这种证券价格的上扬是明确的，并且具有长期性质。证券价格也会因对未来成长的过度预期和对这种过度预期的纠正而出现中短期波动。另外，由于在产业快速成长的同时产业内部会出现厂商之间的分化，相应地，证券价格也表现为在某一成长性产业中的部分证券价格快速上涨的同时，个别证券却表现不佳。

6.2.2.3 成熟期

行业的成熟期是一个相对较长的时期。当产业处于成熟期时，市场规模虽然有可能在成长，但增速已缓甚至负增长，产品价格通常已趋稳定，同时降低成本的空间也已十分有限，因而产业的利润进入一个稳定期。此时，产业的垄断局面已经形成，垄断利润非常丰厚，而技术风险和市场风险已基本消除。因此，成熟期的风险较小、收益较高。

处于成熟期的产业是蓝筹股的集中地。由于处于成熟期的产业垄断已经形成，产业发展的空间已经不大，所以产业快速成长的可能性已经很小，但一般能保持适度成长，而且垄断利润丰厚。所以，其证券价格一般呈现稳步攀升之势，大涨和大跌的可能性都不大，颇具长线持筹的价值。

6.2.2.4 衰退期

处于衰退期的产业，即使还健在，也只能维持正常的利润水平。因此，对衰退型产业的业绩是不应该寄予厚望的。衰退型产业面临的最大问题是它的市场正在被新产品、新产业一点点地分割，因而尽管衰退型产业内部的竞争压力并不大，但来自其他产业的竞争压力并不小，这毕竟是一个资本净流出的产业。由此可见，衰退期产业的主要风险是生存风险，但产业内部的风险较小，同时收益也小。

在很多情况下，行业的衰退期往往比行业生命周期的其他三个阶段的总和还要长，大量的行业都是衰而不亡，甚至会与人类社会长期共存，例如，钢铁业、纺织业在衰退，但是人们却看不到它们的消亡。因此，行业生命周期分析并非适用于所有行业，有的行业的产品是生活和生产不可缺少的必需品，有漫长的生命周期，有的行业则由于高科技含量高，需要高额成本、专利权和高深的知识来阻碍其他厂商的进入和竞争，但行业生命周期分析仍然适用于大部分行业。

处于衰退期的产业由于已丧失发展空间，所以在证券市场上全无优势，是绩平股、垃圾股的摇篮。一般情况下，这种产业的股票常常是低价股，不引人关注。但在我国目前的现实情况下，由于上市资格控制较严，因此衰退型产业的上市证券虽然也常常为低价股、绩差股或绩平股，但常常因买壳、借壳或资产重组而出现飙升行情。这一状况可能会随着证券发行审核制度的改革而逐渐消失。

6.3 行业结构分析

6.3.1 行业市场结构分析

现实中各行业的市场都是不同的，即存在着不同的市场结构。市场结构就是市场竞争或垄断的程度。根据该行业中企业数量的多少、进入限制程度和产品差别，行业基本上分为以下四种市场结构。

6.3.1.1 完全竞争市场

完全竞争市场结构是指许多企业生产同质产品的市场情形，它具有以下特点：①生产者众多，各种生产资料可以完全流动；②产品不论有形或无形的，都是同质的、无差别的；③没有一个企业能够影响产品的价格；④企业永远是价格的接受者而不是的制定者；⑤企业的盈利基本由市场对产品的需求来决定；⑥生产者和消费者对市场的情况非常了解，并可以自由进入或退出这个市场。

完全竞争的根本特点在于，企业的产品无差异，所有的企业都无法控制产品的市场价格。这些特征决定了该类行业经营业绩波动较大，股票价格受此影响波动也较大，投资风险相对较高。在现实经济中，完全竞争是四种市场类型中最少见的，小麦等初级产品的市场类型近似于完全竞争。

6.3.1.2 不全完竞争或垄断竞争市场

不完全竞争市场结构是最常见的。在不完全竞争市场上，每个企业都在市场上具有一定的垄断力，但它们之间又存在激烈的竞争，造成这种市场结构的原因是产品的差异。它具有以下特点：①生产者众多，各种生产资料可以流动。②生产的产品同种但不同质，即产品之间存在着差异。产品的差异性是指各种产品之间存在着实际或想象上的差异。这是垄断竞争与完全竞争的主要区别。③由于产品差异的存在，生产者可以树立自己产品的信誉，从而对其产品的价格有一定的控制能力。

可以看出，不完全竞争行业中有大量企业，但没有一个企业能有效地影响其他企业的行为。这一特征决定了这类企业的分化较大。生产规模大、质量好、服务优、品牌知名度高的企业在同行业中具有较强的竞争能力，受此影响，其经营业绩一般较好且相对稳定，投资风险相对较小。如制成品的市场一般都属于这种类型。

6.3.1.3 寡头垄断市场

寡头垄断市场结构是指相对少量的生产者在某种产品的生产中占据很大市场份额的情形。其特点是企业数量较少，但产量很大；进入该行业的门槛较高，一般为资金密集型或技术密集型，往往由于资金、技术等因素限制了新企业的进入，因而，个别企业对其产品价格有较强的控制能力，如汽车制造、飞机制造、钢铁冶炼等行业。

6.3.1.4 完全垄断市场

完全垄断市场结构是指独家企业生产某种特质产品的情形。特质产品是指那些没有或缺少相近替代品的产品。完全垄断可以为两种类型：一是政府完全垄断，如国有铁路、邮电、彩票等部门；二是私人完全垄断，如根据政府授予的特许专营或根据专利生产的独家经营以及由于资本雄厚、技术先进而建立的排他性的私人垄断经营。它具有以下特点：

①由于市场被独家企业所控制，产品没有或缺少合适的替代品，因此垄断者能够根据市场的供需情况制定理想的价格和产量，以获取最大的利润。

②垄断者在制定产品的价格与生产数量方面的自由性是有限制的，要受到反垄断法和政府管制的约束。

在现实经济生活中，公用事业（如发电厂、煤气公司、自来水和邮电通信等）和某些资本、技术高度密集型或稀有金属矿藏的开采等行业属于这种完全垄断的市场类型。

6.3.2 行业竞争结构分析

产业的竞争状况将会影响这个产业的整体获利水平。对产业竞争状况的分析一般采用哈佛大学教授迈克尔·波特的五种竞争力模型（一般简称"五力模型"）。他认为，在任何产业中，无论是国内还是国外，无论是生产一种产品还是提供一项服务，竞争规律都属于五种竞争力量之中，即潜在进入者的威胁、购买方的议价能力、供应商的议价能力、替代产品的威胁和现有竞争者的威胁。这五种基本竞争力量的状况及其综合强度决定着产业内竞争的激烈程度和产业内的企业可能获利的潜力，同时也决定着产业的发展方向、产业竞争的强度和获利能力。

6.3.2.1 潜在进入者的威胁

潜在进入者是指那些可能进入产业参与竞争的企业或公司。这些企业或公司进入一个产业后,将造成此产业的竞争环境改变,产业内原有公司的市场占有率将因此有所变动。潜在进入者的可能威胁,取决于进入产业的障碍程度。进入产业障碍越大,潜在进入者就越难进入或不想进入,从而对产业构成的威胁就越小。

形成进入障碍的因素主要有以下几种:

①规模效应　规模效应是进入产业的重要障碍,产业的规模效应要求新入企业与现有企业具有同等的生产与经营规模,否则将面临生产成本和营销成本上的竞争劣势。

②品牌效应　品牌或形象是潜在进入者进入产业的主要障碍之一,特别是饮料、医药和化妆品产业,新入企业不得不花费大量的投资与时间,建立自己的产品(或品牌)形象。

③专有技术和资金投入规模　当产品的生产和经营涉及专有知识,则通过专利或保密方法也可构成产业壁垒。另外,有些产品属资金密集型,高额的资金投入对后来者也制造出较高的进入障碍,如采矿、钢铁和汽车产业等。

④分销渠道　分销渠道也是进入产业的重要障碍,新入企业必须通过价格折让、广告宣传或大量营销推广活动,才有可能挤占一定的市场份额或将自己的产品摆上商场的货架,新入企业可利用的分销渠道越少,现有竞争者对分销渠道控制得越紧,进入产业的障碍越大。

⑤政府的政策和法律规定　政府可以通过项目审批或控制某些企业进入某些产业,也可以利用环境污染控制或安全标准限制等措施来限制或控制某些企业进入某些产业。

6.3.2.2　购买方的议价能力

如果购买方的议价能力很高,则公司在销售时处于不利地位,这将会影响公司的获利能力。通常来说,购买方的议价能力取决于下列因素:购买方的规模大小,产业内公司数量的多寡,购买方信息取得的难易程度,产品标准化程度等。

在下述条件下,购买方具有较高的议价能力:①相较卖方的销量而言,购买是大批量和集中进行的;②买方从产业中购买的产品占其成本或购买数额的相当部分;③买方购买的是标准的或非差异化产品(投入品);④产品对购买方产品的质量及服务无重大影响;⑤买方的转换成本低;⑥买方有能力采取后向联合或一体化,买方可以以"自己生产"这一筹码作为讲价手段;⑦买方掌握了充分的信息,如成本结构、价格行情等。

6.3.2.3　供应商的议价能力

供应商是向企业及其竞争对手供应它们为生产特定的产品和劳务所需各种资源的工商企业及个人。供方力量的强弱主要取决于他们所提供给买方的是什么投入要素,当供方所提供的投入要素其价值构成了买方总成本的较大比例、对买方产品生产过程非常重要或严重影响买方产品质量时,供方对于买方的潜在讨价还价能力就大大增强。在下列情况下,供应商有较强的议价能力:供方行业由几家大公司控制;供方在向买方销售时,无须与替代产品竞争;该买方并非供方的主要客户;供方产品是买方业务的主要投入品;买方转换供应商的费用较高等。

6.3.2.4　替代产品的威胁

替代产品或服务并非要在形式上与现有产品或服务相同,而是指与现有产品或服务的功能相同或能满足同样需求的产品或服务。例如,石油与煤炭、钢与铝、咖啡与茶叶、天然原料与合成原料、公路运输与铁路运输等均可互为替代。替代产品或服务的出现会对现有产品或服务形成一定威胁和压力。波特指出,替代产品的状态决定了产业中企业可谋取利润的上限,从而限制一个产业的潜在收益。

一般来说,替代产品产业影响被替代产品产业的因素主要有技术发展程度、替代产品的功能、现有产品功能是否能提升等。

6.3.2.5 现有竞争者的威胁

企业间的竞争往往是五种力量中最重要的一种。通常说来,产业的利润率水平主要取决于业内现有公司的竞争状况。产业内竞争的方式包括价格竞争和非价格竞争,非价格竞争通常是广告战、产品形象、产品设计、产品引进、销售渠道、增加售后服务等。其竞争强度是由相互作用的结构性因素决定的。导致竞争强度大的因素主要包括:行业进入障碍较低;众多的或势均力敌的竞争对手;产业增长缓慢;产品或服务的差异化小;高固定成本或高库存成本;竞争者企图采用降价等手段促销;退出壁垒比较高等。

6.3.3 影响行业兴衰的其他因素

行业生命周期勾勒出了一个行业发展的基本轨迹,但是一个行业的发展很大程度上更取决于其所处的环境。如政府政策、技术进步、产业组织创新等因素都对行业的发展有着深刻影响。

6.3.3.1 政府的影响

政府的影响作用是相当广泛的。实际上,各个行业都要受到政府的管理,只是程度不同而已。如果政府要鼓励某一行业的发展,可通过补贴、税收优惠、保护某一行业的附加法规等措施来实现,通常这些措施对刺激该行业的股价上涨都起到了相应的效果。相反,如果政府在考虑到生态、安全、企业规模和价格因素后要对某些行业实施限制时,如对该行业的融资进行限制,提高该行业的公司税收等,会加重该行业的负担,并对行业的短期业绩产生副作用,使该行业股票价格下跌。

政府实施管理的主要行业是:①公用事业,如煤气、电力、供水、排污、邮电通信、广播电视等;②运输部门,如铁路、公路、航空、航运和管道运输等;③金融部门,如银行、证券公司、保险业等金融机构以及高科技领域。另外,政府除了对这些关系到国计民生的重要行业进行直接管理外,通常还制定有关的反垄断法来间接地影响其他行业。

6.3.3.2 技术因素的影响

当今社会科技发展迅速,技术进步为经济的发展提供了强大的基础,也促进了行业的加速更新和升级。可以说,行业生命周期在这样的环境下已变成了技术生命周期的更替。技术是推动经济增长的决定性因素之一,因而技术进步是影响行业发展的最主要因素。技术进步一方面推动现有行业的技术升级,甚至可以使处于衰退期的行业获得新的竞争力;另一方面也决定了新行业的兴起和旧行业的衰亡,即它往往催生了一个新的行业,同时迫使一个旧的行业加速进入衰退期。第二次世界大战后工业发展的一个显著特点是,新技术在不断地推出新行业的同时,也在不断地淘汰旧行业。如大规模集成电路计算机代替了一般电子计算机,通信卫星代替了海底电缆等。这些新产品在定型和大批量生产后,市场价格大幅度地下降,从而很快就能被消费者使用。上述这些特点使得新兴行业能够很快地超过并代替旧行业,或严重威胁原有行业的生存。当然,新旧行业并存是未来全球行业发展

6.3.3.3 产业组织创新的影响

推动产业形成和产业升级的重要力量就是产业组织创新，产业组织创新包括持续的技术创新和服务创新。

缺乏产业组织创新的行业，如我国20世纪末期的建筑业、纺织业等，由于技术壁垒较低，市场竞争以价格竞争为主，其行业平均利润水平较低，缺乏增长潜力。产业组织创新活跃的行业主要有计算机行业、生物医药行业和通信行业，这些行业的新技术和新产品不断涌现，使其能够获得超额创新利润。

6.3.3.4 社会倾向的影响

由于工业化给社会与环境带来种种负面影响，当今社会消费者和政府越来越强调经济行业所应负担的社会责任。特别是在西方国家，这种日益增强的社会意识对许多行业已经产生了明显的作用。在发展中国家也正日益受到重视，如大众环保意识的觉醒则推动了环保产业的迅速发展。防止环境污染、保持生态平衡已经成为工业化国家的一个重要的社会趋势，因此与保护生态平衡相关的一些行业会不断产生并得到迅速发展。

6.3.3.5 相关行业变动因素的影响

相关行业变动对股价的影响一般表现在三个方面：

①如果相关行业的产品是该行业生产的投入品，那么相关行业产品价格上升，就会造成该行业的生产成本提高，利润下降，从而股价会出现下降趋势；反之亦然，如钢材价格上涨，就可能会使生产汽车的公司股票价格下跌。

②如果相关行业的产品是该行业产品的替代产品，那么若相关行业产品价格上涨，就会提高对该行业产品的市场需求，从而使市场销售量增加，公司盈利也因此提高，股价上升；反之亦然，如茶叶价格上升，可能对经营咖啡制品的公司股票价格产生利好。

③如果相关行业的产品与该行业生产的产品是互补关系，那么相关行业产品价格上升，对该行业内部的公司股票价格将产生不利影响。如1973年石油危机爆发后，美国消费者开始偏爱小汽车，结果对美国汽车制造业形成相当大的打击，其股价大幅下跌。

6.4 行业投资选择

6.4.1 行业投资选择的目的

一般来说，投资者投资选择的期望是以最小的投资风险获得最大的投资回报，因此在投资决策中，应选择增长型行业和在行业生命周期中处于成长期和稳定期的行业，这就要求投资者应仔细研究要投资公司所处的行业生命周期及行业特征。

需要说明的是，对处于不同发展水平的不同国家的经济，以及处于不同发展阶段的同一国家的经济而言，同一行业可能生命周期也不同。

6.4.2 行业投资选择的原则

(1) 选择有发展潜力的行业投资

一是顺应产业结构的演进趋势。产业生命周期的存在是产业结构形成和演进的基础；

产业生命周期各阶段的更替使产业自身的业绩呈现阶段性变化，因此应把握各产业的相对业绩和地位的不断变化。二是关注产业的国际比较优势和劣势。在全球经济一体化的过程中，按照产业结构演进趋势应当快速发展的产业在有些国家却发展迟缓；相反，应当限制发展的产业在有些国家却快速发展，这样就使得同一产业因在不同国家或地区发展，其生命周期进程会有所不同，从而形成了各个国家不同产业的国际比较优势和劣势。

(2) 具体情况区别对待

由于行业生命周期各阶段的风险和收益状况不同，因此，处于行业生命周期不同阶段的产业在证券市场上的表现就会有较大的差异。行业生命周期分析对投资者而言，关键在于帮助投资者选择合适的投资对象和投资时机。总之，对处于生命周期不同阶段的产业，投资者的偏好不同、资金的性质不同，投资的产业选择应有所不同。

(3) 把握国家政策导向

一是关注国家的产业政策。国家的产业政策对产业结构的发展方向和演进趋势具有明显的导向作用。证券市场常常会因国家某一产业政策的颁布和实施发动一段主流行情或引起某一板块的上扬。二是理解国家的产业政策。国家对某一产业的倾斜和扶持政策，在很大程度上表明这一产业有更多的发展机会；国家对某一产业的限制政策，则意味着要封杀这一产业的发展空间。因此，在顺应产业结构演进趋势的同时，正确理解和把握国家的产业政策对于进行成功的证券投资十分重要。

6.4.3 行业投资选择的方法

随着我国证券市场的发展，投资者如何在众多行业中选择呢？通常用两种方法来衡量：一是将行业的增长情况与国民经济的增长速度进行比较，从中找出成长型行业；二是利用行业历年的销售业绩、盈利能力等历史资料分析过去的增长情况，并预测行业未来的发展趋势。

6.4.3.1 行业增长比较分析

判定某行业是否属于增长型行业，可用该行业历年的统计资料与国民经济综合指标相对比来判断。首先取得该行业历年销售额或营业收入的可靠数据并计算出年变动率，与国民生产总值增长率、国内生产总值增长率进行比较，确定该行业是否属于周期性行业。其次，比较该行业销售额的年增长率与国民生产总值或国内生产总值的年增长率。若该行业大多数年份的增长率均大于国民生产综合指标的增长率，则该行业属于增长型行业；反之，该行业的年增长率与国民经济综合指标的增长率持平甚至偏低，则说明这一行业与国民经济同步增长或增长过缓。通过以上分析，基本上可判断某行业的增长性。但需要说明的是观察期不能太短，否则可能会引起判断失误。

6.4.3.2 行业未来增长率的预测

进行行业投资选择的核心问题是投资者必须了解和分析行业未来的增长，即对行业未来的发展趋势做出预测。目前经常被使用的方法有两种：一种方法是描绘出行业历年销售额与国民生产总值的关系曲线，即行业增长的趋势线，根据国民生产的计划指标或预计值可以预测行业的未来销售额。另一种方法是利用行业自身历年增长率计算历史的平均增长率和标准差，从而在一定置信区间内估计出未来增长率。如果某一行业与居民基本生活资料相关,也可以利用历史资料计算人均消费量及人均消费增长率,再利用人口增长资料预测行业的未来增长。

6.4.4 行业投资策略的选择

结合经济周期性的波动,行业投资策略选择的关键在于对经济周期各阶段的预测,当对经济前景持乐观态度时,选择周期性行业,以获取更大的回报率;而当对经济前景持悲观态度时,选择投资防守型行业以稳定投资收益;同时,选择一些增长型的行业加以投资。投资者在进行投资决策之前,只有借助对欲投资企业所属行业的考察,才能判断市场是否高估或低估了其证券及该行业的潜力和发展潜力,进而确定该证券的价格是否合理。

当然,一个行业在过去某段时间的业绩并不能完全代表未来表现的趋势,因而,投资者还应考虑其他因素,结合其他影响进行综合分析,即通过广泛收集信息,系统地评估该行业,投资者才能进行正确的行业分析,从而最终做出明智的行业投资选择。

知识拓展

新版补贴政策公布,2017年新能源汽车行业将迎健康有序发展

中国财政部、科技部、工业和信息化部、国家发展和改革委员会于2016年12月30日公布了《关于调整新能源汽车推广应用财政补贴政策的通知》,调整后的新能源汽车补贴标准将于2017年1月1日起实施。

新版新能源汽车补贴政策正式公布,虽然整体上的补贴额度退坡,技术门槛提高,但是新能源汽车支持方向终于明确,总体偏利好。补贴政策的调整将倒逼车企专注技术研发并不断提升自身综合实力,技术落后、产能低端、以套利为目的的企业将面临很大的困难和淘汰的风险,重视研发、技术领先、产品高端的企业将迎来乱象后的新一轮成长机遇,新能源汽车行业将迎来健康有序发展。

一、乘用车补贴方式调整较小,补贴幅度下调符合预期,支持高能量密度路线

依旧按照续航里程作为主要参考,根据续航里程($100 \leq R < 150$,$150 \leq R < 250$,$R \geq 250$),补贴标准分别是2万、3.6万和4.4万,相比于2016年的补贴额度都下调了20%。同样,插电式乘用车(含增程式)补贴额度也下调了20%。新补贴政策要求纯电动乘用车动力电池系统的质量能量密度不低于90Wh/kg,而对高于120Wh/kg的按1.1倍给予补贴,支持高能量密度技术路线,利好三元电池板块。

二、客车补贴方式调整较大,补贴幅度下调较大,技术门槛明显提升

新版新能源客车补贴按"补贴金额=车辆带电量×单位电量补贴标准×调整系数"进行计算,补贴方式调整较大,通过能量密度水平、充电倍率、节油率等因素确定车辆补贴标准。新政策将纯电动客车分为非快充和快充两个类别。6~8m、8~10m、10m以上的非快充纯电动补贴上限的下调幅度分别达到70%、50%、40%。补贴额度下调幅度大对客车企业影响较大。新政策要求整车单位载质量能量消耗量E不得高于0.24Wh/(km·kg),电池系统总质量占整车整备质量比例不得超过20%,技术要求较2016年补贴政策大幅提高。

三、新能源货车和专用车补贴分段超额累退，市场向上空间大

新能源货车和专用车以电池总储电量为依据，相比于2016年的不同之处在于采取分段超额累退方式给予补贴。其中补贴幅度下调16%~44%。2017年补贴标准，总储电量越低，获得补贴标准越高，但由于新能源货车和专用车在续驶里程上要求很高，这将促使车企提升技术，降低耗电量来满足政策和市场的要求。纯电动物流车具有路权优势，市场需求空间巨大，2016年由于补贴的不明确导致新能源物流车的发展受限，预计2017年会有较大幅度的增长。

（来源：联讯证券，2017）

思考题

一、名词解释

成长型产业，周期型产业，防御型产业，朝阳产业，夕阳产业，完全竞争，不完全竞争，寡头垄断，完全垄断，行业生命周期。

二、简答题

1. 简述行业分析的意义和主要任务。
2. 简述从证券市场角度进行行业分类的方法。
3. 怎样进行证券投资的行业分析？
4. 谈谈经济周期对行业有什么影响？如何对行业自身的生命周期进行分析？
5. 为什么产业的证券市场表现与业绩水平并不一一对应？
6. 产业的竞争结构如何影响产业的发展方向、产业竞争的强度和获利能力？
7. 影响行业兴衰的主要因素有哪些？
8. 详细阅读一份券商的产业分析报告，写出你的阅读感想和体会。
9. 根据行业分析的基本方法，选取某一行业对其投资价值进行剖析，并给出投资建议。

第7章 证券投资的公司分析

本章提要

宏观经济分析和行业分析是证券投资基本分析的开始环节和中间环节,而最终环节是公司分析。公司分析主要包括公司基本状况分析、公司财务分析和公司重大事项分析。通过本章学习,要求掌握公司基本状况分析的主要内容,重点掌握公司财务分析方法和财务比率分析的主要内容,熟悉公司重大事项分析的主要内容。

7.1 公司分析概述

7.1.1 公司分析的意义

判断投资环境需要进行宏观经济分析;选择投资领域需要进行中观行业分析;而选择具体的投资对象则需要进行微观层面的上市公司分析。公司分析主要包括基本状况分析和财务状况分析两个方面。通过公司基本状况分析,投资者可以了解到公司在行业内所处的地位、经营情况和未来的发展与成长潜力。在公司分析中,最重要的是财务状况分析。通过公司财务分析,投资者可以具体了解到公司的过往财务状况与盈利能力。只有通过以上两方面的分析,投资者才可以确定对该公司股票的具体投资决策。

7.1.2 公司分析的基本途径

7.1.2.1 资料收集

资料的收集可以通过以下途径实现:关注各类媒体发布和报道中有关公司的信息;查看上市公司的门户网站,了解公司最新动向;从中国证监会网站、交易所网站了解上市公司信息,包含年报、季报和公告;通过股票软件及软件的信息整理功能,了解公司的财务状况、新上项目、关联企业等信息;关注最新的自媒体信息或微信公众号中有关公司的最新动向。

7.1.2.2 走访和调查

通常经过资料的收集可以大体了解到企业的基本情况,但是很多细节如员工士气、企业文化、管理层的决策风格等则需要进行走访和调查。走访和调查同时还包括公司所属产业的整体历史沿革和未来发展前景,公司的优势和劣势,公司产品在市场上的受欢迎程度,公司人力资源结构及制度,公司的研发与产品开发重点,公司的景气程度等内容。

7.2 公司基本状况分析

7.2.1 公司行业竞争地位分析

上市公司在行业中的地位通常决定着该公司竞争能力的强弱。通常行业内竞争地位较强的公司更容易获得较高的市场份额,公司盈利能力也较强,股票价格较为稳定,股票升值空间也较大,更受投资者的青睐。投资者可以将预计投资的若干公司的行业竞争地位进行排序,选择行业竞争力强或者正在走强的公司作为投资目标。通常公司行业竞争地位表现在公司的资本规模、公司产品市场占有率、公司财务绩效、公司的技术革新水平等方面。

7.2.1.1 公司资本规模

资本规模大的公司可以充分调动资金优势,进行公司并购和重组,形成更强的市场支配力量。某些拥有巨大资本规模的跨国公司甚至可以直接决定世界市场上产品或服务的价格动向。因此,公司资本规模往往直接反映公司的市场竞争地位。但是资本的规模也需要和资本的利用效率结合起来进行分析。某些行业(如钢铁、化工、造船、汽车等行业)的资本规模巨大,但对资本消耗也较为巨大,产业链相对较长,如果对资本的利用没有形成规模效应,也很容易陷入亏损。因此,投资者通常会综合考虑上市公司的资本规模和资本利用效率来进行投资。

7.2.1.2 公司产品市场占有率

产品的销售是公司利润的主要来源,产品的销售给公司带来的利润越丰厚,其公司股票的投资价值也越大,因此产品的市场占有率直接关系公司股票的投资价值。产品市场占有率高的公司在市场竞争中有更多的话语权,可以根据自身需要合理有效地支配市场资源,成为市场的领跑者。而产品市场占有率较低的公司在市场竞争中话语权较少,只能通过主动调节自身发展方式来适应市场,很多情况下扮演着市场跟随者的角色。因此,投资者通常较倾向于购买市场占有率高的公司发行的股票,因为这类股票的股价受市场波动的影响较小,相对较为稳定。

7.2.1.3 公司财务绩效

公司财务绩效主要体现在公司的主要财务指标上,如公司的资产总额、主营业务利润、净利润、现金流量、资产周转率、每股收益率、净资产回报率等。竞争力强的上市公司,其财务报表反映的指标同行业内其他公司横向对比应该更强,和该公司往年的财务指标纵向对比也应该是呈逐年向好趋势。因此,财务绩效是反映公司市场竞争地位的最直接指标。但投资者在投资上市公司股票时也应考虑公司财务指标的真实性,也不排除有的上市公司为了吸引投资粉饰财务报表的情况存在。

7.2.1.4 公司技术革新水平

自 20 世纪 50 年代以来,公司产品的技术更新换代的速度往往决定了企业在市场上的生存地位。产品技术更新较慢的企业往往会被市场和消费者抛弃,最终退出市场竞争。投资者在投资某一公司股票，特别是科技类公司股票的时候，必须考虑该公司的技术革新水平。技术水平的高低还和研发能力的强弱与公司股票的价值息息相关，因此也经常可以看到每当美国的某些科技类上市公司从竞争对手那里挖回某个拥有多项专利的高级技术工程师或技术主管后，其公司股票大涨的情况。

7.2.2 公司经济区位分析

7.2.2.1 公司经济区位分析概述

上市公司的地理位置对公司的发展与价值而言也是极其重要的外部因素。由于我国不同地理区域的经济发展不平衡，各上市公司所处的地方区域经济情况也有很大不同，区域经济所包含的交通、环境、资源、文化、政策等因素对上市公司所造成的影响也不同。经济区域分析就是将区域经济的发展与公司自身的价值结合起来分析公司未来的发展，确定投资价值的综合分析。

7.2.2.2 公司经济区位分析内容

(1) 区位内的自然条件与基础条件

区域内的自然条件和基础条件直接决定了公司的发展速度和程度。好的条件会成为推动公司发展的天然优势，而不好的条件则会成为公司发展的制约。区域内自然条件和基础条件主要包括水资源、能源、交通、通信、矿产等。公司所参与的行业必须和区位内的自然条件与基础条件达成一致方可实现公司的发展。

(2) 区位内政府的产业政策

区位分析不仅要分析自然与经济因素，还应考虑地方政府的地方政策是否对公司的发展有利。因为地方政策往往决定着当地产业发展的方向。其相关的财政、信贷、税收等政策也会直接影响企业的生存与效益。例如，以农业为地区发展支柱产业的地区往往会为当地农牧业企业提供政策优惠与支持，帮助农业企业不断提高盈利水平，增强可持续发展能力。因此，在这一区域内的农业类上市公司的效益也会相对较好，更具有投资价值。

(3) 区位内的经济特色

区位内的经济特色包括区位内经济的发展水平、发展条件、未来发展目标、发展战略等内容，根本内容是区位经济发展的核心竞争力。核心竞争力意味着拥有拔群的特色，只有拥有特色才会产生区分和比较优势。因此，对上市公司进行区位经济分析时也要分析当地经济特色的强弱。

7.2.3 公司产品分析

7.2.3.1 产品的竞争能力

(1) 科技竞争力

上市公司的科技竞争力直接决定了其产品在市场上的竞争能力。苹果、微软、谷歌等跨国公司的产品能够在全世界范围内被消费者接受，凭借的是难于复制的超强科技水平。科技竞争力可以体现在产品的科技含量和生产产品流程的技术含量上面。产品的科技含量越高，竞争对手进行反向工程和产品复制的可能性就越低，该产品在市场上的竞争能力也就越强。而产品生产流程的技术含量越高，产品在产品研发、生产效率控制、成本控制、人机合作、质量管理、库存管理等方面的管理与控制水平就越高，产品的质量和价格就更具有市场优势。因此，近年来各类机构在对上市公司进行评估的时候，科技竞争力是最基本也是最重要的一项评估内容。

（2）成本竞争力

成本一直是影响企业竞争力强弱的首要因素。20 世纪 80 年代的日本产品，90 年代的韩国产品，21 世纪的中国产品，能够在世界上站稳脚跟凭借的便是依靠低成本所形成的价格优势。成本竞争力可以通过低价格的原材料采购和低成本的人力资源来实现，也可通过资本集中度高的规模效益来实现，还可以通过快捷灵活的供应链和高效的生产流程来实现。投资者在考虑企业产品的竞争力时必然要考虑企业近期或未来产品生产成本的变化趋势，从而判断企业的成本竞争力，为投资决策提供参考。

（3）质量竞争力

质量是衡量企业竞争力的不变话题。管理大师朱兰提出："质量就是适用性"。企业产品的质量能否适应市场的需求，并给消费者带来高于其他公司同类产品的满意程度，决定了企业的产品质量竞争力。而且质量竞争力的概念还不仅仅局限于产品本身的质量，还包含产品生产流程的质量，公司运营的质量，公司服务的质量等内容。质量优势明显的上市公司必然在行业内占据领先地位，其股票的投资价值也往往较大。

7.2.3.2 产品的市场占有率

产品市场占有率的计算只需将公司所销售的产品或所提供的服务的总价值量除以市场上同类产品或者服务的总销售量，再转换为百分比即可。市场占有率数据往往可以决定广大投资者对行业内公司的投资选择意向。从产品的市场占有率入手进行分析可以为投资决策提供指导。对产品市场占有率的分析时要使用动态分析，既要分析过往产品的市场占有率，还要预测未来产品的市场占有率；既要分析该公司产品的市场占有率，也要考虑是否有潜在竞争对手可能赶超该公司的产品。

7.2.3.3 产品的品牌战略

品牌是产品的名称和商标的总称，是辨别一个产品和其他同类产品的依据。品牌的价值体现在其既代表了产品的名称，还代表了产品的综合属性，如质量、性能、可靠度、顾客满意度等。因此，品牌也是上市公司的最重要无形资产之一。上市公司的产品可以是一个品牌，也可以是多个品牌，通常市场接受程度和知名度越高的产品，其品牌价值也越高。品牌包含了创造市场、巩固市场、联合市场的功能。而成功的品牌必然需要成功的战略作为依托。公司的品牌战略不仅能提升本身产品的竞争力，还能帮助公司进行品牌兼并和资产重组。因此，投资者在对上市公司股票进行投资时，还应考虑公司产品的品牌价值及其使用的品牌战略。

7.2.4 公司经营能力分析

7.2.4.1 公司法人治理结构

公司的经营好坏与其法人结构紧密相关，不合理的法人结构必然导致公司董事会功能的不健全和股东权利的受损，最终影响公司的长期经营，不利于公司的发展。

良好健全的公司法人结构包括以下几方面：

①公司应具有规范的股东结构，股权适度集中，既不过度集中在某些大股东手中也不过度分散。给机构投资者和中小投资者有参与投资的机会，保证股权的普遍流通性。而且给予机构投资者和战略投资者以一定发言权，在公司治理中发挥其促进作用。

②公司应该有完善的独立董事制度，加强独立董事在公司董事会的独立性，保障独立董事在公司决策中所发挥的独立判断的权利。防止个别大股东及管理层的内部控制损害了整个公司的利益。

③公司保障设有合法的监事会，并保证发挥监事会的独立性和监督责任。

④公司经理层应该保证高效而且规范，经理层制定的重大决定必须经过规范的流程认可后方可实施。

⑤公司债权人、供应商、客户等重要利益相关者共同参与公司的治理，以弥补公司内部治理的不足。

7.2.4.2 公司经营理念

公司的经验理念是企业发展一贯坚持的核心思想，是员工必须坚持的基本信条，也是企业制定战略目标及实施战术的前提条件和基本依据。经营理念的成熟与否往往决定了公司的市场竞争能力。

一般而言，公司的经营风格和理念有稳健型和创新型两种。稳健型公司在战略决策和企业内部控制上以稳健为主，力求最大限度地规避风险，因此，这类公司的发展也较为平稳，较少有大起大落的情况。而创新型公司的管理风格与理念是以创新为核心，公司经营力求开拓创新，不畏风险。这类公司的发展可能一夜之间成为行业先锋，获得超常规的发展。但也可能因为某些冒险行为造成难以挽回的巨大失败。投资者在做投资分析时可以通过了解企业文化宣传和访谈企业内部员工等方式了解企业的经营理念。

7.2.4.3 公司人员素质和能力

(1) 公司管理人员素质及能力分析

公司管理人员的素质是指从事公司管理工作的人员应具备的基本品质、根本素养和相关能力，管理人员素质直接影响公司的经营能力。对管理人员的素质要求要高于一般工人，公司在员工招聘和员工培训时都以提高管理人员素质为目标，力求培养管理人员的工作热情、品德修养、专业技能，提高其人际交往能力，培养综合分析和解决问题能力。

(2) 公司业务人员素质和能力分析

公司业务人员的素质和能力直接影响公司产品和服务的销售，一般来说公司业务人员应该具备的素质包括：对自己从事业务的熟悉，必要的专业技能，对企业的忠诚度，对本职工作的责任感，团队合作精神等。公司业务人员的素质分析可以为判断公司持久发展能力提供依据。

(3) 公司人员创新能力分析

现代公司的管理不仅要求员工服从，更讲究员工的创新。员工的创新能力既可以节约企业产品研发成本，又可以激发员工参与企业建设的动力。因此，企业的经营能力分析中也必须包含针对其员工创新能力的分析：

7.2.5 公司成长性分析

7.2.5.1 公司经营战略分析

公司的价值不仅仅取决于公司的盈利能力，还取决于公司未来的成长性。而如果要分析公司的成长性，首先应该分析公司的经营战略。公司的经营战略可以千变万化，但无论采用何种战略，必须是以为了适应市场的需求变化为前提的。

进行公司战略分析，首先要了解公司所处在的商业环境和市场变化趋势，即企业外部经营环境。其次要分析企业正在采用的经营战略，考虑现有战略的全局性、长远性和纲领性，了解现有战略是否清晰、稳健、科学。最后将外部经营环境和公司战略进行对比，综合判断公司是否具有合理的经营战略来推动其未来的成长。

7.2.5.2 公司规模变动特征及扩张潜力分析

公司成长性的分析重点在公司的规模变动特征和扩张潜力方面，具体可以从以下几个方面进行分析：

①分析公司规模扩张的动力，是公司创造能力的不断加强，还是受到了政策优惠，还是其他生产要素的变动造成了企业规模的扩张。

②比较企业历年的销售、利润、资产规模等数据，预测公司发展趋势是稳步发展、迅速扩张、停滞不前还是倒退。

③把公司历年的销售、利润、资产规模等数据和行业平均水平、行业主要领军企业、主要竞争对手的数据进行对比，判断该公司的现有规模和未来可能扩张达到的规模。

④分析公司的财务状况和筹资能力是否允许进行规模扩张。

7.3 公司财务分析

7.3.1 公司财务分析概述

投资者在进行公司分析的时候，一定要力求做到客观和理性，但客观和理性分析的根本是拥有足够真实可信的数据支持。公司分析的最重要数据便是公司的财务数据，财务数据可以直接反映公司的盈亏状况和经营状况。投资者可以通过财务数据分析来掌握公司的获利能力、变现能力、偿债能力、营运能力、投资收益能力和成长能力。

7.3.1.1 公司主要财务报表

公司的财务报表主要包括三个报表：资产负债表、利润表及利润分配表、现金流量表。对公司财务状况的分析也是主要围绕这三个报表开展的。

(1) 资产负债表

资产负债表是显示公司在某一特定日期的财务状况的静态报告，显示的是某一时点公司所拥有的资产、负债和所有者权益的状况。三者的平衡关系为"资产＝负债＋所有者权益"。其中，资产是企业因为过去的交易或经营活动所形成的经济资源，包括财产、债券和其他权利。负债是企业由于过去的交易或其他事项形成的，预期会导致经济利益流出的现实义务。而所有者权益是指企业资产扣除负债后由所有者享有的剩余权益，所有者权益又称股东权益。

(2) 利润表及利润分配表

利润表是反映企业某一会计期间生产经营成果的动态报告(如一段录像),它显示了公司运用所拥有的资产投资获利的能力。通过利润表可以了解企业在月度、季度、年度内的利润或亏损的形成情况。利润表各项关系可以概括为"收入-费用=利润"。其中,收入是公司日常活动形成的所有者权益增加的、与所有者投资无关的经济利益的流入。费用是公司日常活动中发生的、会导致所有者权益减少的和向所有者分配利润无关的经济利益的总流出。

这里需要注意,利润分配表是利润表的附表,是用来显示公司在一段期间内对现实净利润的分配或亏损弥补的会计报表,反映出利润分配的构成及去向。

(3) 现金流量表

现金流量表是反映公司在一定会计期间现金流入与现金流出情况的报表,表明公司获得现金和现金等价物的能力。它是评估公司经营发展能力以及偿债能力的基础。现金流量表中的现金指的是货币资金(库存现金、银行存款、其他货币资金)和现金等价物(企业持有的期限短、流动性强、易于变现、价值变动风险较小的投资)之和。

7.3.1.2 财务报表分析主体及分析目的

财务报表分析的主体,首先,可以是财务公司或咨询公司的专业财务分析人员。这类人员通过财务分析可以了解公司现在的财务状况并预测未来公司财务状况的走向和趋势,撰写公司财务分析报告或提供财务咨询服务。

其次,公司的经理也是财务分析的主体。这类人员对财务状况进行分析是为了找出公司现存的问题和可能发生的问题,提高公司经营水平,改善经营管理。从而为公司股东创造更高利润,同时保证公司的持续发展。

再次,投资者也经常从事财务分析工作。大部分投资者是公司的普通股东,而公司财务状况的好坏直接影响其个人投资的安全。他们往往关注公司的偿债能力、收益能力和发展风险。

最后,债权人也是公司财务分析的主体。债权人最关心的是公司的偿债能力。经过财务分析后,债权人往往可以决定是否需要向公司追加抵押和担保或者提前收回债权。

7.3.1.3 财务报表分析的方法及原则

经过证券市场分析的多年实践,财务报表分析已经形成了一系列的较为可靠的方法和分析原则。通过这些方法可以全面分析上市公司的经营业绩和财务状况。进行分析时最应该遵循实事求是的原则,根据分析对象公司的特征和获取资料的来源,选取合适的分析方法进行分析。

(1) 对比分析法

在分析上市公司财务报表时,可以通过将某一财务指标在不同时期的数值进行对比来分析公司在不同时期的财务情况。对比可以是纵向的针对公司在不同时期的财务状况(如上财年和现财年的),或者计划和实际财务状况对比;也可以是横向的针对公司和同行业标杆企业的财务状况对比。分析时为了保证客观原则,各指标之间的可比性、计算标准、计算时间等都要保持一致。一般可以根据实际情况,采用绝对数比较法、相对数比较法、比率分析法三种方法进行分析。绝对数比较法相对简单直接，只需对比同一财务指标在不同时间或空间的绝对数。相对数比较法是利用增长的百分比或者完成目标的百分比指标来进行对比分析。比率分析法是通过将财务指标换算为财务比率进行比较分析的方法，是主要的一种财务报表分析方法。

(2) 因素分析法

因素分析法是首先找出影响某一个财务指标的多个因素，分析每一个因素对财务指标的影响程度，把握哪些影响因素会更加强烈地影响公司财务业绩。然后结合该因素的变化情况指导对公司股票的投资行为。

(3) 趋势分析法

趋势分析法是财务分析的主要方法。趋势分析法是通过计算财务指标的变动方向、数额和幅度，预测未来公司财务状况的发展趋势的一种分析方法。趋势分析法一般有以下两种分析的方法：

① 绝对数趋势分析法　通过将连续数期的财务指标的数值进行对比，计算出其增长或减少的变动幅度，以此来判断该公司的财务状况和经营状况。相关财务指标可以通过资产负债表、利润表和现金流量表获得。

② 相对数趋势分析法　通过对会计报表中的重要比率指标，如周转率指标、偿债能力指标、资产负债率、资本负债比率等，通过环比动态比率和定基动态比率两种分析方法，得到公司的趋势变化可能。

$$环比动态比率 = \frac{分析期指标}{前一期指标} \times 100\%$$

$$定基动态比率 = \frac{分析期指标}{固定基期指标} \times 100\%$$

在进行环比动态指标的变动趋势分析时，可以将该指标的连续变动趋势在坐标图中绘出变动曲线，寻找其变动规律，为投资该公司的股票提供参考。在进行定基期动态指标分析时，可以将分析期和基期进行直接对比，为投资提供参考。

7.3.1.4　财务报表分析应注意的问题

证券投资的财务报表分析旨在为投资者对公司财务情况进行分析，在分析时应把握若干问题：首先，确定财务报表所包含财务数据和信息的可靠性、真实性、准确性。其次，由于财务报表反映的是过去发生的财务情况，对未来财务趋势进行判断时还应该时刻了解整体经济环境及政策的动向，根据不断变化的经济环境和经营条件对分析结果进行调整。再次，要认真阅读会计报表附注，以免忽略重要财务信息。最后，分析一定要客观全面，尽量克服分析者自身的局限性和分析方法的局限性，进行具体现实的分析与判断。

7.3.2　财务比率分析

财务比率分析是公司财务分析的主要方法和重要工具，通过对公司财务年度内报表信息的比率转化，可以判断公司在此年度内的变现能力、偿债能力、营运能力、盈利能力、投资收益等情况。

7.3.2.1　变现能力分析

通过公司的变现能力分析可以反映公司是否有足够的现金和银行存款来支付各种到期

的财务费用和债务,即公司的资金周转能力和短期偿债能力。衡量公司的变现能力的指标主要有流动比率和速动比率。

(1) 流动比率

流动比率指上市公司的全部流动资产与全部流动负债之比,即:

$$流动比率 = \frac{流动资产}{流动负债}$$

流动比率是衡量企业短期债务到期以前,流动资产可以变为现金用于偿还债务的能力。企业的银行存款、现金、存货、短期资产(如应收账款、应收票据、短期有价证券等)均属于公司流动资产,而预期在一年内到期必须偿还的各种短期债务,如应付账款、应付税金、应付工资、一年内短期债务等均属于流动负债。如果公司的流动比率过低,说明公司的财务状况不佳,营运资金不足,短期偿债能力不强。流动比率越高,说明企业资产的变现能力越强,短期偿债能力也越强。但如果公司的流动比率过高,也反映了公司大量流动资金没有有效利用,错过了获利机会。通常认为公司的流动比率为2较为合理。但是根据不同类型的公司,流动比率的合理区间也应该有所不同。

(2) 速动比率

速动比率指公司的速动资产与流动负债之间的比率,即:

$$速动比率 = \frac{速动资产}{流动负债} = \frac{流动资产 - 存货}{流动负债}$$

速动比率通常用来衡量企业流动资产中可以立即变现用于偿还流动负债的能力。速动资产等于流动资产减去存货,即企业可以迅速用来变现偿债的资产。一般来说速动比率的正常值是1,这表明公司不需动用存货便可偿付流动负债的能力。速动比率过低说明公司的短期偿债能力较弱,但速动比率过高也可能表示速动资产运用不到位。

7.3.2.2 长期偿债能力分析

长期偿债能力是指企业偿还长期债务的能力,通常以反映债务与资产、净资产的关系的负债比率来衡量。

(1) 资产负债率

资产负债率是期末负债总额除以资产总额的百分比,也指负债总额与资产总额的比例关系。其计算公式为:

$$资产负债率 = \frac{总负债}{总资产} \times 100\%$$

资产负债率反映在总资产中有多大比例是通过借债来筹资的,也可以衡量企业在清算时企业的资产对债权人权益的保障程度。一般资产负债率越低(50%以下),表示企业的偿债能力越强。而如果资产负债比率达到100%或超过100%,说明公司已经没有净资产或资不抵债。

从债权人的角度看,如果股东提供的资本占公司资本总额的比例较小,则公司的风险将主要由债权人承担,因此,负债比率越低,对债权人越有利;从股东的角度看,债权人与股东投入的资金在公司生产经营中发挥同样的作用,所以只要总资产收益率高于贷款利率,则负债比率越高,股东权益越大;从经营者的角度看,举债经营体现了公司的经营活力,但举债过多(财务不稳定、偿债困难)或举债不足(缺乏经营魄力)都将不利于公司的经营;从财务管理的角度看,公司应审时度势、全面考虑,充分合理地利用财务杠杆,在权益资本与借入资本二者之间权衡利弊。

(2) 产权比率

产权比率是负债总额与所有者权益总额的比率,其计算公式为:

$$产权比率 = \frac{总负债}{总所有者权益} \times 100\%$$

产权比率是评估资金结构合理性的一种指标。它是企业财务结构稳健与否的重要标志,可以反映企业基本财务结构是否稳定。产权比率越低表明企业自有资本占总资产的比重越大,长期偿债能力越强。

(3) 有形资产净值债务率

有形资产净值债务率是企业负债总额与有形净值的百分比,是股东权益减去无形资产净值,即股东具有所有权的有形资产的净值。其计算公式为:

$$有形资产净值债务率 = \frac{负债总额}{股东权益 - 无形资产净值} \times 100\%$$

有形资产净值债务率实质上是产权比率指标的延伸,但该指标更为谨慎、保守地反映在企业清算时债权人投入的资本受到股东权益的保障程度。从长期偿债能力来讲,该比率越低越好。

(4) 已获利息倍数

已获利息倍数是指上市公司息税前利润相对于所需支付债务利息的倍数,其计算公式为:

$$已获利息倍数 = \frac{息税前利润总额}{利息支出}$$

已获利息倍数可用来分析公司在一定盈利水平下支付债务利息的能力。一般情况下,已获利息倍数越高,企业长期偿债能力越强。通常认为,该指标为3时较为适当,从长期来看至少应大于1。

7.3.2.3 营运能力分析

公司营运能力,是指公司经营管理中利用资金运营的能力,一般通过公司资产管理比率来衡量,主要表现为资产管理及资产利用的效率。

(1) 存货周转率和存货周转天数

存货周转率是公司一定时期销货成本与平均存货余额的比率。存货周转天数是指公司从取得存货开始,至消耗、销售为止所经历的天数。通过这两个指标可以分析公司存货的流动性。其计算公式如下:

$$存货周转率 = \frac{销货成本}{平均存货} \times 100\%$$

$$存货周转天数 = \frac{360 \text{天}}{存货周转率} = \frac{360 \text{天}}{销售成本/平均存货}$$

存货周转率用于反映存货的周转速度,也反映了存货的流动性及存货资金的占用量。此处的平均存货等于期初存货额与期末存货额之和除以2。改善存货周转率可以促使公司在保证生产经营连续性的同时,提高资金的使用效率,增强公司的短期偿债能力。一般来说，存货周转率越高，表示公司存货周转速度越快，存货的占用水平也就越低，流动性也就越强。存货周转天数越短，说明公司存货变现的速度越快，公司的短期偿债能力也越强。

（2）应收账款周转率和应收账款周转天数

应收账款周转率是反映公司应收账款周转速度的比率。它说明一定期间内公司应收账款转为现金的平均次数。应收账款周转天数是用时间来表示应收账款周转速度，也称平均应收账款回收期或平均收现期。

$$应收账款周转率 = \frac{销售收入}{平均应收账款} \times 100\%$$

$$= \frac{销售收入}{(期初应收账款余额 + 期末应收账款余额)/2} \times 100\%$$

$$应收账款周转率 = \frac{360}{平均应收账款周转率} = \frac{平均应收账款 \times 360}{销售收入} \times 100\%$$

应收账款周转率和应收账款周转天数均反映了公司对应收账款的营运能力。一般来说，应收账款周转率越高，平均收账期越短，公司就会有更多的营运资金来进行周转。同理，应收账款周转天数越短，公司的资金利用效率也就越高。

（3）固定资产周转率

固定资产周转率是指销售收入和平均固定资产净值的比值，计算公式为：

$$固定资产周转率 = \frac{销售收入}{平均固定资产净值} \times 100\%$$

固定资产周转率反映的是固定资产的周转速度，周转速度越快，公司的营运能力就越强。

$$固定资产净值 = 固定资产原值 - 累计折旧$$

$$平均固定资产净值 = (期初固定资产净值 + 期末固定资产净值)/2$$

（4）总资产周转率

总资产周转率是指公司在一定时期内销售（营业）收入同平均资产总额的比值。计算公式为：

$$总资产周转率 = \frac{销售收入}{平均资产总值} \times 100\%$$

总资产周转率是综合评价公司全部资产的经营质量和利用效率的重要指标。周转率越大，说明总资产周转越快，反映出营运能力和销售能力越强。此处平均资产总值为资产总值初期数与末期数的平均值。

7.3.2.4 盈利能力分析

盈利能力分析是公司分析的重点，盈利能力反映公司资产实现利润的能力，通过盈利能力分析可以判断公司的投资价值。盈利能力越高，其所发行的股票的投资价值也越高。

（1）营业毛利率

营业收入毛利率是毛利占营业收入的百分比，计算公式为：

$$营业毛利率 = \frac{毛利}{营业收入} \times 100\% = \frac{营业收入 - 营业成本}{营业收入} \times 100\%$$

营业毛利率表示每 1 元营业收入扣除营业成本后，有多少钱可以用于各项期间费用和形成盈利。营业毛利率是公司营业净利率的基础，没有足够大的毛利率便不能盈利。

(2) 营业净利率

营业净利率是指净利润与营业收入的百分比，计算公式为：

$$营业净利率 = \frac{净利润}{营业收入} \times 100\%$$

营业净利率，表示每 1 元营业收入获得的净利润，反映出营业收入的收益水平。通过营业净利率分析，可以了解公司获取净利润的能力，为投资该公司证券提供参考。

(3) 总资产收益率

总资产收益率是公司净利润与平均资产总额的比率，计算公式为：

$$总资产收益率 = \frac{净利润}{平均资产总额} \times 100\%$$

总资产收益率表明公司资产利用的综合效果。总资产收益率越高，说明该公司利用资产来获取利润的效率越高，即资产利用效果越好，说明该公司的盈利能力也越强。

(4) 净资产收益率

净资产收益率又称股东权益报酬率、净值报酬率、权益报酬率、权益利润率、净资产利润率，是净利润与期末所有者权益(年末净资产)的百分比，计算公式如下：

$$净资产收益率 = \frac{净利润}{年末净资产} \times 100\%$$

该指标反映股东权益的收益水平，用以衡量公司运用自有资本的效率。该指标体现了自有资本获得净利润的能力。指标值越高，说明自有资本获得净利润的能力越强。该指标是考察上市公司业绩的最重要指标之一。

7.3.2.5 投资收益分析

投资收益分析是指将公司财务报表中公布的数据与有关公司发行在外的股票数、股票市场价格等资料结合起来进行分析，计算出每股收益、市盈率等与股东利益直接相关的财务指标，供投资决策参考。

(1) 每股收益

每股收益又称普通每股净收益，是指本年税后利润扣除优先股股息的差额与发行在外的年末普通股股数比值。其计算公式为：

$$每股收益 = \frac{净利润 - 优先股股息}{发行在外的年末普通股股数}$$

每股收益是衡量公司盈利能力、反映普通股获利水平的最重要财务指标。如果公司的股权结构复杂，除了普通股和不可转换优先股外，还有可转换优先股、可转债、认股权证等，这将会导致公司普通股股数增加，进而稀释每股收益。但目前，中国绝大多数上市公司属于简单股权结构。

(2) 市盈率

市盈率是每股市价与每股收益的比值。其计算公式为：

$$市盈率(倍) = \frac{每股市价}{每股收益}$$

市盈率是最常用来评估股价水平合理性的指标之一。一般认为市盈率过高，说明公司盈利能力相对较低或者股价偏高；反之，市盈率越低，说明公司盈利能力相对较强或者股价偏低。投资者在投资股票时一般会倾向于购买市盈率较低的股票，而在市盈率升高后出货。但需要注意的是，某些发展前景不好公司的股票市盈率一直会处在偏低水平，股价并没有升值空间。因此，使用市盈率做投资分析时要实事求是地综合分析公司的投资价值。

使用该指标分析投资收益时必须注意，该指标不能用于不同行业公司的比较，因为行业特征等差异，市盈率的理想取值范围没有统一标准，成长性好的新兴行业的市盈率普遍较高，而传统行业的市盈率则普遍较低，但这并不说明后者的股票没有投资价值；在公司每股收益很少或亏损情况下，由于股票市价不至于降为零，此时的市盈率会很高但并不能说明任何问题；市盈率高低受股价影响，而影响股价变动的因素很多（如投机炒作等），因此要注重观察市盈率的长期趋势。

（3）股息派发率

股息派发率又称股息发放率、派息率，它是普通股每股股利与每股收益的百分比。其计算公式为：

$$股息派发率 = \frac{每股股利}{每股收益} \times 100\%$$

该指标是投资者非常关心的一个指标，它反映了公司的股利分配政策和支付股利的能力。一般来说，收入稳定向上的公司，往往有较高的派息率，而较为不稳定、业绩较差的公司的派息率也较低。

（4）每股净资产

每股净资产是年末净资产（即年末股东权益）与发行在外的年末普通股总数的比值。其计算公式为：

$$每股净资产 = \frac{年末净资产}{发行在外的年末普通股股数}$$

该指标反映在外的每股普通股所代表的净资产成本，它是支撑股票市场价格的物质基础。该值越大，表明公司内部积累越雄厚，抵御外来因素影响和打击的能力越强。每股净资产也是公司清算时股票的账面价值，通常被认为是股价下跌的最低值。但在投资分析时，只能有限地使用该指标，还需和其他指标综合使用来判断股票的投资价值。因为该指标是用历史成本计量的，所以不能反映净资产的变现价值。

（5）市净率

市净率是每股股价与每股净资产的比值。其计算公式为：

$$市净率(倍) = \frac{每股市价}{每股净资产}$$

市净率表明股价以每股净资产的若干倍在流通转让，进而评判股价相对于每股净资产的高低。其中每股净资产是支撑股票市场价格的物质基础，也可被认为是股票价格下跌的底线。市净率越低，股票的投资价值越高，股价的支撑越有保证；反之亦然。根据市净率选股是"价值投资论"的重要选股思路之一。

7.3.2.6 现金流量分析

(1) 流动性分析

流动性是指将资产迅速转变为现金的能力。根据资产负债表确定的流动比率虽然也能反映流动性,但有很大的局限性。一般来讲,真正能用于偿还债务的是现金流量,所以,现金流量和债务的比较可以更好地反映公司偿还债务的能力。

① 现金到期债务比 是指经营现金净流量与本期到期债务的比值。其计算公式为:

$$到期债务比 = \frac{经营现金净流量}{本期到期债务}$$

其中,经营现金净流量是现金流量表中的经营活动产生的现金流量净额;本期到期债务是指本期到期的长期债务和本期应付的应付票据。该比值越高,企业资金流动性越好,企业到期偿还债务的能力就越强。

② 现金流动负债比 是指经营现金净流量与流动负债的比值。其计算公式为:

$$现金流动负债比 = \frac{经营现金净流量}{流动负债}$$

该指标越高,说明公司偿还流动负债的能力越强。

③ 现金债务总额比 指经营现金净流量与负债总额之比,其计算公式为:

$$现金债务总额比 = \frac{经营现金净流量}{负债总额}$$

该指标旨在衡量公司是否有足够现金流来承担债务。该指标越高,说明公司承担债务的能力越强。

(2) 获取现金能力分析

获取现金能力是指经营现金净流入与投入资源(可以是销售收入、总资产、营运资金、净资产或普通股股数等)的比值。

① 营业现金比率 是指经营现金净流量与营业收入的比值,其计算公式为:

$$营业现金比率 = \frac{经营现金净流量}{营业收入}$$

该指标反映每1元营业收入得到的净现金,其数值越大越好。数值越大,表示企业依靠经营获取现金的能力也越强。

② 每股营业现金净流量 是指经营现金净流量与普通股股数的比值。其计算公式为:

$$每股营业现金净流量 = \frac{经营现金净流量}{普通股股数}$$

该指标反映公司最大的分派股利能力。每股营业现金净流量为正数且较大时,派发红利的期望值就较大。

③ 全部资产现金回收率 是指经营现金净流量与资产总额的比值。其计算公式为:

$$全部资产现金回收率 = \frac{经营现金净流量}{资产总额} \times 100\%$$

该指标反映了公司资产产生现金的能力。全部资产现金回收率越高,说明企业全部资产产生现金的能力越强,资产的利用效果也越好。

(3) 财务弹性分析

财务弹性是指企业适应经济环境变化和利用投资机会的能力,该能力来源于现金流量和支付现金需要的比较。现金流量超过需要，有剩余的现金，适应性就强。

①现金满足投资比率　该指标计算公式为：

$$现金满足投资比率 = \frac{近五年经营活动现金净流量}{近五年资本支出、存货增加、现金股利之和}$$

该比率反映了企业的经营活动所获取的现金是否可以满足投资或企业扩充所可能产生的资金需求。当该比率达到1时，说明企业依靠经营活动所产生现金可以满足其所需资金；该比率小于1时，说明企业需要依靠外部融资补充所需资金；该比率越大，说明公司的资金自给率越高。

②现金股利保障倍数　该指标计算公式为：

$$现金股利保障倍数 = \frac{每股营业现金净流量}{每股现金股利}$$

该比率表示公司支付现金股利的能力强弱。该比率越大，公司支付现金股利的能力越强；若该比率小于1，则说明公司可能没有现金维持当前的股利水平或需要举债才能维持。

(4) 收益质量分析

收益质量是指报告收益与公司业绩之间的关系。若收益能如实反映公司业绩，则认为公司的收益质量好；反之，则认为公司的收益质量不好。

如果仅从现金流量表的角度看，收益质量分析主要是分析会计收益与现金净流量的比率关系，其主要的财务比率体现为营运指数。其计算公式为：

$$营运指数 = \frac{经营现金净流量}{经营所得现金}$$

其中，经营所得现金 = 经营收益 + 非付现费用 = 净利润 − 非经营收益 + 非付现费用。

经验表明，营运指数应该大于或等于1。营运指数小于1，说明公司的收益质量不理想。首先，如果营运指数小于1，说明公司还有一部分经营活动收益是以实物或债权形态存在，尚没有取得现金，而实物或债权资产的风险相对较大，存货可能贬值，应收账款能否足额变现也是未知；其次，营运指数小于1，说明公司为取得同样的收益占用了更多的营运资金，即取得收益的代价增加了，所以同样的收益代表较差的业绩；最后，营运指数小于1，说明公司的应收账款增加、存货增加，现金回收数减少，因而直接影响公司的收益质量。

7.3.3　财务状况趋势分析

7.3.3.1　公司财务状况趋势分析的意义

财务趋势分析是通过比较企业连续几期的财务报表或财务比率，来了解企业财务状况变化的趋势，并以此来预测企业未来财务状况，判断企业的发展前景。对于证券投资分析来说，未来公司的发展前景直接关系股票价格的变动。因此，公司财务状况趋势分析的对于证券投资分析来说至关重要。

7.3.3.2　公司财务状况趋势分析的方法

(1) 利润表因素变动趋势分析

对于投资者来说，在分析公司财务状况趋势时，未来公司利润变动趋势非常重要。使用对过去公司利润表数据的分析，可以了解历史上该公司的利润收益情况，以此为依据，可以预测未来该公司的利润变动。图7-1为某公司利润表中年终净利润变动数据，可以看到该公司的年终净利润处在一个下行趋势中，财务状况并不理想，未来净利润下滑的可能性较大。

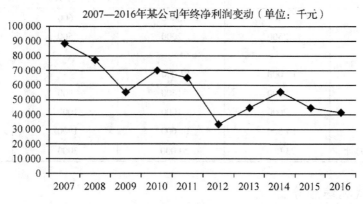

图7-1　某上市公司年终利润变动一览

（2）资产负债表因素变动趋势分析

从表7-1可以看到，该公司2011年的资产总计高于2010的资产，当拥有过去10年左右的资产负债表数据后，投资者可以综合分析企业的资产结构、变现能力、负债总量等趋势问题。

表7-1　某公司资产负债表对比

项　目	2011年年末	2010年年末	2011年比2010年增减	
			金额	%
资　产				
流动资产				
货币资金	900	800	100	12.5
短期投资	500	1000	-500	-50
应收账款	1300	1200	100	8.33
应付账款	70	40	30	75
存　货	5200	4000	1200	30
待摊费用	80	40	40	100
流动资产合计	8050	7100	950	13.38
长期投资	400	400	—	—
固定资产净值	14 000	12 000	2000	16.67
无形资产	550	500	50	10
资产总计	23 000	20 000	3000	15
负债与权益				
流动负债				
短期投资	2300	2000	300	15
应付账款	1200	1000	200	20
预收账款	400	300	100	33.33
其他应付款	100	100	—	—

(续)

项目	2011 年年末	2010 年年末	2011 年比 2010 年增减	
			金额	%
流动负债合计	4000	3400	600	17.65
长期负债	2500	2000	500	25
所有者权益				
实收资本	12 000	12 000	—	—
盈余公积	2500	1600	900	56.25
未分配利润	2000	1000	1000	100
所有者权益合计	16 500	14 600	1900	13.01
负债与所有者权益总计	23 000	20 000	3000	15

7.3.4 财务状况综合分析

7.3.4.1 综合评价的基本概念

财务状况综合分析，就是将企业营运能力、偿债能力和盈利能力等方面的分析纳入到一个有机的分析系统之中，全面地对企业财务状况、经营状况进行解剖和分析，从而对企业经济效益做出较为准确的评价与判断。现在国际上常用的方法有沃尔评分法和杜邦分析法两种。

7.3.4.2 沃尔评分法

在进行财务综合分析时，一个主要困难是无法综合判断计算出的各项财务比率是偏高还是偏低。为了弥补这一缺陷，美国的亚历山大-沃尔在1928年提出了沃尔评分法。该方法将流动比率、产权比率、固定资产比率、存货周转率、应收账款周转率、固定资产周转率、净资产周转率七项财务比率用线性关系结合起来，设定总和为100分，分别给定各个比率在总评价中占的比重，然后通过与标准比率进行比较，确定各项指标的得分及总体指标的累计分数，从而对企业的财务水平和信用水平进行综合评价。沃尔综合评分法的基本步骤如下：

第一步，选定若干财务比率，按其重要程度给定一个分值，即重要性权重，其总和为100分，见表7-2所列。

表7-2 沃尔综合评分权重分配表

行次	选择的指标	分配的权重
第一行	流动比率	10
第二行	产权比率	16
第三行	固定资产比率	14
第四行	存货周转率	16
第五行	应收账款周转率	14
第六行	固定资产周转率	18
第七行	净资产周转率	12
第八行	合计	100

第二步，确定财务指标的标准值，可以采用行业平均值、企业的历史先进数、国家有关标准或国际公认的基准等，例如表7-3给出的是某行业企业的行业内各指标的标准比率。

表7-3 沃尔综合评分权各指标标准值表

行次	选择的指标	分配的权重
第一行	流动比率	1.8
第二行	产权比率	38
第三行	固定资产比率	0.8
第四行	存货周转率	7
第五行	应收账款周转率	12
第六行	固定资产周转率	4
第七行	净资产周转率	3

第三步，根据该企业实际情况，计算出该企业各指标比率的实际值（表7-4中c栏为该企业财务比率的实际值），并与所确定的标准值进行比较，将各项指标的相对比率与其重要性权数相乘，得出各项比率指标的指数。

表7-4 沃尔综合评分权各指标实际计算表

行次	选择的指标	a. 指标的标准值	b. 分配的权重的标准值	c. 指标的实际值	d. 实际得分 $d = a \cdot c/b$
第一行	流动比率	10	1.8	2	11.1111
第二行	产权比率	16	38	32	13.4737
第三行	固定资产比率	14	0.8	0.56	9.8
第四行	存货周转率	16	7	8	18.28571
第五行	应收账款周转率	14	12	12	14
第六行	固定资产周转率	18	4	4.76	21.42
第七行	净资产周转率	12	3	2.5	0
第八行	合计	100			98.09051

第四步，将各项比率指标的指数相加，最后得出企业的综合指数，即可以判明企业财务状况的优劣。通过表7-4的计算可以看出该企业的综合得分为98.09051，小于100分，说明该企业的财务状况有待提高。

7.3.4.3 杜邦分析法

杜邦分析法是利用几种主要的财务比率之间的关系来综合分析企业的财务状况。杜邦分析法实质上是一种将财务指标进行分解的方法。其基本思想是将企业净资产收益率逐级分解为多项财务比率乘积，这样有助于深入分析比较企业经营业绩。由于这种分析方法最早由美国杜邦公司使用，故名杜邦分析法，又称杜邦系统。例如，可以将净资产收益率分解为：

$$净资产收益率 = \frac{净利率}{年末净资产} = \frac{净利率}{年末总资产} \times \frac{年末总资产}{年末净资产}$$

$$= \text{资产净利率} \times \text{财务杠杆} = \frac{\text{净利率}}{\text{营业收入}} \times \frac{\text{营业收入}}{\text{年末总资产}} \times \frac{\text{年末总资产}}{\text{年末净资产}}$$

$$= \text{营业净利润率} \times \text{总资产周转率} \times \text{财务杠杆}$$

其中,"净利润/营业收入"称为营业净利润率;"营业收入/总资产"称为总资产周转率;"总资产/年末净资产"称为财务杠杆。由此,净资产收益率可被表示为三个比率的乘积。

杜邦分析法中的几种主要的财务指标关系可以通过以上公式得到,进而可以分析各个指标的相互影响及财务业绩。杜邦分析法的作用是解释指标变动的原因和变动趋势。例如,某公司年度净资产收益率实现了升高,有关数据如下:

$$\text{净资产收益率} = \text{资产净利率} \times \text{财务杠杆}$$
$$10.8\% = 5\% \times 2.16\% \;(2015\text{ 年})$$
$$15.3\% = 6.9\% \times 2.21\% \;(2016\text{ 年})$$

通过分解可以看出,该公司净资产收益率的上升不在于资本结构(财务杠杆变化不大),主要归因于资产净利率的大幅升高。接着,可以对资产净利率进行再分解:

$$\text{资产净利率} = \text{营业净利润率} \times \text{总资产周转率}$$
$$5\% = 8.37\% \times 0.6\% \;(2015\text{ 年})$$
$$6.9\% = 12.8\% \times 0.54\% \;(2016\text{ 年})$$

通过进一步分解可知,营业净利润的提高托高了该企业的资产净利率,进一步提升了其净资产收益率。

7.4 公司重大事项分析

公司分析的主要内容包括公司基本分析和财务分析。但仅仅依靠公司基本分析和财务分析,还难以全面的评估公司的投资价值。企业的某些重大活动或事项,如公司新项目的投资、公司资产重组、公司的关联交易、公司的会计政策的变化、国家和地方税收政策的改变等,都会影响公司股票的价值。

7.4.1 投资项目分析

7.4.1.1 投资项目与公司战略

公司所投资项目和公司的战略息息相关,有些公司在战略上更注重单一化战略,以发展主营业务,深耕细作现有产品作为公司首要任务,因此,其投资项目与公司现有产品关联度较强。而有些公司在战略上更注重多元化,倾向于开拓新的商业领域,发掘新的利润空间。这类企业的项目有时五花八门,其项目和公司现有产品的关联度也可能会很弱。但无论采取何种战略,项目投资的最终成败会直接影响公司业绩,并影响公司股票价值。因此,投资者应该对现阶段公司的投资项目和经营战略有足够了解,为投资提供参考。

7.4.1.2 投资项目的市场竞争力

如果项目投资是新的产品或者新的服务,应该分析其未来成果在市场上的竞争能力。衡量该项目成果能否在市场上占有一席之地,能否为公司持续创造利润并提升公司未来的业绩。
7.4.1.3　投资项目的建设期和回收期的现金流
上市公司项目投资的建设期可能会很长，需要不断地投入后续的营运资金和市场推广资金。资金的能否到位将决定项目投资的成败。项目可能分为多期进行，前期完成的项目部分是否能为后期项目的进行提供现金流也是需要考虑的内容。项目整体完成后，需要经过多长时间收回成本，收回成本后所创造的年利润是多少都是投资者需要调查的内容。
7.4.1.4　投资项目风险
公司的投资项目均存在一定的风险，如果投资失败，对企业会造成严重影响。这些风险包括经营风险、行业风险、市场风险、技术风险、财务风险、管理风险、政策风险。投资者在分析公司的投资项目时，需要通过定量和定性的方式评价该项目的风险。

7.4.2　资产重组分析
公司资产重组一般会引起股票价格的波动，最终影响投资者利益。公司资产重组的方式一般分三种：扩张型资产重组、调整型资产重组、控股变更型资产重组。
7.4.2.1　扩张型资产重组
扩张型公司重组是指公司以生产规模的扩大和资本规模的扩张为主要特征的资本重新组合行为。扩张型公司重组包括增资扩股、购买资产、收购公司、收购股份、合资或联营组建子公司和公司合并等。

扩张型资产重组受被收购兼并方的经营情况影响较大，通常来说扩张后的磨合期较长，见效可能较慢。但从长远来看，优质的扩张型资产重组往往能持续扩大市场份额，降低单位产品生产成本，巩固和增强其市场竞争力。然而不成功的扩张型资产重组往往会加大企业负担，影响企业业绩。
7.4.2.2　调整型资产重组
公司的调整型资产重组包括以下内容：不改变控制权的股权置换、股权和资产置换、不改变公司资产规模的资产置换以及缩小公司规模的资产出售、公司分立、资产配负债剥离等。

(1) 股权置换

其目的通常是引入战略投资者或合作伙伴，双方公司通过将各自一定数量的股权进行相互置换，从而实现战略合作。一般来说股权置换不涉及控股权的变更。公司通过股权置换可以实现控股股东与战略伙伴之间的交叉持股，并建立利益关联。

(2) 股权和资产置换

股权和资产置换是由公司原有股东以出让部分股权为代价，使公司获得其他公司或股东的优质资产。其最大优点在于，公司不用支付现金便可获得优质资产，扩大公司规模。

(3) 资产出售或剥离

资产出售或剥离是指公司将其拥有的某些子公司、部门、产品生产线、固定资产等出售给其他的经济主体，最终通过出售这些资产来获得现金回报。

(4) 公司分立

公司分立是指公司将其资产与负债转移给新建立的公司，把新公司的股票按比例分配给母公司的股东,从而在法律上和组织上将部分业务从母公司中分离出去,形成一个与母公司有着相同股东的新公司。

(5) 资产配负债剥离

资产配负债剥离是将公司资产配上等额的负债一并剥离出公司母体的资产重组活动。通过资产配负债剥离,剥离方公司可以迅速甩掉劣质资产并减小公司总资产规模,降低负债率,但公司的净资产不会发生改变。对资产接受方来说,由于在获得资产所有权的同时也承担了偿债的义务,其实质也是一种以承担债务为支付手段的收购行为。

以上调整型资产重组对公司的影响应该分为报表性资产重组影响和实质性重组影响两类。报表性资产重组影响,由于所有调整仅体现在报表上,本质上公司并不会进行大规模的资产置换或合并重组,因此公司的综合实力不会有实质性的提高,重组的长期效益也不会明显,但短期内能增加重组公司的报表效益。但如果是实质性的资产重组调整,公司的管理层和主营业务范围会发生根本性改变,影响程度也较为强烈。

7.4.2.3 控股变更型资产重组

公司的所有权与控制权变更是公司重组的最高形式。通常公司的所有权决定了公司的控制权,但两者不存在必然的联系。常见的公司控股权及控制权的转移方式有以下六种:

(1) 股权的无偿划拨

国有股的无偿划拨是当前证券市场上公司重组的一种常见方式,通常发生在属同一级财政范围或同一级国有资本运营主体的国有企业和政府机构之间。

(2) 股权的协议转让

股权的协议转让是指股权的出让与受让双方不是通过交易所系统集合竞价的方式进行买卖,而是通过面对面的谈判方式,在交易所外进行交易,故通常称为"场外交易"。

(3) 公司股权托管和公司托管

公司股权托管和公司托管是指公司股东将其持有的股权以契约的形式,在一定条件和期限内委托给其他法人或自然人,由其代为行使对公司的表决权。

(4) 表决权信托与委托书

表决权信托是指许多分散股东集合在一起设定信托,将自己拥有的表决权集中受托人,使受托人可以通过集中原本分散的股权来实现对公司的控制。

(5) 股份回购

股份回购是指公司或是用现金,或是以债权换股权,或是以优先股换普通股的方式购回其流通在外的股票的行为。

(6) 交叉控股

交叉控股是指母、子公司之间互相持有绝对控股权或相对控股权,使母、子公司之间可以互相控制运作。

控股变更型资产重组是我国最常见的资产重组方式,经过恰当的重组,将对公司的经营产生良性的影响。但如果重组后未对公司采取任何改善措施,则该重组就并不会对公司的发展产生任何良性影响。因此在进行分析时,应该综合考虑资产重组带来的影响。

7.4.3 关联交易分析

公司关联交易关联方交易,是指上市公司关联方之间发生的转移资源、劳务或义务的行为，而不论是否收取价款。《企业会计准则第 36 号——关联方披露》第三条对关联方进行了界定，即"一方控制、共同控制另一方或对另一方施加重大影响，以及两方或两方以上同受一方控制、共同控制或重大影响的，构成关联方"。

7.4.3.1 关联交易方式

(1) 关联购销

主要集中在资本密集型行业，如冶金、有色、石化和电力行业等；市场集中度较高的行业，如家电、汽车和摩托车行业等。

(2) 资产租赁

由于非整体上市，上市公司与其集团公司之间存在着土地使用权、商标等无形资产的租赁和厂房、设备等固定资产的租赁。

(3) 担保

上市公司与集团公司或者各个关联公司相互提供信用担保。

(4) 托管经营、承包经营等

托管方或是上市公司，或是关联企业。

(5) 关联方共同投资

共同投资形式的关联交易通常指的是上市公司与关联公司就某一具体项目联合出资，并按事前确定的比例分配收益。

7.4.3.2 关联交易对公司的影响

理论上，关联交易属于中性交易，其主要作用是降低交易成本，促进生产经营渠道的畅通，提供扩张所需的优质资产，有利于实现利润的最大化等。但在实际操作过程中，与市场竞争、公开竞价的方式不同，关联交易价格可由关联双方协商决定，企业便可以利用关联交易调节利润、避税和不当获利，往往使中小投资者利益受损。因此，不当的关联交易在长期来说不利于企业发展。

7.4.4 会计和税收政策的变化

7.4.4.1 会计政策的变化及其对公司的影响

会计政策是企业在会计核算时所遵循的具体原则及所采纳的具体会计处理方法。企业可以根据实际企业需要对企业所采用的会计制度进行变更。但会计政策变更将影响公司年初及以前年度的利润、净资产、未分配利润等数据。例如，《企业会计制度》规定，股份公司除计提坏账准备、短期投资跌价准备、存货跌价准备和长期投资减值准备四项减值准备以外，还要计提固定资产减值准备、在建工程减值准备、无形资产减值准备和委托贷款减值准备，并要求对计提的四项准备采用追溯调整法来处理。如果企业采取了这一新会计制度，其 2000 年以前的年度报表都会受到影响。

7.4.4.2 税收政策的变化及其对公司的影响

由于税收也是企业支出的重要组成部分，国家和地方税收政策的变化也会影响企业的业绩。如《关于纠正地方自行制定税收先征后返政策的通知》明确要求，各级地方政府一律不得自行制定税收先征后返政策，已制定的从 2000 年 1 月 1 日起一律停止执行。此番令实施后对我国大多数公司的年末利润均产生了巨大影响。又如自 2016 年 5 月 1 日起，中国全面推开了营改增试点,将建筑业、房地产业、金融业、生活服务业全部纳入营改增试点,营业税退出历史舞台。营改增避免了营业税重复征税、不能抵扣、不能退税的弊端,有效降低企业税负。同时促进了企业提高盈利能力,进一步推进转型发展的动力。但如果企业忽视了某些对企业的优惠政策如即征即退政策,对公司的税后净利润会产生巨大不利影响。总而言之,税收政策的变化对公司来说非常重要。

▶ 知识拓展

顾家家居:实现全品类大家居产能续航

2016年年底,浙江顾家家居公司与嘉兴市秀洲区政府签署战略框架协议,拟在嘉兴王江泾镇智能家居产业园取得土地,用于建设顾家华东二基地及智能家居品类产研销一体化事业部总部;进一步落实公司全品类扩张和大家居战略,打造以智能家居为核心的产业园。新项目总投资约15亿元,占地500亩*,出让年限50年,计划年底开工建设,新建项目建成投产后,计划实现年产能80万标准套,目标营业收入33亿元以上。我们预计此次投资将涵盖功能沙发、软床床垫、定制家居等产品品类;建设周期一般在两年左右。新建产能基地为公司拓品类夯实基础,使公司在经典皮沙发业界翘楚的基础上,将功能沙发、软床和床垫等潜力业务做大做强。顾家家居公司2013—2015年产能逐步扩建,产能端由2013年产能51万标准套扩张至2015年76万标准套,销售端公司陆续推出和加大功能沙发、床垫及定制家居的营销推广力度,同时推行"店面提升"战略,提升经销商的经营效率,整体产能难以满足旺盛的市场需求(2016年H1产能利用率94.2%,2016年H1产量最大的沙发品类产销率102.3%,软床、床垫产销率101.2%、97.6%)。目前公司产能主要在浙江杭州(本部)、浙江江东(梅林)、河北深州(子公司)。公司IPO募集资金中,11.8亿元用于建设年产97万标准套软体家具生产项目(产能扩增128%),支撑公司近期销售端扩张;而此次嘉兴家居生产基地(80万标准套)的落成将在此基础上进一步提升产能46.2%,缓解中长期的产能瓶颈,在产能端支撑公司走向百亿收入规模。

嘉兴市王江泾镇地处江苏、浙江两省的交界处,位于上海、杭州、太湖三大经济圈交汇点,京杭大运河、湖嘉申航道穿镇而过,07省道、申嘉湖高速公路贯穿全境,全程实现沪杭苏45分钟高速公路圈。当地积极发展"一区一带、一路一园"工程,着力打造中国智能家居城。顾家家居此次与王江泾镇框架合作,投资建设以智能家居为核心,拓展以功能沙发、软床床垫、定制家居为主的家居品类,同时满足顾家家居内生和外销需求,不断缓解产销压力。

近年来,顾家家居公司境外ODM业务与境内业务同速发展,构成收入增长的双动力。在家居内需业务大力拓展的同时,公司ODM收入增速可观,2016年H1外销收入占比36.5%,其中ODM业务34.3%。随着境外大客户战略的铺开,境外盈利能力将再上一个台阶。此次嘉兴生产基地的建成,将利用其港口优势,有效拓展出口业务,实现境内境外业务双飞跃。公司主打产品沙发受益于行业集中度提升;循序渐进拓展品类扩张,打造优

---

* 1亩=667m²。

势产品矩阵；尝试开拓大店模式，通过情景销售，大数据营销，在 2020 年前后向公司精品宜家模式转型。在不考虑可能的外延收购扩张的前提下，预计公司 2016—2018 年的收入分别为 47.53 亿元、61.32 亿元和 78.80 亿元，三年 CAGR 为 28.8%；实现归母净利润 5.95 亿元、7.59 亿元、10.13 亿元，三年 CAGR 为 30.5%；对应 2016—2018 年 EPS 分别为 1.44 元、1.84 元、2.46 元，目前股价(48.94 元)对应 2016—2018 年 PE 分别为 34、27 和 20 倍，参照同行估值与次新股溢价，给予一年目标价 64 元，对应 2017 年 35 倍 PE。

综合以上顾家家居公司的公司重大事项分析和财务趋势分析，机构建议维持增持该公司股票。

（来源：和讯网，2017）

思考题

一、名词解释

资产负债表，利润表，现金流量表，品牌效应，规模效应，市场占有率，资产负债率，流动比率，速动比率，财务杠杆，利息保障倍数，净资产收益率，市盈率，市净率，杜邦分析法。

二、简答题

1. 简述公司基本状况分析包括哪几个方面。
2. 简述公司产品分析包括哪几个方面。
3. 通过财务比率分析可以了解公司哪些方面的能力？
4. 为什么说公司财务状况分析也有一定的局限性？
5. 在短期偿债能力分析中，为何有了流动比率，还要分析速动比率？
6. 反映公司长期偿债能力的指标有哪些？
7. 如何分析公司的盈利能力？
8. 如何分析公司的投资收益？
9. 如何进行现金流量分析？
10. 简述杜邦分析法的主要内容。

三、计算题

根据以下资产负债表，计算该公司 2015 年年末的流动比率、速动比率、产权比率、资产负债率(表 7-5)。

表 7-5 ××公司资产负债表

2015 年 12 月 31 日　　　　　　　　　　　　　　　　　　　　　　　　　　　　　　元

资产	年初数	年末数	负债及所有者权益	年初数	年末数
银行存款	55 800	88 700	短期借款	10 800	46 800
应收账款	72 000	63 000	应付账款	7200	3600
存货	27 000	40 500	长期借款	54 000	36 000
固定资产原价	144 000	144 000	实收资本	180 000	180 000
减：累计折旧	28 800	34 200	盈余公积	10 800	16 830
固定资产净值	115 200	109 800	未分配利润	7200	18 270
资产总计	270 000	301 500	负债及所有者权益总计	270 000	301 500

四、案例分析

Z 药品公司关联交易

我国 Z 药业公司成立于 20 世纪 90 年代末，该公司是一家集科研、开发、生产、销售、药用动植物种植养殖为一体的高科技股份制企业。公司自成立以来，一直以现代中药和中药现代化为目标，初步形成了具有一定核心竞争力的中药制药价值链。2007 年 1 月，经证监会核准同意，该公司向社会公开发行人民币普通股 1690 万股，每股面值人民币 1 元，每股发行价格为人民币 9.56 元。但该公司于 2007 年 3 月在深圳证券交易所上市公司上市后股价一直呈下降趋势。2009 年年底，吉林省密集出台了人参产业振兴政策。该公司通过定向增发募资约 10 亿元进军人参系列化项目。增发完成后公司具备 800 吨的人参深加工能力，形成中成药、人参深加工及精加工两条业务主线。其人参产业开始了爆炸性发展，同时业绩与股价齐飞，该公司股票被市场称为"股市人参"。2010 年该公司实现营收 6.4 亿元。同比增长 151%，实现净利 1.73 亿元。同比暴增 184% 每股收益 0.84 元，且 10 转 10。2011 年上半年 Z 药业实现营业收入 3.7 亿元，净利润 1.11 亿元，分别同比增长 226% 和 325%。

在当时医药行业整体利润率急速下降的总趋势下，该公司的业绩反而骄人，这引起了媒体的关注。上海证券报记者经调查后发现该公司存在严重隐瞒关联交易的行为，并于 2011 年 8 日发表《自导自演上下游客户，Z 药业炮制惊天骗局》的文章。引爆了该公司关联交易事件。据上海证券报记者调查后发现该公司 2010 年营业收入、净利大增主要来自与其上下游大客户，即上游客户"延边系"、下游客户"通化系"的关联交易。而这些大客户几乎均与 Z 药业及其实际控制人或其家族存在千丝万缕的关联。"延边系""通化系"八家公司疑似 Z 药业的壳公司。而且，这些公司的注册、变更、高管、股东等信息并未在 Z 药业的年报中充分披露。此举实际上是通过复杂的关系和组织结构的运作，以自买自卖的形式增加公司账面业绩。然而 Z 药业却将这一系列行为归因为公司在关联方交易认知上存在错误，导致上述关联方交易发生前未履行必要的审批程序。然而大多数人认为这些重要的关联方交易行为的背后很可能与粉饰财务报告有一定的关系。实际上 Z 药业通过关联交易实现了收入规模及盈利大小的自由调节，但这几家关联客户的资产并不具有从 Z 药业巨额采购的能力，这种自买自卖的内部交易使得财务数据存在舞弊风险。即使销售事实存在，业务关系真实，货物、发票、款项等都有真实的往来，但关联关系未如实地披露同样涉嫌造假。

2014 年 2 月，Z 药业收到证监会下发的行政处罚公告。经证监会查明，Z 药业未在 2010 年年报中披露与延边 A 人参贸易有限责任公司、延边 B 人参贸易有限责任公司等的关联关系和关联交易，报告存在虚假记载、误导性陈述或者重大遗漏的违法行为。基于 Z 药业的上述违法行为，证监会决定责令改正，给予警告，并处以 40 万元罚款；同时给予有责高管相应的行政处罚。Z 药业被处罚的消息一出，立刻引来了全国各地投资者维权的热潮。

问题：
(1) 何种行为可以认定为不当关联交易？
(2) 根据以上案例分析关联交易的利与弊。

第 8 章 证券投资技术分析概述

本章提要

技术分析是证券投资分析的一项重要内容。通过对本章的学习,要求了解技术分析的定义和作用,掌握市场行为的四个要素及其相互关系,重点掌握技术分析的理论基础及其合理性,熟悉技术分析与基本分析的联系与区别、技术分析方法的分类以及技术分析方法存在的局限性和应注意的问题。

8.1 技术分析的理论基础

8.1.1 技术分析的含义

技术分析通过分析证券市场的市场行为,对价格的未来变化趋势进行预测,所使用的手段是分析股票市场过去和现在的市场行为。

技术分析的要点是通过观察分析证券在市场中过去和现在的具体表现,应用有关逻辑学、统计学、数学以及心理学等方法,归纳总结出其在过去历史中所出现的典型市场行为特点,在此基础上了解某些市场行为的固定"模式",并利用这些模式预测证券市场未来的变化趋势。由于价格、成交量、时间和空间是证券市场行为的四个基本要素,因此分析证券市场行为的重点就是分析市场行为的四个要素。

技术分析是证券投资的一个非常重要的流派,迄今已有 200 余年历史,广泛应用于股票、期货、外汇等品种的交易中。由于技术分析方法简单易懂实用,不需要掌握复杂的基本面知识,特别适合普通投资者使用。而机构投资者由于资金量大,其自身的交易就会对市场价格产生较大的影响,应用技术分析方法有较大局限性。不同于欧美成熟的资本市场,中国的股票市场以散户为主导,而且机构的操作风格也偏向于趋势交易,因而技术分析在中国市场有很强的适用性。

8.1.2 市场行为的四个要素

(1) 价格是核心

市场行为四大要素中,价格是四大要素之首。在进行技术分析时,投资者需要从以下几个方面来理解价格:

①投资者研究证券的目的就是试图通过预测该证券的价格走势而获利,因此价格始终

是证券分析的核心。基本分析认为证券的价格取决于其价值，归根结底是由证券的基本面决定的。而作为技术分析，一方面，由于证券的基本面只能说明过去，而不能说明将来，因此其市场价格与价值往往并不相符；另一方面，技术分析者认为，从市场本身来讲，价格的变化就是买卖双方力量此消彼长的一种结果，从价格变化本身也能够推测出这种变化，因此预测证券价格走势完全可以抛开其基本面的情况，而直接从分析价格入手。

②证券价格本身并不存在绝对的高低。投资者在分析价格因素时，更关心其价格的相对高低。首先是证券价格的时间相对性，即证券当前价格相对于历史价格的高低。技术分析本身就是依据历史数据，基于概率而非必然的逻辑关系得出结论，而在这些历史数据中，最重要、最直接、最真实的数据来源于证券市场行为本身。基于对事物的一般认识以及大众心理，投资者会认为当证券目前价格距离其本身历史高点差距越大，它上涨的概率自然越大；反之，当证券目前价格距离其本身历史低点距离越大，它下跌的概率也越大。而一旦证券价格突破历史高点或低点，该证券市场行为就会被认为发生了价格"异常"，而这种价格"异常"现象正说明这一证券自身（内部）或者市场环境（外部）发生颠覆性变化，对于该证券的历史认知必须有一个根本性调整。

其次是证券价格的空间相对性，即证券当前价格在当时市场价格体系中的相对高低。对于证券而言，市场价格体系可以分为两种：一是以整个市场所有证券价格作为参照；二是以具有相同属性的行业或者区域作为参照。前者是全局性价格比较，而后者是局部性价格比较。因此，证券价格可以区分为全局和局部两种相对价格。对于全局而言，证券市场中所有的证券价格大致分成高价区、中价区和低价区。基于事物发展的规律，处于低价区位置的证券，上涨的概率较大，而且证券目前价位越低，它的上涨空间也就越大，而处于高价区的证券则正好相反。对于局部而言，与目标证券具有相同属性的同行业证券或者同区域证券具有一定的价格关联性。因此，通过分析目标证券价格在行业中或同一板块内的价格位置，才能够利用比价效应来获得潜在的收益。

证券价格的时间相对性是其自身纵向价格比较，空间相对性是其横向价格比较。这两个价格维度就决定了该证券的价格位置。当然，由于证券自身以及其外部环境经常出现剧烈变化，同时同一行业或者同一板块的个股相互之间也可能差别很大，因此，在真正投资中，具体情况要具体分析。

(2) 成交量是关键

成交量是指一个时间单位内某个证券交易成交的数量金额。在市场行为四大要素中，成交量的重要性仅次于价格因素。尤其在对证券价格进行短期分析时，成交量分析的重要性甚至超过了价格分析的重要性。

①成交量确认了价格变化的真实性和有效性　证券市场中的参与者形形色色，与理性人假设相反，大量的交易行为都是非理性交易，价格往往是一种冲动和盲目交易的结果。这些交易可以看作市场中的"噪声交易"，如何排除这种情况并找到可靠的价格信号是理性交易者面临的难题。大量的交易实践表明，能够被市场交易各方认可的价格，一定会体现在成交量上。成交量是证券市场的直接推动力，也是价格形成的原动力。它确认了价格形成的真实性和有效性，没有成交量配合的价格是不具有参考价值的。因此，成交量是投资者分析判断证券价格走势的重要依据，在技术分析方法应用中，具有重要的确认作用。

②成交量与价格的一致性或者背离性都具有重要参考价值　证券价格的变化主要是上涨和下跌，成交量的变化主要表现为增加或减少，因此，具体而言，价格与成交量之间的关系大致有以下几种：价涨量增；价跌量增；价平量增；价涨量平；价涨量缩；价跌量缩；价平量缩。归纳起来就是量价同向和量价背离。

量价同向：即证券价格与成交量变化方向相同。伴随着价格上升，成交量也逐渐放大，表明市场继续看好，投资者积极介入；价格下跌，成交量也随之逐渐减少，说明卖方对后市看好，持仓惜售，后市价格还可能重新上涨。

量价背离：即证券价格与成交量呈相反的变化趋势。价格上升而成交量减少或持平，说明价格的上涨并没有得到交易者的认可。投资者趋于谨慎的心理使之采取观望态度，从而导致成交量并不支撑这种上涨，一般来讲这种升势难于维持。价格下跌但成交量反而上升，说明交易者不看好该证券后市走势，从而大量抛出，以回避后市大幅下跌的风险。

特别需要注意的是：

第一，价格的重大转折点往往伴随着成交量的异常。市场往往存在这样一种现象："天量天价、地量地价"。伴随着价格上升，成交量随之放大固然是价格上升得到支撑的表现，但是价格上涨总有结束的时候，成交量越大，越容易成为证券价格的顶部。与此相反，随着股价大幅下跌，并且不断创新低，当成交量越来越小的时候，反而容易成为底部的先兆。

第二，成交量变化的价格位置是分析的关键。最容易把握的成交量大幅放大一般会出现在以下三个位置：一是证券价格大幅下跌以后，长时间保持在一个较低价位上，并且成交量处于持续低迷的状态，突然出现反转时；二是对重要的价格压力线向上突破的时候；三是经过较长时间和较大幅度上涨，创出阶段性甚至历史新高引发市场抛售时。这三个价格位置都是原有的价格趋势即将发生重大变化，必须要有足够的成交量来确认新的价格趋势已经形成。这些价格位置成交量大幅放大具有明显的标志性，同时表明市场交易双方对价格产生重大分歧，对后市该证券价格走势往往具有决定性影响。

(3) 时间是另外三个变量的强化剂

时间因素是市场行为中其他三个要素表现的平台，在时间因素的作用下，其他三个要素自身的变化具有了更深层次的意义。

①对价格的影响　俗话说："横有多长，竖有多高""久盘不跌，必有暴跌"。这两句话的意思是：当证券价格在一个价格区间保持时间越长，那么累计在该区间的交易量就会越大，市场成本越会集中于这个价格区域。该价格区域就是一种坚实的价格区域，当证券市场价格向上或向下有效突破该价格区间的时候，其所具有的意义也就越大。

②对价格变化的影响(空间)　同样的价格变化幅度，由于经历的时间不同，对该证券的后期价格走势判断也不一样。

当证券由连续上涨转成下跌，并且在短时间内跌幅较大时，说明该证券下跌动力充足，在短暂反弹后还会继续探底。但是也有特殊情况，就是当证券经过长时间的阴跌，短时间内又出现加速度大跌，此种情况在市场中通常称为"赶底"，往往是重要底部出现的前兆。反之，如果经历了较长时间完成这样的下跌幅度，该证券就处于一种阴跌状态，很难判断何时止跌。

而当证券在短时间内出现较大的涨幅时，同样在短期内它也可能出现较大的调整幅度，当然具体分析时，还要更多地关注成交量的变化。反之，如果经历了较长时间完成这样的上涨幅度，那么很可能该证券出现了慢牛行情，可以考虑长期持有。

③对成交量的影响　在研究成交量的变化时，特别要注意的是成交量变化发生的时间长短。尤其是从底部开始上升的股票，短时间内的急剧放量是对该上升趋势的重要确认。与此类似，单位时间内，成交量的变化越剧烈，价格走势所形成的趋势就越可靠。

（4）空间是价格波动的阶段性极限，也是另外三要素共同作用的最终体现

所谓"空间"就是指证券价格可能上涨或下跌的幅度，从这个意义上来讲，与其说投资者关注证券价格，不如说投资者更加关注证券价格的波动幅度，也就是价格变化的空间。

①证券价格波动的空间受另外三个要素的作用。例如，价格较低的证券，上涨空间往往超过价格较高的证券；成交量长期低迷，近期突然放大的证券，成交量越大，上涨空间就越大；在价格低位横盘时间越长的证券，上涨空间往往越大。

②证券重要的历史价格，如历史最高价、最低价、新高、新低等价格，往往在分析证券价格将来的上涨或下跌空间时，起着重要的参考作用。

③投资者对证券价格波动幅度的预期会影响到价格变化的空间，而这种价格波动空间的变化反过来又会影响到投资者的预期。例如，当证券价格上涨接近该证券的历史最高价时，投资者会认为价格将在最高价附近回调。然而，一旦价格有效突破历史最高价，投资者将会对证券价格未来的上涨空间进行重新预测。

8.1.3　技术分析的理论基础

技术分析是预测价格未来走向的研究行为，依赖的是过去和现在的市场行为，技术分析能够抓住市场中隐蔽的、市场行为本身没有直接体现出来的信号。技术分析对于市场的认识具有独到的一面，总结出来就是它赖以存在的理论基础，即三大假设。

查尔斯·亨利·道在其道氏理论中首先提出一些关于市场价格波动的前提假设，这被公认为是技术分析三大基本假设的雏形，经过后来技术分析者的不断总结，形成了现有的关于技术分析三大基本假设。

8.1.3.1　三大假设概述

假设1：市场行为涵盖一切信息。

假设1是进行技术分析的基础。技术分析认为，价格和成交量等市场行为的要素本身就是市场参与者对各种信息反应的结果，这里的信息不仅是已发生的和公开的信息，也包括预期的和未公开的信息；技术分析同时认为，影响股票价格的全部因素（包括内在的和外在的）都反映在市场行为中，没有必要对影响股票价格因素的具体内容过分关心。如果不承认假设1，技术分析做出的结论应该是无效的。技术分析是从市场行为预测未来，如果市场行为没有包括全部影响股票价格的因素，也就是说，对影响股票价格的因素考虑的只是局部而不是全部，这样的结论当然没有说服力。

假设2：价格沿趋势波动，并保持趋势。

假设2是进行技术分析最根本、最核心的条件。技术分析认为，证券价格的变动是有一定规律的；证券价格有保持原来方向的惯性，而证券价格的运动方向则是由供求关系决定的。供求关系一旦确定，证券价格的变化趋势就会一直持续下去。只要供求关系不发生根本改变，证券价格的走势就不会发生反转。

假设 3：历史会重演。

假设 3 是从统计学和心理学两个方面考虑的。技术分析认为，通过市场行为本身可以预测证券价格的变动趋势，而市场行为则是投资者投资行为的综合反映。既然是投资者的投资行为，就必然受到某些心理因素制约。按照心理学理论，人类的天性是固执的，但人的天性不会因时间的改变而改变。因此可以肯定，市场存在某种"重复出现的规律"，过去的结果是已知的，这个已知的结果应该是用来作为对未来进行预测的参考。

8.1.3.2 关于三大假设的合理性分析

假设 1 的合理性在于：无论投资者是理性的还是非理性的，他们都是基于一些"可获得的信息"进行决策，因此证券市场价格就是这些信息综合作用的一个均衡结果。

假设 1 的不合理之处在于：市场行为反映的信息同原始的信息毕竟有一些差异，信息损失是必然的。正因为如此，在进行技术分析的同时，还应该适当进行一些基本分析和其他方面分析，以弥补不足。

假设 2 的合理性在于：市场价格决定于交易者的交易行为，而交易者通过对各种信息进行综合分析判断，继而做出交易决策。即如果认为价格能够上涨，就会继续持有或者买入；认为价格将下跌，就会卖出或者观望。因此，交易者的交易行为反映的是交易者对市场的心理变化。而心理学研究表明，人的心理存在"惯性"，继而导致行为也存在惯性。这种惯性会通过市场反馈而"自我强化"。例如，投资者对市场比较乐观，认为价格会上涨，他就会买入股票；如果价格真的上涨了，获得收益的事实会进一步强化其乐观心理，导致其进一步保持乐观情绪，并继续持有或者买入。

假设 2 的不合理之处在于：价格沿趋势波动需要在没有"外力"影响的理想状态下，而证券市场的外力是随时存在的，因而保持趋势是不可能的。另外，证券价格的波动被认为是最没有规律可循的。其一，由于物极必反的原因，价格沿某个方向波动的时间过长就会增加反向波动的力量，从而使本假设受到质疑；其二，尽管某些基本因素的确是通过供求关系来影响证券价格和成交量的，但证券价格最终还是取决于其内在的价值；其三，证券价格的变化会受到许多因素的影响，有些是我们根本想不到的，这使得证券价格的波动表现得毫无规律。

假设 3 的合理性在于：其一，根据历史资料概括出来的规律已经包含了未来证券市场的一切变动趋势，所以可以根据历史预测未来；其二，投资者的心理因素会影响投资行为，进而影响证券价格。

假设 3 的不合理之处在于：人类的行为非常复杂，绝对不会重复完全相同的行为组合；市场行为也是千变万化的，也不可能有完全相同的情况出现，差异总是或多或少地存在，有时这个差异甚至很大。因而，证券价格波动的"重复性"将受到考验。

8.1.4 技术分析与基本分析的比较

证券市场中交易者的交易目的就是获利，随着证券市场的发展，交易者在长期的投资实践中，逐渐将交易方法体系化、系统化，并形成了较完善的交易理论体系。而基于研究对象、研究手段以及应用准则的不同，这些交易理论逐渐形成两大"主力流派"——技术分析和基本分析。技术分析主要研究包括价格在内的市场行为本身，而不去关注影响价格的内外部因素，目的就是确定价格未来趋势；基本分析则专注于研究导致价格波动的各种宏微观因素，以确定分析对象的内在价值。

8.1.4.1 技术分析与基本分析的思路

(1) 技术分析

技术分析是相对于基本分析而言的。技术分析是对证券的市场行为所做的分析。技术分析的重点是证券在交易市场中的"即时表现"，并据此预测证券价格的走势。技术分析更注重证券的价格、成交量以及伴随价格和成交量变化的时间。因此，技术分析更有利于时间相对较短的投资。

(2) 基本分析

基本分析主要是指上市交易的证券的基本情况和背景；基本分析的重点是对证券的"本质"进行分析，包括该证券未来提供收益的能力等潜在的价值。基本分析更注重证券的内在价值和未来的成长性。基本分析所要回答的问题是，某个证券在将来的某个时间应该值多少钱。因此，基本分析更有利于相对长期的投资。

8.1.4.2 技术分析与基本分析的联系

技术分析与基本分析的起点与终点相一致，都为了更好地把握投资时机，进行科学决策，以达到盈利的目的。二者的实践基础相同，都是人们在长期投资实践中逐步总结归纳并提炼的科学方法，它们自成体系，既相对独立又相互联系。两者在实践中的运用相辅相成，都对投资者具有指导意义。基本分析涉及股票的选择，技术分析决定投资的最佳时机。两者的结合，即选准对象和把握机会，才能在投资中有所收获。

8.1.4.3 技术分析与基本分析的区别

(1) 分析所用信息不同

技术分析所用的信息是公开的市场信息（如价格、成交量和技术指标），公开的市场信息来源于市场本身，因此，技术分析认为只有来自于市场本身的公开信息与证券价格是相关的；而基本分析所用的信息则是来自于市场之外的公开信息（如收入、增长率、政策、法规等）。

(2) 分析的侧重点不同

技术分析侧重于投资时机的分析，旨在帮助投资者选择买入点和卖出点，即决定何时买卖；而基本分析则侧重于对证券内在价值的分析，旨在帮助投资者选择买卖品种，即选择何种证券投资。

(3) 价格与价值的考虑不同

技术分析通过分析证券的市场行为，判断证券价格的变动趋势。技术分析的重点是证券的价格变动而不是价格水平，它不考虑证券的当前价格是否具有投资价值；而基本分析则是根据证券的内在价值判断其价格水平的高低，重点是针对证券的内在价值而不是价格水平。

8.2 技术分析的分类和局限性

8.2.1 技术分析的分类

由于不同的人有不同的侧重点和观测角度,因而他们进行技术分析的具体研究方式也就不同,这是产生多种技术分析类别的原因。技术分析大致可以分为以下六类:技术指标、支撑压力、形态、K线、波浪理论、循环周期。

8.2.1.1 技术指标

考虑市场行为各个方面的数据,用数学公式进行计算,得到体现股票市场某个特定方面内在实质的数字,这个数字称为技术指标值。技术指标的数值大小和前后数值之间的相互关系,直接反映了股票市场所处的状态,为操作行为提供了有益的建议。技术指标所反映的内容大多数是从行情报表中不能直接得到的。世界上用在证券市场上的技术指标至少有上千种,而且还将涌现出新的技术指标。

8.2.1.2 支撑压力

在技术图表中,按照一定的方式画出一些直线,然后根据这些直线的情况推测股票价格未来有可能停顿的位置。这些直线就是支撑线或压力线。支撑线和压力线向后的延伸位置对价格的波动起到一定的制约作用,即支撑和压力的作用。例如,价格从下向上抬升的过程中,触及压力线,甚至还未触及,就会调头向下。另外,如果在支撑线和压力线的附近,价格没有如期转向,而是继续向上或向下,这时就出现了支撑线和压力线被突破。被突破后的支撑线和压力线仍然有实际作用,只是作用发生了变化。

8.2.1.3 形态

形态法是根据价格在波动过程中留下的轨迹的形状来判断多空双方力量的对比,进而预测价格未来的趋势。价格走过的形态是市场行为的重要组成部分,是证券市场对各种信息感受之后的具体表现。形态分为反转突破形态和持续整理形态两大类型。著名的形态有双顶(M头)、双底(W底)、头肩顶、头肩底等多种。

8.2.1.4 K线

这里的K线实际上不局限于K线,是一类表现价格的技术图表,但以K线最为著名。K线分析法是通过制图手段,将证券市场行为具体体现在一系列的图表上,其研究手法是侧重于K线组合情况,推测市场中多空双方力量的对比,进而判断证券市场多空双方谁占优势,这种优势是暂时的还是决定性的。K线图是进行各种技术分析最重要的图表。人们经过不断总结,发现了一些对股票买卖有指导意义的K线组合。K线最初由日本人在德川幕府时期,用以记录米市交易行情而发明的。如今,许多股票投资者进行技术分析时往往首先接触的是K线图。

8.2.1.5 波浪理论

波浪理论的奠基人是艾略特(Ralph Nelson Elliott)。他在20世纪20年代就有了波浪理论的最初思想并于30年代完成。波浪理论把价格的上下波动看成与波浪的上下起伏一样。波浪的起伏遵循自然界的规律,按一定之规进行,价格也是遵循波浪起伏所遵循的规律。

简单地说，上升是五浪，下降是三浪。数清楚了各个浪就能准确地预见到跌势已经接近尾声，牛市即将来临，或者牛市已经到了强弩之末，熊市即将来临。波浪理论较之于别的技术分析流派，最大的区别就是能提前很长时间预计到行情的底和顶，而别的流派往往要等到新的趋势已经确立之后才能看到。但是，波浪理论又是公认的最难掌握的技术分析方法。

8.2.1.6 循环周期

该理论认为，价格的高点和低点的出现，在时间上存在一定的规律性，事物的发展兴衰有周期性，价格的上升和下降也存在某些周期的特征。

以上六类技术分析方法从不同的角度理解和考虑证券市场，它们是经过市场的实际考验而保留下来的精华，彼此并不排斥。由于这六类方法考虑的方式不同，导致具体操作指导的区别：有的注重长线，有的注重短线；有的注重相对的位置，有的注重绝对的位置；有的注重时间，有的注重价格。

8.2.2 技术分析的局限性和应该注意的问题

8.2.2.1 技术分析的特点

（1）技术分析缺乏严密的逻辑性

技术分析的最大特点就是不讲究因果关系和严密的逻辑性，而是"以成败论英雄"。只要某个方法给投资者带来盈利，这个方法就被认为是成功的方法而加以肯定。其实从技术分析方法诞生开始，对技术分析的质疑就没有停止过，这其中既有对技术分析赖以建立的理论基础加以批判的学者，也有把技术分析方法运用于实践的失败者。尽管200多年来，技术分析在金融市场上经久不衰的事实告诉人们，技术分析的作用毋庸置疑，但是直到目前为止，还没有一个比较严密的"体系"能够证明技术分析方法是站得住脚的。

（2）单一的技术分析方法具有局限性和盲目性

对于绝大多数初学者来说，使用技术分析方法最容易犯的错误就是将技术分析的结论"神化"和"机械化"。"神化"就是夸大技术分析的作用，认为技术分析无所不能；"机械化"就是把技术分析想象得过于简单而不考虑其结果的复杂性。"神化"和"机械化"都将使投资者忽视可能遇到的不利结果，盲目地进行投资决策和买卖操作。

实践证明，单独使用一种技术分析方法有相当大的局限性和盲目性，甚至会给出错误的买卖信号。为了减少失误，必须将多种技术分析方法结合运用，相互补充、相互印证，才能减少出错的机会，提高决策的准确性。

（3）技术分析结论强调时效性和实践验证

每个技术分析的结论都需要外在条件并强调时效性。因为每个技术分析的结论都是前人和别人在一定的特殊条件或特定环境下总结出来的。条件或环境变化了，使用这些曾经成功的理论和方法就有可能得出不同的结果。所以，已有的结论要通过实践验证、仔细推敲，总结出自己能够使用的部分。

（4）技术分析结论存在一个概率

虽然在实践中，通过技术分析得到的结论是选择那些成功率较高的结论，但是由于技术分析的结论大部分依据的是"历史会重复"这一假设，而任何事物都不会有简单的重复，所以从统计学的角度看，技术分析的结论不可避免地会有出错的时候。投资者只有在实践中不断地总结经验教训，才能得到比较有使用价值的概率值。

8.2.2.2 技术分析应该注意的问题

在某些介绍技术分析的书籍中，把技术分析说得很神奇，仿佛学会了技术分析就可以得到证券市场中随便"提款"，但被这种乐观的气氛所笼罩是很危险的。像大多数事物一样，技术分析也有两面性，它有神奇有效的一面也有无能为力的一面。证券市场的运行方式是不断变化的，不可能技术分析方法每次都能全面周到地应付。除此之外，各种突然出现的偶然因素也会使技术分析方法束手无策。总之，在使用技术分析方法时必然会发生偏差，使用者考虑的问题是如何尽量避免和减少这些偏差。下面几点是应用技术分析应该注意的问题：

（1）避免机械化地使用技术分析方法

所谓机械化地使用技术分析方法就是严格按照图表或者指标发出的买卖信号来进行操作。研究表明，如果不考虑交易费用，按照这种方式进行交易确实能够获取较好的收益。但是由于交易费用的存在，如果频繁地按照技术分析方法发出的买卖信号进行操作，预期收益将是负的。解决办法之一就是将几个技术分析方法结合使用，尽量在几个指标能够互相确认时，才采取行动。以此来提高成功率。

（2）过去的结论要不断地进行修正，并经过实践验证后才能放心地使用

已有的结论是在特殊条件下得到的。随着环境的改变，这些曾经成功的结论用到资金身上就可能失败，所以必须验证后才能使用。自己研究和吸取别人的经验，都是为了不断地使技术分析方法更准确、更适用和更有效。

（3）建立个性化的技术分析体系

技术分析理论中所包含的各种指标、分析方法都是在一定限制条件下的经验总结。实际上由于股票市场中企业自身属性以及外部环境发生了变化，尤其是投资者自身也发生了很大变化，同样的方法使用到不同的环境中，或者被不同的人使用，结果可能差别很大。因此，不应该将这些技术分析方法直接拿来应用，而必须建立个性化的技术分析体系。

所谓个性化的技术分析体系，是指交易者通过对技术分析理论的系统学习，在实践中不断地总结、提升自身的分析水平，在结合自身特点的基础上建立一套适合所在市场环境的技术分析的交易方法、原则以及理念。而这种个性化的技术分析体系，依然不是固定不变的，它必须根据交易者自身的变化以及市场环境的变化相应地动态调整。

（4）技术分析方法应结合基本分析方法使用

技术分析方法的优势在于简单、直接、可操作性强，对于投资者而言不需要特别的知识就能够较好地掌握，但是其缺点是缺乏严密的逻辑关系，分析结果其实是一个概率性的存在，因而在实践过程中存在大量的虚假信号，导致交易者经常止损。而基本分析的优势在于逻辑严密，结果基本上是确定的，但是其缺点是对分析者素质要求较高，并且由于经常逆市操作，对交易者的心理素质要求也极高。

鉴于此，应该将技术分析与基本分析结合起来，充分发挥两种方法各自的优点：利用基本分析来选择投资对象，而通过技术分析选择买卖时机。

(5) 对技术分析的期望不要超过技术分析力所能及的范围

技术分析有自己的不足和盲点。如果不了解各种技术分析方法的优点和缺点，一味依靠技术分析，那是十分可怕的事情。技术分析能够避免明显的错误，但不能避免全部的错误。

知识拓展

再谈技术分析到底有没有用

基本面分析者往往嘲笑技术分析者：指标是落后的。何出此言？

价格的走势是根据量能决定的，是成交量决定价格，而有了价格才能有K线，有了K线才有均线，有了均线才有MACD、KDJ、RSI、BOLL线等各种技术指标，所以技术指标有严重的滞后性。以日线级别的均线为例，假如价格连续上涨几天，金叉已经形成，但是第二天突然暴跌就又形成了死叉，那么我们还应该相信技术指标吗？

这也是新手在学技术指标的过程中会遇到的一个典型问题，很多人因此就不相信技术指标而痴迷于基本面、消息面、跟庄分析等。讽刺的是，手握数十亿资金的机构大户，他们对基本面有远高于常人的掌握能力，往往可以随意控制一只个股的价格走势，却没有一个敢说技术分析没有用，恰恰是那些对基本面分析处于劣势地位的散户在高喊技术无用论。

在技术分析面前，人人平等，只要肯钻研，就能成为高手；而在基本面分析面前，散户无论付出多大努力，在机构大户面前都是"战五渣"。人人都崇拜巴菲特，向往价值投资，但是多数人忽略了一点：巴菲特是机构大户，它操作的是基金，他不是小散，作为一个小散，你是永远模仿不来巴菲特的。

在讲技术分析之前，我们先来谈谈基本面分析

基本面分析则集中考察导致价格涨、落或持平的供求关系。基本面分析者为了确定某商品的内在价值，需要考虑影响价格的所有相关因素。所谓内在价值就是根据供求规律确定的某商品的实际价值，它是基本面分析派的基本概念。如果某商品内在价值小于市场价格，称为价格偏高，就应该卖出这种商品；如果市价小于内在价值，叫作价格偏低，就应买入。

显然基本面分析者企图找到价格涨跌的原因，而市场是如此复杂，基本面分析者看到利好或利空消息就买入或卖出某只股票其实已经晚了一步，因为价格总是超前反映经济，当你看到这个利好消息的时候价格已经先你一步上涨，反之亦然。

再来详细谈谈技术分析

技术分析之所以有用，它基于以下三大假设：市场行为包容消化一切；价格以趋势方式演变；历史会重演。

市场行为包容消化一切，是技术分析的基础。如果不认可这一点，那就没有必要谈技术分析。技术分析者认为：能够影响某市场价格任何因素（基础的、政治的、心理的或任何其他方面的）实际上都反映在价格之中。市场最重要的指标就是价格，价格上涨只有一个原因：供不应求，价格下跌也只有一个原因：供大于求。至于是什么原因导致供不应求或供过于求，那就太复杂了，没有任何人可以分析得透。每一次价格的上涨或者下跌都包含了无比庞大的信息量，分析者只需要知道价格是涨是跌这个最终信息就已经是对其背后庞大的信息面做了一个最直接的分析。归根结底，技术分析者不过是通过价格间接地研究经济基础。因此，技术分析也就间接地包含了基本面分析。

价格以趋势方式演变，这个概念是技术分析的核心。也就是说，价格的变化是有一定规律和趋势的，它不是杂乱无章地上蹿下跳，一旦趋势形成，它掉头反向发展的概率要远远小于继续以目前趋势发展的概率。这就可以理解为什么金叉形成就是买入信号，因为形成金叉就说明已经形成了向上的趋势，那么价格下一步反向发展的概率很低。注意这里说到了概率，技术分析对未来价格的走势的预测只能说有一定的概率，不可能完全准确，有70%的准确率就是一个优秀的技术分析者。

从"价格以趋势方式演变"自然而然地推断，对于一个既成的趋势来说，下一步常常是沿着现存趋势方向继续演变，而掉头反向的可能性要小得多。这当然也是牛顿惯性定律的应用。还可以换个说法：当前趋势将一直持续到掉头反向为止。这几句反复强调的无非只有一个意思：坚定不移地顺应一个既成趋势，直至有反向的征兆为止。这就是趋势顺应理论的源头。

历史总会重演，技术分析和市场行为学与人类心理有着千丝万缕的关系。价格的涨跌是人们买和卖的结果，为什么买、为什么卖都是由个人趋利避害的心理来决定的。价格趋势的图表反映了人们对市场的乐观和悲观心态。既然以往的价格走势有一定的规律，那么这个规律在现在和未来仍然有效。所以，我们根据历史上的一些股票价格走势基本可以判断未来的价格会朝着怎样的方向发展。

（来源：http://www.jishupai.com/lilunxuexi/lilunjichu/579.html）

思考题

一、名词解释

技术分析，市场行为。

二、简答题

1. 什么是证券市场的市场行为？如何理解市场行为的四要素？
2. 技术分析的特点是什么？
3. 影响价格波动的最根本因素是什么？
4. 如何理解技术分析的三大假设？
5. 技术分析和基本分析之间的关系是什么？
6. 简述技术分析方法的局限性和应该注意的问题。
7. 根据自己的实践谈谈技术分析和基本分析应该如何结合。

第 9 章 技术分析的主要理论和方法

本章提要

本章介绍技术分析的主要理论和方法，具体包括 K 线理论、切线理论、形态理论、道氏理论和波浪理论等。其中，K 线理论是技术分析的入门，切线理论和形态理论是技术分析的核心，道氏理论和波浪理论是技术分析的纲领性知识，随机漫步理论、循环周期理论、相反理论等从不同角度阐述了市场的运行机制。通过本章学习，要求掌握切线理论和形态理论的应用方法，理解道氏理论和波浪理论的思想精髓，了解其他理论的基本观点和简单应用。

9.1 K 线理论

9.1.1 K 线概述

K 线是技术分析的基本单元，也是识别大盘及个股的重要工具。

K 线起源于日本，由本间宗久发明。18 世纪中叶，日本德川幕府时代，本间宗久用 K 线来记录米市的行情与价格波动。K 线形状颇似一根根蜡烛，加上这些蜡烛有黑白之分，也称阴阳烛线图。

K 线包含四个价格：开盘价、收盘价、最高价和最低价。开盘价由集合竞价过程产生，是市场中信息和情绪交互反应形成的价格。最高价和最低价是每个交易日中，成交价格曾经出现过的最高和最低的价格。最高价与最低价的间隔区域被称为当天的交易区域。这两个价格如果相差悬殊，说明当时市场交易活跃，买卖双方争夺激烈。收盘价是买卖双方经过一天的争斗最终达成的共识，是供需双方最后的暂时均衡点，具有指明当前价格位置的重要功能，是最重要的价格。

开盘价与收盘价构成 K 线实体，最高价与最低价与实体上下边缘构成上下影线。收盘价高于开盘价，为阳线，国内交易软件一般图示为红色。收盘价低于开盘价，为阴线，国内交易软件一般图示为绿色(图9-1)。

实体表示多空双方优势一方的优势大小，实体越大其代表的优势一方的优势越大，反之越小。上影线由多方(对未来价格看涨的投资者)先推动股价上升，再被空方(对未来价格看跌的投资者)从上向下打压而形成，是空方从多方手中抢得的地盘。因此，上影线代表了空方的能量，是股价上升的阻力。下影线由空方先推动股价下降，再被多方从下向上

图 9-1 K 线

攻击而形成，即多方从空方手中抢得的地盘，因此，下影线代表了多方的能量，是股价下跌的支撑。

9.1.2 K 线研判原理

K 线是价格信息的提炼与浓缩，读懂单根 K 线的含义是进行 K 线分析的基本功。单根 K 线的研判需要对 K 线实体的长短、实体的阴阳、上下影线的长短、实体的长短与上下影线长短的关系和 K 线在行情中所处的位置进行综合分析，来判断买卖双方力量对比，从而预测证券价格走势。

一般说来，上影线越长、下影线越短、阴线实体越长，空方占优；上影线越短、下影线越长、阳线实体越长，多方占优。上影线和下影线比较的结果，也影响多方和空方取得优势。上影线长于下影线，利于空方；反之，下影线长于上影线，利于多方。另外，K 线研判时，结合分时图来判断会更加有效，因为同样的 K 线在分时图里的走势是不一样的。

实践中，由于单根日 K 线容易受到操纵，所以只能用其来判断短期趋势。

9.1.3 K 线反转形态

9.1.3.1 锤子线和上吊线

锤子线和上吊线的形态特征为：形态出现之前有明显的趋势；K 线实体处于整个价格区间上端；阴阳无所谓；下影线为实体的两倍，越长越好；没有上影线最好，如果有，应该很短。两者的不同之处是锤子线是在下降趋势中出现时的称谓，而上吊线是在上升趋势中出现时的称谓。

锤子线表示疯狂地卖出行动被遏制，第二天较高的开盘价和更高的收盘价（有时是第三天或第四天）将使得锤形线的牛市含义得到确认。如图 9-2 所示，南玻 A 在经过快速的价格下跌后，首先出现了一根锤子形的日 K 线（框中），第二日也是一根锤子形的日 K 线，第三日出现了一根光头光脚的大阳线（实质上是涨停，上涨 10%），随后价格经过几个月的上涨，最高曾达到 24 元。

上吊线显示出卖方力量的积聚，第二天较低的开盘价和更低的收盘价将使得上吊线的熊市含义得到确认。如图 9-3 所示，贵州茅台经过一段时期的上涨后，出现了上吊形的 K 线（框中 K 线），第二日出现了一根大阴线，随后开启了一波下跌。

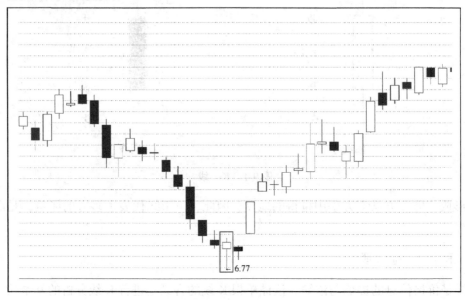

图 9-2 锤子线

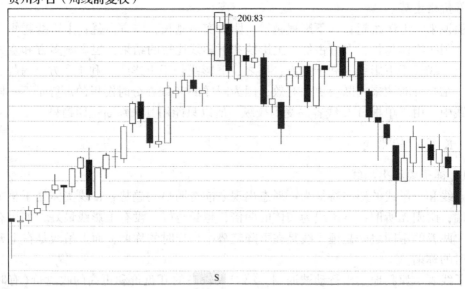

图 9-3 上吊线

当然，在实践中，并不是每一根锤子线和上吊线都能成功，只是这样形态的 K 线更有可能出现在一波行情的顶部或底部。如图 9-3 所示，第一根 K 线实质上也是上吊形的 K 线，但之后却是上涨行情。因此，在应用时前期的趋势、K 线的形态和后期的确认全部具备可信性才高。以下介绍的形态同样适用于这些原则。

9.1.3.2 流星线与倒锤子线

流星线和倒锤子线形态特征为：形态出现之前有明显的趋势；K线实体处于整个价格区间下端；上影线的长度一般是实体的长度的2~3倍，越长越好；下影线短到可以认为没有。两者的不同之处是倒锤子线是在下降趋势中出现时的称谓，而流星线是在上升趋势中出现时的称谓。

倒锤子线的含义是当天的上冲虽然失败，但显示出潜在反转的可能性，第二天较高的开盘价和更高的收盘价将使得倒锤子线的牛市含义得到确认。如图9-4所示，在一波下跌趋势线，出现了倒锤子线，随后五根小K线，但实体都在倒锤子线的价格范围内，之后出现了较大阳线，确认了倒锤子线的牛市含义。

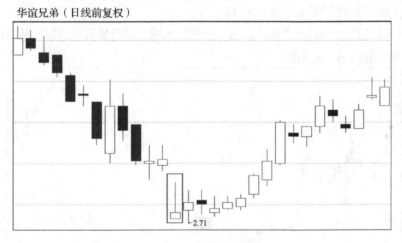

图 9-4 倒锤子线

流星线的含义是长上影线表明多方力量不济，空方开始占据优势；第二天更低的收盘价确认熊市信号。如图9-5所示，南玻A在经过一波上涨之后，出现了流量K线（第一个框），第二日出现的阴线确认了熊市信号。几天之后的小幅反弹后又连续出现了两根流星线，第三日阴线确认了熊市信号，随后开启了大幅下跌的序幕。

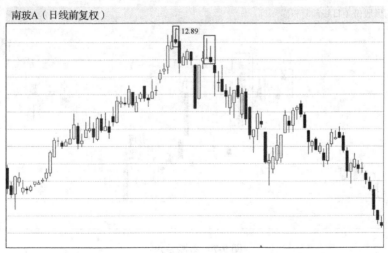

图 9-5 流星线

9.1.3.3 看涨吞没与看跌吞没

吞没形态的形态特征为：形态出现前有明确的趋势；由两根颜色相反的实体构成，后实体吞没前实体，两根实体相差大，更为有效；第二根实体伴有很大的交易量；第二根实体向前吞没实体可以不止一个；如前一实体非常小（或干脆是十字），两根实体同色也成立。

看涨吞没出现在一轮明显的下跌趋势中，前一天的 K 线小于当天的已经表明趋势在转弱，而随后包住它的 K 线，说明新的走势力量很强。发生吞没当天，如果量放大明显，会增加新趋势继续的可能性。如果大实体能够吞没好几天的实体，表明反转的力量会很强。第二天的开盘价离前一天越远，强反转的可能就越大。如图 9-6 所示，在经历大幅下跌后，出现了四根小阳线，之后又出现了一根锤子线，随后出现了四根大阳线，吞没了前面的五根 K 线，随后开启了大幅上涨的序幕。

看跌吞没正好相反，如图 9-7 所示，两个框中是区域顶部明显看跌吞没，随后出现了下跌。

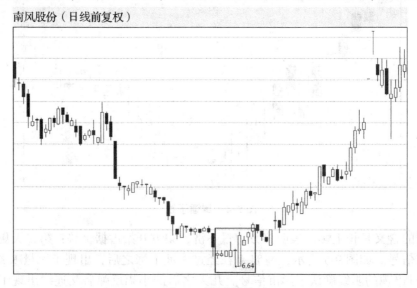

图 9-6　看涨吞没

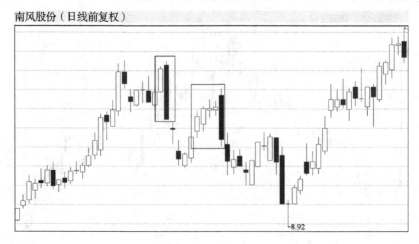

图 9-7　看跌吞没

9.1.3.4 曙光初现和乌云盖顶形态

曙光初现和乌云盖顶形态的形态特征为：形态出现前有明确的趋势，第一天是反映原有趋势的长实体，第二天在原有趋势上跳空开盘，收市时位于前一天实体的中部以上，两根实体都应是长实体，第三天的价格确认先前趋势的反转。曙光初现出现在下降趋势中，乌云盖顶出现在上涨趋势中。

如图9-8所示，经过快速的下跌后，出现了符合曙光实现的形态，框中的第二根K线低开，且收盘价在前一天阴线的实体之上，第三日是一根中等长度的阳线，确认了先前下跌趋势的反转。

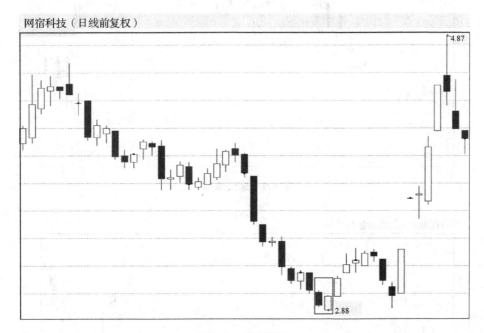

图 9-8　曙光初现

如图9-9所示，在经历前期上涨后，出现了乌云盖顶形态，框中的第二根阴线不仅高开低走，而且吞没了前一根阳线的实体，随后的大阴线确认了先前上升趋势的反转。事实上，框中的顶部与前期顶部相距不远，这从另一方面表明了价格上涨的能量已经减弱。

9.1.3.5 早晨之星和黄昏之星

早晨之星和黄昏之星的形态特征为：形态出现之前存在明确的趋势，第一天实体的阴阳性与趋势方向一致。早晨之星是阴线，黄昏之星是阳线。第二天的小实体星形线与第一天之间有缺口，小实体的阴阳不重要。第三天K线的阴阳与第一天K线的阴阳相反。第一天的K线是长实体，第三天的K线基本上也是长实体。第一根线的交易量较小而第三根线的交易量较大，则更有意义。

如图9-10所示，K线图中的第二个框中是标准的早晨之星，框中的第二根阴线实质是一根长实体(因为是跳空低开，所以从视觉上是一个星形线，但从跌幅绝对是大阴线)，第三根星形线和随后的大阳线完成了早晨之星形态，随后出现的阳线确认了牛市信号。尽管之后价格下跌，但并未跌破早晨之星的底部，之后是一波波澜壮阔的上涨。第一个框中也

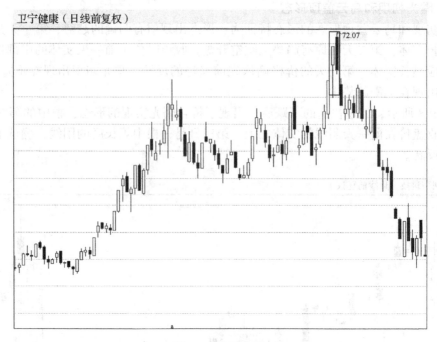

图 9-9 乌云盖顶

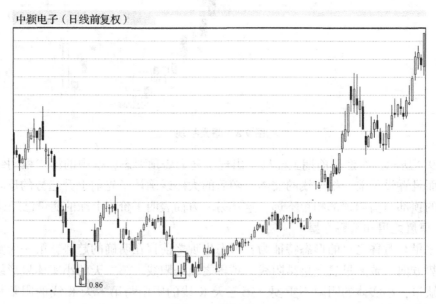

图 9-10 早晨之星

是类似早晨之星的形态特征,只是中间的 K 线不是星形线。

如图 9-11 所示,在经过一波上涨之后,出现了黄昏之星形态(框中),随后是一波比较快速地下跌。

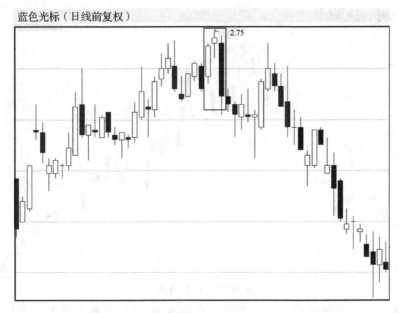

图 9-11 黄昏之星

9.1.3.6 三只乌鸦和红三兵

三只乌鸦和红三兵形态特征为：形态出现之前存在明确的趋势，由相邻的依次上涨或下跌的三根 K 线组成，三根 K 线的收盘价都应当处于最高(低)点或接近最高(低)点，每根 K 线的开盘价都处于前一个实体内。三只乌鸦出现在上升趋势末期，红三兵出现在下降趋势末期。在实际图形中，往往在下跌趋势(上升趋势)进行中连续出现三根大阳线(三根大阴线)即可认为是红三兵(三只乌鸦)形态。

如图 9-12 所示，中集集团在经过大幅下跌后，出现了横盘整理态势，之后跌破了横盘整理底部，但随后出现了红三兵形态，表明多方力量迅速占据上风，之后出现了大幅上涨。

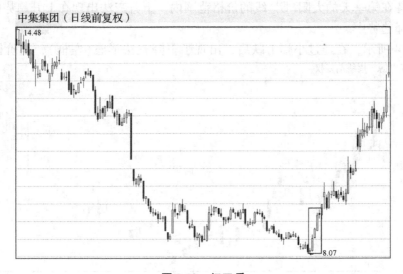

图 9-12 红三兵

图 9-13 三只乌鸦

如图 9-13 所示,在经过前期的上涨后,在周 K 线图上顶部出现了三支乌鸦形态,之后两月股价虽然有反弹过程,但无法重振上涨趋势,之后价格便跌跌不休。

9.1.4 持续形态

9.1.4.1 上升三法和下降三法

上升三法和下降三法的形态特征为:长实体的形成表示了当前的趋势,长实体被一组小实体跟随,颜色最好与长实体相反。小实体沿与当前趋势相反的方向或高或低地排列,并保持在第一天实体的最高和最低所限定的范围之内。最后一天应该是强劲的一天,其收盘高于或低于第一根长实体的收盘。第一部分成交量应该较大,而在休整阶段,成交量应萎缩,第三部分成交量也要明显放大。休整的时间可能不止三天,但小阴(阳)线的价格范围应始终保持在第一天的大阳(阴)线的价格范围内。上升三法出现在上升趋势中,下降三法出现在下降趋势中。

如图 9-14 所示,在经过小幅下跌后,出现了下降三法形态(左框),当价格跌破形态

图 9-14 上升三法和下降三法

底部时，表明下跌趋势将继续。在下跌趋势与上涨趋势的转折处，是典型的曙光初现形态。右框则是上升三法形态。

9.1.4.2 缺口

缺口是指价格跳空，在相邻 K 线的最高价与最低价之间出现了价格缺口，缺口间没有任何价格活动。一般来说，投资者应该顺着缺口形成的方向建立头寸，缺口往往演化为支撑位和阻力位。因此，在上涨行情中，如果出现一个缺口，则意味着价格将进一步上升。并且，当未来市场向下回撤时，这个缺口将形成其底部支撑水平。如果市场向下回撤时填补了这个缺口，填补完后，市场的抛售压力依然存在，那么，先前的上升趋势就不复成立了。下降趋势亦然。

如图 9-15 所示，缺口 1 中出现第一个跳空后，紧接着第二日又出现了一个向上价格跳空，预示市场后续看涨。但是，随后价格却进入横向整理。其中，多次向下回调并没有跌破第一次跳空日的最低价，表明有强劲支撑。缺口 2 同样出现了两次向下跳空，但最后一次的跳空迅速被连续 4 日的阳线所填补，但第四根阳线上涨至跳空前一日 K 线的最低价时，遇到阻力而出现回调，说明向下跳空的缺口常常起到阻力作用。缺口 3 的缺口在之后第三日的价格上攻中起到阻力作用，虽然填补了价格缺口，但由于买入力量不济，随后出现了快速下跌。

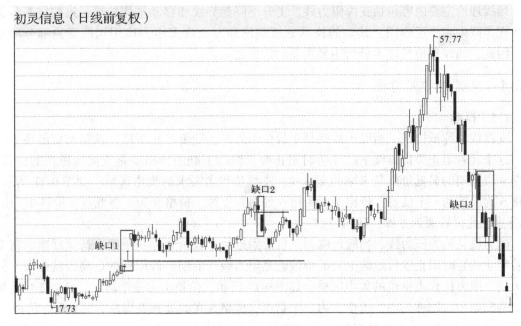

图 9-15　缺　口

另外，在市场横向整理时或新高价位时出现的跳空，往往更有意义。如图 9-16 所示，以跳空高开高走方式突破了前期最高价形成的阻力区域，之后有九周的微幅上涨，随后出现大幅下跌，填补了之前的跳空缺口，但在缺口处遇到支撑，停止下跌，最终形成了一波大幅上涨行情。

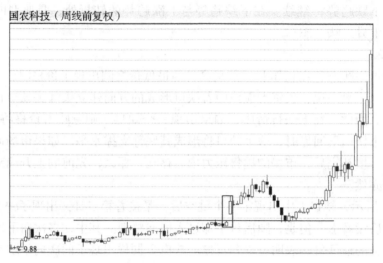

图 9-16　突破缺口

9.2　切线理论

切线理论主要内容包括支撑阻力线、上升下降趋势线和移动平均线等，这些技术分析方法在实践中有广泛应用，其余的技术分析理论和方法许多也会应用切线理论部分的知识，因此，切线理论是技术分析中最重要的理论之一。

9.2.1　支撑线和阻力线

9.2.1.1　概念

支撑线又称抵抗线，当股价跌到某个价位附近时，股价停止下跌，甚至有可能还有回升。这个起着阻止股价继续下跌或暂时阻止股价继续下跌的价格就是支撑线所在的位置。前期一段周期的最低价就是未来的支撑线，支撑位代表需求的集中区域。如图 9-17 所示，价格 6 为前期的一个低点，价格 7 在价格 6 处遇到支撑。价格 8 为一个低点，价格 9、10、12 分别在此位置遇到支撑，随后反弹。

阻力线又称为压力线，当股价涨到某价位附近时，股价会停止上涨，甚至回落。这个起着阻止或暂时阻止股价继续上升的价位就是阻力线。前期一段周期的最高价就是未来的阻力线，阻力位代表供给的集中区域。如图 9-17 所示，价格 1 为一个高点，价格 2 在此价格处遇到阻力，调整三周。价格 3 为一个高点，价格 5 在此处有五周左右的整理。价格 11 为一个高点，价格 13 在此处遇到阻力回调。

9.2.1.2　支撑线与阻力线相互转化

支撑线和阻力线的地位不是一成不变的，而是可以改变的，条件是它被有效的足够强大的股价变动突破。一条支撑线被跌破，那么这个支撑线将成为阻力线；一条阻力线被突破，这个阻力线将成为支撑线。

如图 9-17 所示，价格 1 处为原来阻力位，在价格 2 附近被突破，阻力线就变成支撑

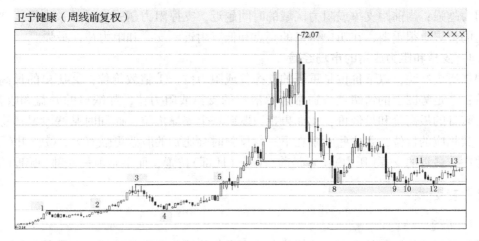

图 9-17 支撑线和阻力线

线，在随后的回调中，价格 4 处遇到支撑。价格 3 处原来为阻力位，被突破后，价格 8、9、10 和 12 位置均遇到价格 3 处支撑。

如图 9-18 所示，价格 1 处为一个支撑区域，在 2 处被跌破后，支撑线变为阻力线，在 3 处起到阻止价格继续上升作用，事实上，前面的长上影线的 K 线处也受到该价格区域的阻力作用。

图 9-18 支撑和阻力相互转化

9.2.1.3 支撑线和阻力线重要程度的判别

不同的支撑线和阻力线的重要程度有较大差别。一般来说，股价在某个区域停留时间越长、触及次数越多，支撑阻力越强；股价在某个区域伴随的成交量越大，换手率越高，支撑阻力越强；当前距支撑或阻力区域的时间越近，支撑阻力越强。另外，支撑线和阻力线所处的位置也很重要，在历史价格的高点和低点附近，支撑和阻力往往最强。

9.2.1.4 支撑和阻力应用的市场经验

根据历史经验，以下价位是重要的支撑位或阻力位：①整数价位；②历史的最高价和最低价；③走势图上的情绪点位通常表示潜在的支撑或阻力位，如缺口的开盘和收盘价、关键反转日的最高价和最低价；④如果指数跌破一个支撑价位，而同时某些股票却稳固地守住了其相应的价位，则这些股票在下一轮反弹时会比别的股票更强有力；⑤上升（下降）的趋势中，最近的支撑（压力）位置是前一顶部（底部）位置，而不是前一底部（顶部）位置。

9.2.2 趋势线

9.2.2.1 概念

趋势是指股价运行的方向，趋势线分为上升趋势线和下降趋势线。上升趋势线是连接两个依次上升的重要低点形成的直线，起支撑作用；下降趋势线是连接两个依次下降的重要高点形成的直线，起压力作用。只有得到第三点的验证，才能确认趋势线是否有效。在实践中，画趋势线用哪个价格并没有统一的意见，一般遵循采用统一的价格来画，如最低价。重要高低点判断的依据是当前的低点（高点）从前期高点（低点）回撤（反弹）的幅度至少应在1/3的水平。

如图9-19所示，上证指数从2037.02点开始，连接随后出现的一个明显低点，形成一个上升趋势线，该线在随后的两次价格回撤中起到支撑作用。从交易角度来说，每一次价格回调至上升趋势线，停止下跌开始上涨，就是非常好的买入时机。

图9-19 上升趋势线

如图9-20所示，上证指数从5522.78开始，连接随后的重要高点形成了一个下降趋势线，之后连续出现的两次反弹均受到下降趋势线的压制而夭折。最后一次反弹突破又迅速跌破，表明仍起着一定的阻力作用，但价格未能继续创新低，形成了底部抬高的情况，这

图 9-20 下降趋势线

表明至少一个短期上涨趋势已经形成。随后再次突破下降趋势线，并形成了矩形底部的形态，未来突破了矩形底部形态的阻力，最终形成了一个强劲的上涨行情。

9.2.2.2 趋势线的有效性

趋势线被触及的次数越多，趋势线就越可靠，需要注意的是，价格接近和接触趋势线几乎同样重要。趋势线的时间跨度越长，可靠性越高。

趋势线的斜率越大，可靠性越低。但是斜率大的趋势线被突破，并不代表趋势结束，通常来说，突破 45°角的趋势线才可以理解为趋势的终结。因此，对于陡峭的趋势线来说，需要进行趋势线的调整。

9.2.2.3 趋势线和支撑阻力线有效突破的确认

怎么确认趋势线的有效突破，这是应用趋势线最为关键的问题。一般需要把握三个原则：一是收盘价突破原则。收盘价突破趋势线比日内的最高价或最低价突破趋势线重要。二是突破幅度检验。只有当市场从支撑或阻力水平穿越得足够远，致使市场参与者相信自己判断错误的情况下，两者才能互换角色。市场穿越得越远，人们便越信服自己的新认识。幅度设置过小，失败的可能性大；设置过大，未来介入的成本会过高，因此，一般根据股票的波动率来设置，波动越大的股票，突破幅度可以设置得稍微大些。实践中，为求简单易行，一般突破达到 3%，就认为是有效突破。三是时间检验，即突破趋势线后收盘价在另一方保持的时间。在趋势线的另一方停留的时间越长，突破越有效，常用的是三天原则。

9.2.2.4 趋势线角色互换

趋势线和支撑阻力线一样，突破后同样会发生角色互换，不过在应用上不如支撑阻力线广泛，一个原因是当价格再次触及上升趋势线或下降趋势线时，往往与前期的支撑阻力位相接近。

如图 9-21 所示，在上升趋势线被跌破后，随后的反弹在上升趋势线处遇阻。在实践中，考虑阻力时更多是参考前期高点或移动平均线。

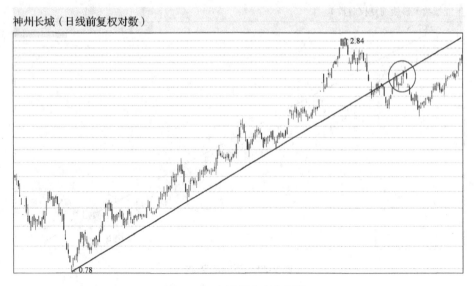

图 9-21　支持压力角色互换

如图 9-22 所示，上证指数的下跌走势在左边下降趋势线被突破后开始反弹，价格在随后的回调中触及下降趋势线并开始反弹，但未能突破前一个反弹高点，继续下跌。右边的下降趋势线被突破后，同样在随后的三次回调中起到支撑作用，从细节上看，第二次回调的底部与前期的底部接近，表明前期底点也起到支撑作用。但是，最后一次回调跌破前期支撑，趋势线实质上也略微跌破。不过，新底部形成曙光初现形态和大阳线突破前期底部阻力线预示着新的上涨趋势开始。

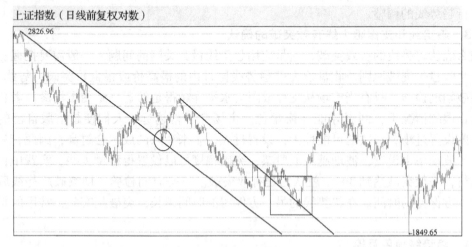

图 9-22　支持压力角色互换

9.2.2.5　趋势线调整

趋势线并不是一成不变的，随着价格的变动，当价格远离趋势线时，需要画出新的趋势线以更好地指导交易。

趋势线调整一般出现在以下几种场景：

图 9-23　趋势减速时的趋势线调整

①如果某条趋势线过于陡峭，跌破后需要根据行情重新进行调整。如图 9-23 所示，趋势线 1 为最初的快速上涨趋势，跌破后在新的底点上形成了趋势线 2，趋势线 2 被突破后，根据新的底点可以画出趋势线 3，趋势线 3 最终成为指导未来交易的长期趋势线。

②当趋势发展出现加速时，趋势线要跟随着趋势的加速而改变。如图 9-24 所示，第一条趋势线画出来之后，价格加速上涨，远离趋势线，此时，该趋势线对交易的参考作用下降。随后，根据新的价格走势重新画一条趋势线，更有利于对交易的指导。

图 9-24　趋势加速时的趋势线调整

③不同时间级别的趋势，做出相应时间周期的趋势线。在实际交易中，经常会根据最新的价格变动来画趋势线，以使趋势线更好地跟踪当前价格。但同时，也需要在周线或月线层面上，选择重要的高低点来画趋势线，以判断当前市场的主要趋势。如图 9-25 所示，趋势线 1 为主要上涨趋势，这是长期趋势。趋势线 2、3、4、5、6 则是根据最新的价格走势所画的趋势线，在某种程度上更类似于短期移动平均线，这样更便于捕捉短期趋势。

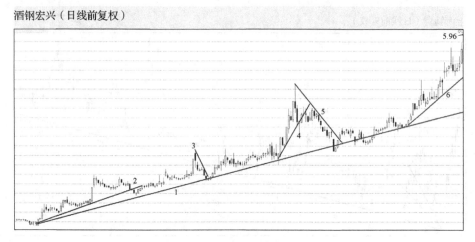

图 9-25　不同时间级别的趋势

9.2.3　通道线

通道线又称轨道线或管道线,是在趋势线的反方向上画一根与趋势线平行的直线,且该直线穿越近段时期价格的最高点或最低点。这两条线将价格夹在中间运行,有明显的管道或通道形状,这就是常说的上升通道和下降通道。

如图 9-26 所示,1-2-5-6 为上升趋势线,3 点为底点 1 和底点 2 之间的高点,3-4-7 为 1-2-5-6 的平行线,两者构成了上升价格通道,4 点接近通道上轨后回撤,表明其起到阻力作用。底点 5 和底点 6 表明上升趋势线支撑作用显著。7 点为通道上边线后回撤遇到的支撑,表明阻力线突破后变为支撑线。

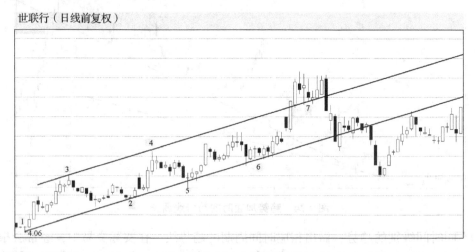

图 9-26　上升通道

如图 9-27 所示,1-2-6 为下降趋势线,3 点为高点 1 和高点 2 之间的底点,从 3 点做 1-2-6 的平行线得到 3-4-5-7,两条线构成下降价格通道。底点 4、5 和 7 在下边通道线明显遇到支撑而反弹,表明下降通道下边线明显起到支撑作用。未来价格从上边线突破后,表明价格趋势出现反转。

图 9-27 下降通道

通道的作用是限制股价的变动范围,当通道线被价格突破后,趋势上升的速度或下降的速度会加快,会出现新的价格高点或低点,原有的趋势线就会被废止,要重新依据价格新高或新低来画趋势线和管道线。很多交易者就是利用价格突破管道线的时机来进行加仓或减仓的。

通道线还有一个发出趋势转向的警报作用。如果价格在一次波动中未能触及到管道线,离管道线很远就开始掉头,这往往是趋势将要改变的信号,说明市场可能没有力量继续保持原有的上升或下降的趋势了。

9.2.4 移动平均线

移动平均线由美国投资大师葛兰威尔所创立,由道氏股价分析理论的"三种趋势说"演变而来,将道氏理论具体加以数字化,从数字的变动中去预测股价未来短期、中期、长期的变动方向,为投资决策提供依据。移动平均线是用统计处理的方式,将若干天的股票价格加以平均,然后连接成一条曲线,它代表在一段时间内买入股票的平均成本,反映了股价在一定时期内的强弱和运行趋势。股价波动比较剧烈,移动平均线可以缓解价格的波动性,使价格的运动趋势变得平滑,使价格的各种扭曲减至最小。

9.2.4.1 移动平均线的种类

根据算法,移动平均线可以分为算术移动平均线和指数平滑移动平均线两种。

(1) 算术移动平均线

算术移动平均线是简单而普遍的移动平均线。计算方法是一组数字相加,除以该组数据的组成个数。如 5 天移动平均线计算方法为:

$$MA = (C_1 + C_2 + C_3 + C_4 + C_5)/5$$

公式为:

$$MA = (C_1 + C_2 + C_3 + C_4 + C_5 + \cdots + C_n)/n$$

式中 C_n——第 n 日收盘价;

n——移动平均数周期。

移动平均数是指当加入一个新的数据时,把最早期的数据剔除。如 5 日移动平均线,当把第六日的价格加入时，就需要去掉第一日的价格。算术移动平均线将周期中的每日价格影响一视同仁，没有考虑近期数据对未来价格影响更大这一事实，因此，许多投资者使用指数平滑移动平均线来弥补这一缺陷。

(2) 指数平滑移动平均线

指数平滑移动平均在计算平均值时，利用了平均值的平均值，所以就包含了所有历史数据。当日指数平均值 = 平滑系数 × (当日指数平均值 − 昨日指数平均值) + 昨日指数平均值。当指数平滑移动平均线的起算基期不同时，起算基期较晚的计算结果会与起算基期较早的数字有差异，这一差异经过稍长一段时间的平滑运算以后会趋于一致，不会有大的差异。在行情软件的公式管理中，可以很容易地调用 EMA 来设置指数平滑移动平均线。

9.2.4.2 移动平均线的特点

(1) 追踪趋势

移动平均线是一条趋势线，移动平均的周期越长，平均线就越平滑，就越能反映市场价格趋势。短期移动平均线代表短期趋势，中长期移动平均线则代表中长期趋势。移动平均线的倾斜方向就代表了趋势方向，行情价格在长期移动平均线下，属空头市场；行情价格在长期移动平均线之上，则为多头市场。跟踪趋势意味着它在有趋势的市场中有用，而在盘整市时表现比较差。

(2) 是支撑线和阻力线

移动平均线是动态的支撑线和阻力线。行情价格走在平均线之上，移动平均线具有对股价的支撑作用。价格即使下跌，只要多头市场尚未结束，跌到特定的移动平均线时，一定会获得相当的支撑，这是因为此时的移动平均线代表的是买入股票的平均成本。行情价格走在平均线之下，移动平均线则可视为股价的阻力线。价格即使回升，只要空头市场尚未结束，遇到特定的移动平均线时，一定会遇到压力。这是因为此时的移动平均线代表的是卖出股票的平均成本。

9.2.4.3 葛兰威尔法则：移动平均线八大买卖法则

(1) 买进信号

法则1：平均线从下降逐渐转为水平或上升，而价格从平均线下方突破平均线，为买进信号。

如图 9-28 所示，21 日移动平均线被方框中的第一个阳线从下方突破，但移动平均线仍然向下倾斜，方框最后一根阳线从下方向上突破 21 日移动平均线，此时移动平均线已由下降变为水平略微向上，是非常好的买入信号。

法则2：价格虽跌破平均线，但又立刻回升到平均线上，此时平均线仍然保持上升势态，还为买进信号。

如图 9-29 所示，价格在方框处突破 30 日移动平均线，并迅速回升到移动平均线上，此时 30 日移动平均保持上升趋势，是一个非常好的买点。

法则3：当价格走在上升平均线上，价格下跌并未跌破平均线并且立刻反转上升，是买进信号。

如图 9-30 圆框处所示，价格回调未能跌破 23 日移动平均线，并迅速反转上升，此时移动平均线方向向上，是非常好的买入时机。

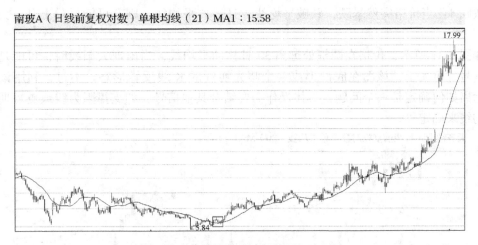

图 9-28　葛兰威尔移动平均买入法则 1

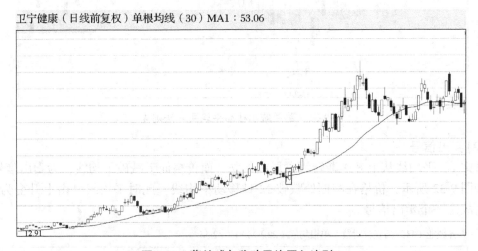

图 9-29　葛兰威尔移动平均买入法则 2

图 9-30　葛兰威尔移动平均买入法则 3

法则4：当价格突然暴跌，跌破平均线，且远离平均线，则有可能反弹上升，为买进信号。

如图9-31所示，价格在圆框处远离30日移动平均线，当出现大阳线时，可能是一个买入信号。事实上，该图在底部形成一个曙光初现的K线反转形态。不过，利用该法则时，远离如何确定是一个问题，具体操作需要结合其他信号，如支撑阻力线或更短期的移动平均线来确定。

图9-31　葛兰威尔移动平均买入法则4

（2）卖出信号

法则1：平均线从上升逐渐转为盘局或下跌，而价格向下跌破平均线，为卖出信号。

如图9-32所示，价格在圆框处跌破22日移动平均线，此时平均线已由上升变为略微向下，故是一个卖出信号。

图9-32　葛兰威尔移动平均卖出法则1

法则2：当价格虽然向上突破平均线，但又立刻回跌至平均线以下，此时平均线仍然保持持续下跌势态，还为卖出信号。

如图9-33所示，价格在方框前三日向上突破30日移动平均线，随后在方框处跌破移动平均线，此时平均线仍保持下跌势态，故为卖出信号。

法则3：当价格走在下降趋势的平均线下，价格上升却并未突破平均线且立刻反转下跌，是卖出信号。

如图9-33所示，价格在圆框处反弹接近下降的30日移动平均线，随后快速下跌，此时是非常明显的卖出信号。

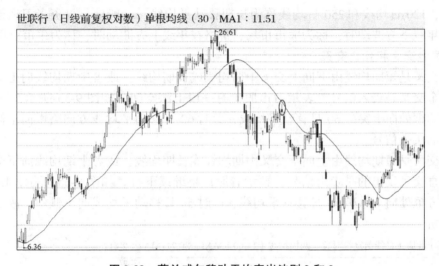

图9-33　葛兰威尔移动平均卖出法则2和3

法则4：当价格突然暴涨，突破平均线，且远离平均线，则有可能反弹回跌，为卖出信号。

如图9-34所示，价格在经过连续大涨后，在圆框处远离移动平均线，当出现冲高回落并在次日继续下跌时，可考虑卖出。

图9-34　葛兰威尔移动平均卖出法则4

9.2.4.4 移动平均线组合

移动平均线组合是指用多根不同周期的移动平均线来判断市场趋势，确定买入点和卖出点。

(1) 不同周期的移动平均线

无论是哪种算法的移动平均线，选择不同时间参数就会得到不同周期的移动平均线。常用的周期主要有以下几种：5 日均线，又称周线；10 日均线，又称半月线；20 日均线，又称月线；60 日均线，又称季线；120 日均线，又称半年线；250 日均线，又称年线。5 日均线和 10 日均线称为短期移动平均线，20 日均线、30 日均线和 60 日均线称为中期移动平均线，120 日均线和 250 日均线称为长期移动平均线。一般地，投资者习惯于将证券价格处于年线下方波动时，称为熊市市场；价格在年线上方波动时，称为牛市市场。

(2) 黄金交叉和死亡交叉

黄金交叉是短期均线由下向上交叉中期均线或长期均线，或者中期均线向上交叉长期均线。黄金交叉是买入信号，表示后市股价有一段上涨空间。如图 9-35 所示，13 日移动平均线在圆框处向上突破 60 日移动平均线，此时 60 日移动平均线方向略微向上倾斜，故是非常好的买入信号。

死亡交叉是短期均线由上向下交叉中期均线或长期均线，或者中期均线向下交叉长期均线。死亡交叉发出的是卖出信号，预示着股价将继续下行。如图 9-35 所示，13 日移动平均线在方框处向下跌破 60 日移动平均线，此时 60 日移动平均线向下倾斜，故是非常好的卖出时机。

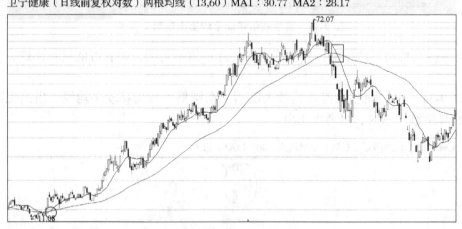

图 9-35　黄金交叉和死亡交叉

(3) 多头排列与空头排列

多头排列就是日 K 线(或周 K 线和月 K 线)在均线上方，往下依次为短期 MA、中期 MA、长期 MA，说明市场呈现出强烈的赚钱效应，做短线、中线、长线的都有获利，这是典型的牛市。股价均线一旦形成多头排列，就形成了强烈的向上运行趋势。如图 9-36 所示，方框处 5 日、10 日、20 日、60 日、120 日和 250 日移动平均线均呈上升扩散趋势，表明市场上升趋势强劲。

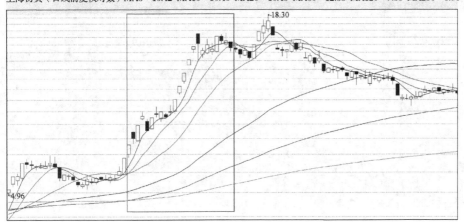

图 9-36　多头排列

空头排列指的是日 K 线(或周 K 线和月 K 线)在均线下方,往上依次分别为短期 MA、中期 MA、长期 MA,说明市场呈现出强烈的赔钱效应,做短线、中线、长线的此时抛出都在割肉,这是典型的熊市。股价均线一旦形成空头排列,就预示一个空头市场的到来,并将持续一段时间。如图 9-37 所示,5 日、10 日、20 日、60 日、120 日和 250 日移动平均线均呈下降趋势,表明市场极度弱势。

图 9-37　空头排列

(4) 均线粘合

均线粘合是指不同周期的均线交织在一起,横向运动。究其根本,是由均线自身的特点决定的。均线是对价格的平均运算,均线粘合形态形成的原因其实就是股价经过长期的震荡整理,使得长、短期均线数值接近。从均线的角度看是均线粘合,从形态的角度看,是箱体整理,从筹码分布角度看是筹码高度集中。均线粘合形态出现后,未来价格无论是上涨还是下跌,幅度都会比较大。如图 9-38 所示,价格在 3.552 底部附近出现了均线粘合,向上突破后开启了一波两倍多的涨幅。

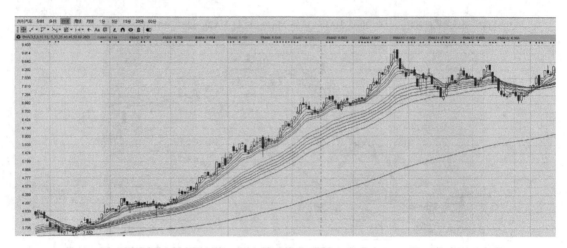

图 9-38　均线粘合

9.2.4.5　最佳周期移动平均线

从前面的案例看出，在选择移动平均线的天数时，存在随意性，因此，无论是利用葛兰威尔法则还是移动平均线组合，涉及一个关键问题是移动平均线周期的选择。移动平均线周期的选择需要把握以下几个要点：

①每个市场和每只股票都有自己独有的最优移动平均线，甚至在不同时期同一只股票的最优移动平均线周期不同。

②移动平均线时间跨度的选择取决于要识别的市场趋势类型：短期、中期或长期趋势。历史数据表明，较长期的移动平均线胜过短期移动平均线，长期短期分界岭是 40～70 天之间。在筛选周期时，利用交易软件可以比较容易地评测移动平均线。

9.2.5　百分比线和黄金分割线

9.2.5.1　百分比线

无论是上升趋势，还是下降趋势，在每一次重大的趋势运动之后，都将产生一定程度的回撤和反弹。回撤和反弹与原有价格幅度往往构成一定程度的百分比，称为百分比回撤。百分比线是将上一次行情中重要的高点和低点之间的涨跌幅按 1/8、2/8、1/3、3/8、4/8、5/8、2/3、6/8、7/8、8/8 的比率生成百分比线。在各比率中，1/2、1/3 和 2/3 十分重要，往往起到重要的支撑与阻力位作用。百分比线本质上是考虑了人们的心理因素和一些整数的分界点，用来揭示上涨行情的调整支撑位或下跌行情中的反弹压力位。另外，上升趋势中的回撤最大幅度不应超过 67%，否则有可能是上升趋势的终结；下跌趋势中的反弹最大幅度不应超过 67%，否则有可能是下降趋势的终结。

如图 9-39 所示，上证指数从 1680.6 点上涨到 2052.7 点时，开始回调。价格在回调 50% 后遇到支撑。

如图 9-40 所示，上证指数从 4717.88 下跌至 3004.4 时，开始反弹，反弹到 50% 的位置时遇到阻力开始下跌，而且在下跌过程中，分别在 25% 和 33.3% 的位置处遇到支撑。

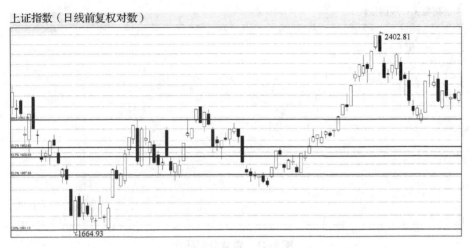

图 9-39　上涨行情中的百分比线

图 9-40　下跌行情中的百分比线

9.2.5.2　黄金分割线

黄金分割线的理论基础是菲波纳奇数列，即：1，1，2，3，5，8，13，21，34，55，89…。菲波纳奇数列的特性是：每两个连续的数字相加，即等于第三个数字；任何一个数字在比例上相当于后面一个数字的 0.618 倍（除了前面 4 个数字）；任何一个数字为前一个数字的 1.618 倍；任何一个数字为其前第二个数字的 2.618 倍；任何一个数字为其后第二个数字的 0.382 倍。

0.382、0.618、1.382 和 1.618 最为重要，股价极为容易在由这四个数产生的黄金分割线处产生支撑和压力。具体来说，找到一个转折点。这个点是上升行情结束调头向下的最高点，或者是下降行情结束调头向上的最低点，用转折点价位乘以相应的数字即为相应黄金分割线的位置。和百分比线一样，黄金分割线也是用来揭示上涨行情的调整支撑位或下跌行情中的反弹压力位。

如图 9-41 所示，上证指数从前期牛市反转后，分别在最高点 6124.04 的 0.5 倍和

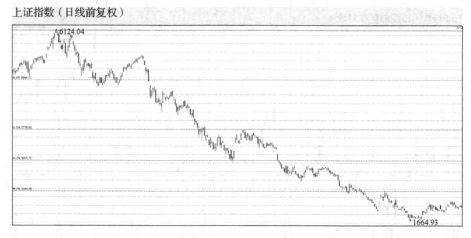

图 9-41 黄金分割线

0.382 倍处遇到支撑，0.618 倍处虽未遇到支撑，但在后续的反弹处遇到阻力开始下跌，说明其潜在的有效性。

9.3 形态理论

形态理论是技术分析的重要组成部分，它通过对市场横向运动时形成的各种价格形态进行分析，并且配合成交量的变化，推断出市场现存的趋势将会延续或反转。价格形态可分为反转形态和持续形态，反转形态表示市场经过一段时期的酝酿后，决定改变原有趋势，而采取相反的发展方向，持续形态则表示市场将顺着原有趋势的方向发展。形态理论是通过研究股价走过的轨迹，分析买卖双方力量关系的变化，捕捉市场心理的反转。价格形态代表买卖双方之间的战斗，激战的时间越长，过程越复杂多变，一旦战斗结束后，新趋势就越明显。

9.3.1 反转形态

反转形态出现之前，市场上必须事先确有趋势存在。反转形态有一些基本判断原则：现行趋势即将反转的第一个信号，经常是重要的趋势线被突破。形态的规模越大，则随之而来的市场动作越大。顶部形态所经历的时间通常短于底部形态，但其波动性较强。底部形态的价格范围通常较小，但其酝酿时间较长。交易量在验证向上突破信号的可靠性方面，更具参考价值。

9.3.1.1 头肩形

（1）头肩顶

头肩顶是投资技术分析使用的描述股票价格或市场指数的图表形态，图中的曲线犹如人的两个肩膀扛一个头。头肩顶形态为典型的趋势反转形态，股票价格从左肩处开始上涨至一定高度后跌回原位，然后重新上涨超过左肩的高度形成头部后再度下跌回原位；经过整理后开始第三次上涨，当涨幅达到左肩高度形成右肩后开始第三次下跌，这次下跌的杀伤力很大，很快跌穿整个形态的底部并不再回头。

头肩顶特征如下：

①在上升途中出现了三个峰顶，这三个峰顶分别称为左肩、头部和右肩。从图形上看左肩、右肩的最高点基本相同，而头部最高点比左肩、右肩最高点要高；

②股价在上冲失败向下回落时形成的两个低点又基本上处在同一水平线上。这同一水平线，就是通常说的颈线，当股价第三次上冲失败回落时，这根颈线就会被击破。于是头肩顶正式宣告成立；

③在头肩顶形成过程中，左肩的成交量最大，头部的成交量略小些，右肩的成交量最小。成交量呈递减现象，说明股价上升时追涨力量越来越弱，股价有涨到头的意味。

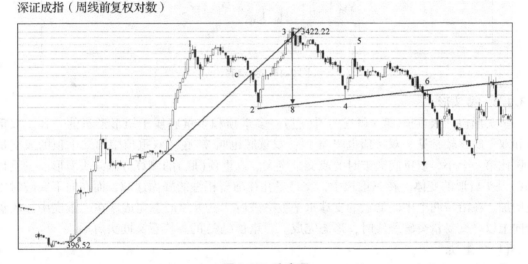

图 9-42　头肩顶

如图 9-42 所示，深证成指在经历了 6 倍的上涨后，在 1 点形成了左肩，3 点形成了头部，5 点形成了右肩。2-4-6 为颈线，颈线跌破后标志着头肩顶形态的完成。3-8 为头部最高价与颈线之间的垂直距离，一般认为，头肩顶形态完成后，从跌破点 6 开始，价格至少下跌 3-8 的幅度。在实际交易中，投资者往往不用等到头肩顶形态完成后才卖出股票，当价格在 c 处跌破 ab 趋势线，可视为第一卖点。价格在 5 处未能创新高，开始下跌，可视为第二卖出位置。另外，在实际的价格走势中，成交量完全符合头肩顶特征的情况较少，由于在技术分析中，价格是最重要的变量，因此，只要价格形态符合头肩顶的特征，就可视作头肩顶。

(2) 头肩底

头肩底与头肩顶互为镜像。与头肩顶相比，头肩底中突破颈线时交易量的验证作用更强。理想情况下，头部的交易量比左肩的稍有减少；头部的上冲阶段，成交量应增加，超过左肩上冲的交易量更好；右肩下跌的成交量减少，突破颈线的成交量需大幅增加。

如图 9-43 所示，1、3、5 分别为左肩、头部和右肩。2-4 为颈线，6 点突破颈线，头肩底形态完成。价格在 7 点处回撤试探颈线的支撑，未能有效跌破后开启一轮价格上涨趋势。3-8 为头部最低价距颈线的垂直距离，一般来说，从突破点 6 开始，至少上涨 3-8 的幅度。

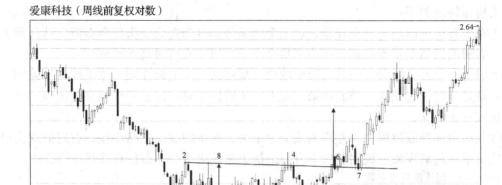

图 9-43 头肩底

9.3.1.2 多头形

多头形包括双重顶(底)和三重顶(底)。多重顶和多重底属于矩形形态的一种。双重顶和双重底比较常见。双重顶也叫 M 顶;双重底也叫 W 底。双重顶中第二个顶的成交量应该比第一个小。双重底突破时的成交量应大。双重顶(底)的测算方法同头肩形。三重顶(底)是头肩形的变体。在三重顶中,交易量往往随着相继的峰而递减,而在向下突破时则应增加。在沿着两个中间低点的支撑水平被突破后,三重顶形态完成。在三重底中,收盘价向上以高交易量突破颈线时,形态完成。三重顶(底)的测算意义同头肩形。

(1) 多重顶

图 9-44 是典型的双重顶形态,两个头部高点比较接近,在突破两高点之间低点的横向支撑后,双重顶形态完成,尽管在突破低点支撑后,接下来 4 日中有 3 日价格曾反弹至颈线之上,但随后再次跌破颈线后成功完成双重顶形态。

图 9-44 双重顶

图 9-45 是典型的三重顶形态,在前期大幅上涨后,出现了高点接近的三个峰值,价格向下跌破颈线后,又反弹到颈线之上,经过一段时间的上涨后,价格又快速下跌,再次

图 9-45 三重顶

跌破颈线。其后，价格还曾经试探颈线突破的有效性，颈线的阻力经受住了此次试探，开始了一轮长期的下跌。

(2) 多重底

图 9-46 显示，上证指数在 2005 年 6~8 月形成的双重底形态，颈线经受了第一次回撤的考验，但在 2005 年 10 月被跌破。之后，价格并未创新低，在 2005 年 10 月和 12 月间形成了三重底结构（方框），最终开启了中国 A 股历史上波澜壮阔的大牛市，最高上涨至 6124.04 点，短短两年多时间，指数上涨幅度达 5 倍多，许多个股上涨百倍。

图 9-46 双重底和三重底

9.3.1.3 圆弧形

圆顶和圆底也称盆形、碗形、碟形。圆顶和圆底出现的比较少。圆顶和圆底代表趋势缓慢、逐渐变化，表示供求关系逐渐发生变化，慢慢积蓄与当前趋势方向相反的动能。在价格变化的过程中，成交量也倾向于形成相应的圆形。

如图 9-47 所示，在达到 2.74 元时形成顶部开始下跌，之后又形成了一个圆顶，当价格突破圆顶形成起点的颈线时，圆顶形态完成，之后价格快速下跌。

图 9-47 圆 顶

如图 9-48 所示，价格在漫长的底部整理后，形成了圆底形态，当价格突破颈线时，经受住了两次回撤的试探后开始了曲折的上涨之旅。

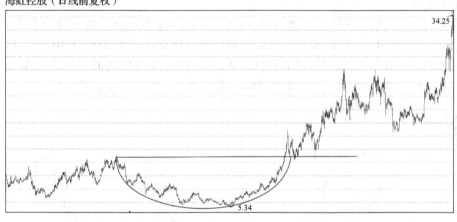

图 9-48 圆 底

9.3.2 持续形态

9.3.2.1 三角形

三角形可分为对称三角形、上升三角形和下降三角形。三角形作为持续形态，应该在横向宽度的 1/2～3/4 的位置上，顺着原趋势突破。在三角形内，价格的摆动幅度越来越小，交易量也相应地日趋萎缩。当突破时，交易量应该明显地增加。随后的反扑中，交易量减少。当趋势恢复后，交易活动更为活跃。三角形属于中等形态，它的形成过程通常花费一个月以上的时间，但一般少于三个月。三角形有时也会呈现反转形态。

测算价格突破三角形形态后的幅度有两种方法：一是以底边的高度作为突破三角形形态后的第一目标位；二是从端点做平行线，相当于形成一个价格通道，未来价格触及到平行线为第一目标位。

(1) 对称三角形

对称三角形具有两条逐渐聚拢的趋势线，上面的直线下倾，下面的直线上升。左侧的垂直线条，表示形态的高度，称为底边，两条直线在右侧相交，交点称为顶点。如图9-49所示，ab为底边，c为顶点。价格从三角形下边线突破后，突破后第一目标价位测算既可以通过在突破点向下投射ab的幅度，也可以作上边线bc的平行线，未来价格触碰到平行线时为第一目标价位。

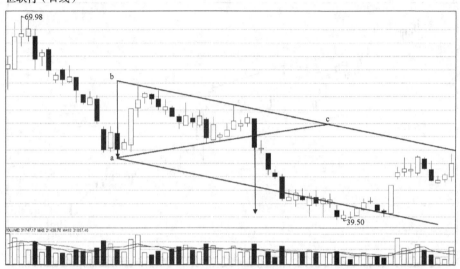

图9-49 对称三角形

(2) 上升三角形

上升三角形出现在上升趋势中，下边线上倾，上边线水平。如图9-50所示，宏达股份在价格上涨的过程中，出现了两个上升三角形的形态。两个上升三角形上边线被突破后，都遇到价格回撤试探突破的有效性，两个上升三角形的上边线均起到很强的支撑作用，形成了标准的上升三角形形态。

图9-50 上升三角形

(3) 下降三角形

下降三角形出现在下降趋势中，上边线下降，下边线水平。上边线下降表明卖方比买方更积极。如图 9-51 所示，bc 为下边线，ac 为上边线，ab 为底边。价格从下边线 bc 突破，形成下降三角形形态，价格未来下跌第一目标位可以通过在突破点向下投射 ab 长度获得。

图 9-51　下降三角形

9.3.2.2　矩形

矩形是指价格在两条平行的水平直线之间横向伸展，即底部支撑线和顶部阻力线之间的区域。在矩形形态形成的过程中，没有人可以预知价格的最后突破方向。所以，假定当前趋势将持续下去，直到有证据显示发生反转为止。矩形形态既出现在反转趋势中，也出现在持续趋势中。观察矩形形成过程中交易量的形态很重要。如果价涨量涨，价跌量跌，那么非常可能是上升趋势中的持续形态。如果价跌量涨，价涨量跌，可能演变成三重顶（底）形态。

如图 9-52 所示，在经历一轮下跌后，开始了横盘整理（矩形框），当价格突破矩形框的下边线时，矩形持续形态完成，开启了新一轮的下跌趋势。

如图 9-53 所示，价格在矩形框中横向整理，成交量大幅下跌，而价格在突破时，成交量明显上升。

9.3.2.3　旗形

旗形表示市场充满活力，但暂时处于休止状态。形态特征如下：在形态出现之前，市场上几乎都是直线式的价格运动（称作旗杆），且其交易量大。然后，价格在较小的交易量下休整 1~3 个星期。之后趋势恢复，同时交易活动迸发式地增强。旗形出现在当前市场运动的中点附近，它的倾斜方向与流行趋势相反。旗杆的长度是突破后未来的上涨或下跌空间。在上涨趋势中，旗形形态代表多方的获利回吐和充分换手。

图 9-52　矩形作为持续形态(1)

图 9-53　矩形作为持续形态(2)

如图 9-54 所示，在下跌过程中，出现了两次看跌旗形形态。由于通常价格上涨成交量也上涨，因此，旗形的反弹过程中通常并不会出现成交量下降的情况。

如图 9-55 所示，出现典型的看涨旗形，价格在快速上涨后，出现了一个短期的回调，成交量也显著下降，当价格以大阳线突破调整区间的下降趋势线时，开始了新一轮的上涨趋势。

9.3.2.4　楔形

从外形和持续时间两方面看，楔形与对称三角形相似。楔形的与众不同之处在于其明显的倾角上，即形成楔形的两条趋势线的倾斜方向相同。楔形的倾斜方向与流行趋势相反。因此，下降楔形属于看涨形态，上升楔形属于看跌形态。楔形突破时，通常至少要朝

图 9-54　看跌旗形

图 9-55　看涨旗形

顶点经历其全部距离的 2/3，有时甚至达到顶点后，形态才告完结。交易量在形态形成的过程中应收缩。楔形也可能作为反转形态，上升楔形看跌，下降楔形看涨。

图 9-56 是典型的看涨楔形形态，当价格以高交易量向上突破下降趋势线时，完成了楔形形态。

图 9-57 是典型的看跌楔形形态，价格向下跌破看跌楔形的下边线时，完成了看跌楔形形态。

图 9-56　看涨下降楔形

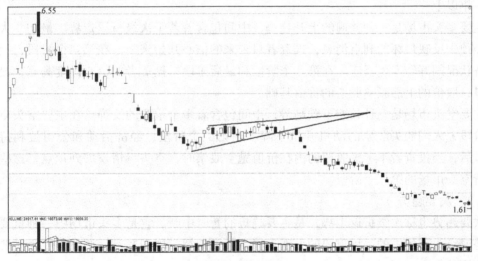

图 9-57　看跌上升楔形

9.4　道氏理论

查尔斯·亨利·道是纽约道·琼斯金融新闻服务的创始人、《华尔街日报》的创始人和首位编辑，也是股票市场平均指数的创始人。他在华尔街日报发表了一系列社论，表达他对股票市场行为的研究心得。1922 年，William Peter Hamilton 归纳整理了道的观点，出版了著作《股市晴雨表》。1932年，Robert Rhea进一步提炼，出版了《道氏理论》。道氏理论是识别股票市场主要趋势最古老、最广为使用的方法。

道氏理论的目的是判定市场中主要趋势的变动，一旦趋势形成以后，该理论假设趋势将继续下去。

道氏理论主要包含四个基本原则。

9.4.1 股票价格指数反映一切信息

股票价格指数反映了所有可能影响供求的因素，因为它反映了无数投资者总体的市场行为，包括那些最有远见和对趋势及事件的消息最灵通的人士，平均指数在其每日的波动过程中包含消化了各种已知的、可预见的事情及各种可能影响公司证券供求的情况；甚至是那些无法预测的自然灾害，其一旦发生就会很快被评估，可能的后果也就被包含进去了。这正是技术分析成立的一个前提假设。

9.4.2 市场包括三种趋势

股票市场同时存在三种趋势。

9.4.2.1 主要趋势

主要趋势是最重要的趋势，通常又称为多头（上涨）或空头（下跌）市场，持续时间长，通常一年以上。

主要多头市场是一种普遍的上升趋势，中间包含着若干次级折返走势。最初，大盘指数已经预先反映最坏的利空消息，投资者对未来的信心开始恢复。在第二个阶段，投资者对经济状况的好转产生反应。在第三个阶段和最后阶段，投资者的信心过度高涨，投机气氛深厚，股价的上涨脱离股票的价值基础。

主要空头市场是一种长期下跌趋势，中间包含着多个重要的反弹。在主要空头市场的最初阶段，人们购买股票的动机开始下降。在第二个阶段，经济活动和公司盈利持续下降。最后，当投资者不考虑股票的内在价值抛空股票时，空头行情发展到顶点，这些现象象征着空头市场的第三个阶段。

9.4.2.2 次要趋势

次要趋势也称次级折返走势，是主要趋势的暂时中断。它是多头市场中一种重要的下跌走势或空头市场中的一种重要的上涨走势，通常持续三周到数月，调整幅度为主要趋势上涨幅度的1/3~2/3之间。

9.4.2.3 短期趋势

短期趋势持续的时间为1~2周，它是主要趋势或次级趋势的组成部分，对长期投资者来说，它的预测价值不大。短期趋势在某种程度上可以受到人为因素的操纵，但次级趋势和主要趋势则不易被人为操纵。

如图9-58所示，1-2-3-4-5-6-7-8为主要下跌趋势，2-3、4-5和6-7为次要趋势，a-b、c-d为短期趋势。每个趋势都是其更长期一级趋势的组成部分，同时其自身也是由更短期的趋势所构成。

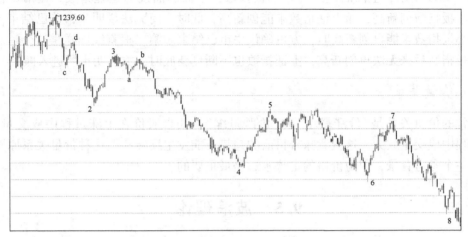

图 9-58 三种趋势

9.4.3 指数必须相互确认

在道氏理论中,一个最重要的原则就是不同的价格指数必须相互确认,即牛市和熊市的确认需要得到至少两个指数的证明。在道所处的时代,指道琼斯工业指数和运输指数相互确认。在中国,可以用上证指数、深证成指、中小板指和创业板指的相互确认来判定趋势。

两种指数相互确认的原则基本符合逻辑,因为如果股票市场是未来经济运行状况的晴雨表,在经济处于繁荣周期时,大多数行业都应表现好,相应地,多数上市公司的业绩也会较好,从而不同指数均会上涨。反之,则下跌。

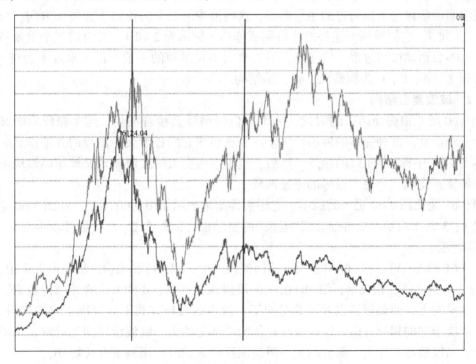

图 9-59 上证指数和中小板指相互确认

如图 9-59 所示，上面的曲线为中小板指数，下面的曲线为上证指数。在第一根直线处，中小板指数创新高，而上证指数未能创新高，此时，尚无法说明牛市确已结束。直到后面中小板指数未能再创新高时，方可确认牛市已结束。第二根直线同样是这个道理，直到中小板指数后来无法再创新高，上证指数也不断创新底时，方表明市场进入熊市。

9.4.4 价量关系

正常的价量关系是"价涨量增"和"价跌量缩"。如果股价在上涨过程中成交量萎缩，下跌过程中成交量放大，这就意味着目前的趋势可能发生反转。但这种价量关系原则应该仅作为一个参考背景，因为价格的走势永远是最重要的。

9.5 波浪理论

20 世纪 30 年代，艾略特发现股票市场价格以可识别的模式进行趋势运动和反转，这些模式在形态上不断重复。他给各种模式进行命名、定义和图解，并解释这些模式是如何连接在一起，这些研究最终形成了波浪理论。

9.5.1 波浪理论基本原则

市场的前进在波浪中展开，各个波浪是有向运动的模式。

9.5.1.1 完整的八浪循环

一个八浪的完整循环由两个截然不同的阶段组成：五浪驱动阶段，其子浪用数字来标示；三浪调整阶段，其子浪用字母标示。

五浪驱动阶段是市场前进的主导形态，这些浪中的三个为价格主要波动方向，分别标示为 1、3 和 5，它们被两个逆势的休整期所分割，标示为 2 和 4。五浪的三个重要特点是浪 2 永远不会运动得超过浪 1 的起点，浪 3 永远不是最短的一浪，浪 4 永远不会进入浪 1 的价格领地。A、B、C 为调整浪，是三浪结构。

9.5.1.2 波浪复合结构

图 9-60 的八浪循环结束的时候，一个相似的循环会接着发生，这个循环后面又跟着另一个五浪运动。这种完整的发展产生了一个比组成它的各浪大一浪级的五浪模式。结果是到达图 9-61 中标示着(5)的顶点。然后，这个浪级更大的五浪模式又被相同浪级的三浪模式所调整，完成一个更大浪级的完整循环。

图 9-61 是比图 9-60 更大的版本，它还更详细地表示了图 9-60 本身。在图 9-60 中，每个子浪 1、3 和 5 均是可以再细分成"五浪"的驱动浪，而每个 2、4 均是可以再细分成"三浪"的调整浪。

图 9-61 的浪(A)、浪(B)和浪(C)的调整模式中，浪(A)和浪(C)都是由五个浪组成，即 1、2、3、4 和 5。相应地，浪(B)由三个浪组成，即 A、B 和 C。这种结构表明，驱动浪并不总是向上，而调整浪也并不总是向下。波浪的发展方式不是取决于它的绝对方向，而主要取决于它的相对方向。当波浪与它作为一部分的大一级波浪同向运动时，用驱动方式划分；当波浪与它作为一部分的大一级波浪反向运动时，用调整方式划分。

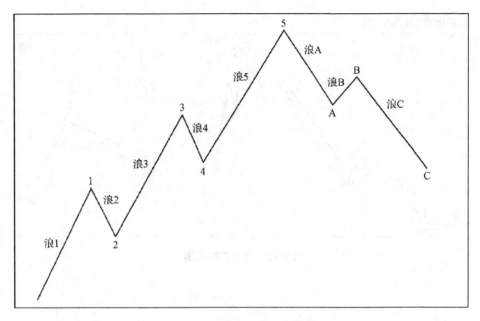

图 9-60　波浪理论八浪循环

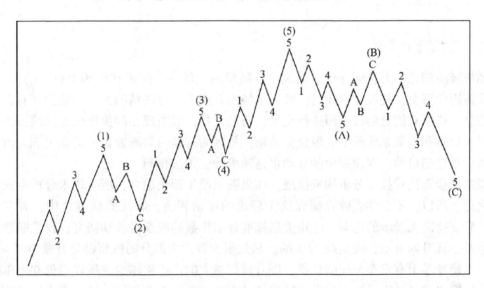

图 9-61　波浪复合结构

9.5.2　波浪理论应用

图 9-62 为上证指数 2014—2015 年间的走势，浪(1)、浪(2)、浪(3)、浪(4)和浪(5)是五浪驱动阶段，浪 A、浪 B 和浪 C 为三浪调整浪。浪(1)和浪(5)分别包括浪 1、浪 2、浪 3、浪 4 和浪 5 五浪驱动；调整浪浪 A 包括浪 1、浪 2、浪 3、浪 4 和浪 5 下跌五浪驱动。

实践中，上证指数从 2279.84 点开始，并不知道指数后续发展，需要根据行情的发展来演绎。只要遵循波浪理论的基本原则，就可以根据行情的变化来判断波浪的类型和

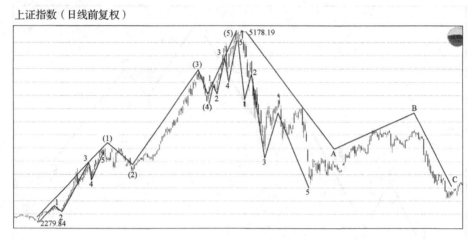

图 9-62 上证指数八浪

级别。

9.6 其他主要技术分析理论与方法

9.6.1 随机漫步理论

随机漫步理论认为，证券价格的波动是随机的，像一个醉酒在广场上行走的人一样，下一步将迈向哪里，是没有规律的。股票市场内有成千上万的精明人士，他们拥有各种各样的信息，依据对信息的认识而进行交易，通过交易，股票现在的价格已经反映了当前所有的已知信息和对未来的预期。股价会波动，是因为有新的影响股价的信息出现，由于新信息的出现是随机的，因而股价的波动也是随机的，无法预测。

随机漫步理论对技术分析构成挑战，如果随机漫步理论成立，所有技术分析专家都无立足之地。所以，不少学者曾经研究这个理论的可信程度。在无数研究之中，有三个研究，特别支持随机漫步的论调：①用美国标准普尔指数的股票做长期研究，发觉股票狂升或者暴跌，狂升四五倍，或是跌 99% 的，只是很少数，大部分的股票都是升跌 10%~30% 不等。在统计学上有常态分配的现象，即升跌幅越大的占比例越少。所以股价并无单一趋势。买股票要看是否幸运，买中升的股票还是下跌的股票机会均等。②让猴子用飞镖去投掷一份财经报纸，拣出 20 只股票作为投资组合，结果这个乱来的投资组合竟然和股市整体表现相近，更不逊色于专家们建议的投资组合，甚至比某些专家的建议更表现出色。③有人研究过基金的成绩，发觉今年业绩好的，明年可能表现得最差，一些往年令人失望的基金，今年却可能脱颖而出，成为升幅榜首。所以无迹可寻，投资基金也要看你的运气。

那么，随机漫步理论与技术分析相冲突吗？实质上，技术分析成立的三个假设之一是价格反映信息，这与随机漫步理论完全一致。两者的结论不一致源于技术分析的其他两个假设，价格是有趋势的和历史会重演。这两个假设隐含的意思是价格会反映信息，但不同投资者接受信息的速度有快有慢，一个利好消息和利空消息会逐渐反映到价格里。而且，价格的变动会影响投资者心理，随着价格的大幅上涨和大幅下跌，投资者的心理在极度乐观和极度悲观间摇摆，而古今中外的投资者心理是类似的，因而，价格波动的历史会重演，趋势分析和形态分析是有效的。

9.6.2 循环周期理论

1908年8月8日，江恩公布了他最重要的市场预测方法——控制时间因素。所谓控制时间因素，用江恩自己的话来说，就是指时间是决定市场走势的最重要因素，因为时间可以超越价位平衡，当时间到达，成交量将推动价位升跌，而时间作为预测市场走势的一个因子，其重要的作用在于预测市场运动趋势转折点。在时间控制因素，江恩建立了一套时间循环周期理论。

循环周期理论认为事物的发展有一个从小到大和从大到小的过程，这种循环发展的规律在证券市场也存在。循环周期理论认为，无论什么样的价格活动，都不会向一个方向永远走下去。价格的波动过程必然产生局部的高点和低点，这些高低点的出现，在时间上有一定的规律。我们可以选择低点出现的时间入市，高点出现的时间离市。

9.6.2.1 循环周期的理论分析

江恩的时间周期循环从最初的四分钟循环周期到若干小时、若干天、若干星期、若干月、若干年的中期循环，到最长可达几百年、几千年的长期循环周期。市场的长期循环为180年、90年、82~84年、60年、49年、45年、30年和20年，中期循环为15年、13年、10年、7年、5年、3年、2年和1年等。江恩周期理论处于核心地位的循环是30周年，30年中共有360个月是一个完整的圆形。其他长、中、短周期均是其倍数或分数。

（1）以年为单位的周期循环

一是30年周期循环。30年周期循环处于江恩理论的中心地位。30年周期的子循环或次级循环是20年、15年、13年、10年、7年、5年、3年、2年、1年。

二是10年循环。10年循环是一个更加重要的循环，市场经常在10年便重复类似的波动形态，而最高和最低的时间十分相似，在某些情况下，市场的重要底部及顶部可能相隔10年或11年，并引发价位重现。通过对江恩10年循环周期的研究发现，任何一个顶部计算10年时间，市场便会出现另一个顶部，在这个10年的市场循环内，由上一个周期的重要顶部计，3年后将出现一个顶部，之后再加3年，另一个顶部便会出现，而这个顶部之后再加4年，市场便会到达10年循环周期的顶部。在某些情况下市场会提早出现顶部。同时，江恩还提醒，10年循环中将会出现数个5年子循环，一般情况下，任何一个顶部计算，5年后将会出现一个底部，同时间市场任何一个底部，5年后将会出现另一个顶部。在5年循环中，如5年的升市中，江恩认为是2年升、1年跌，再有2年升，才完成一个5年的升市。同样在5年的跌市中，也应是2年跌、1年升，再有2年跌，才完成一个5年跌市。

三是7年循环。江恩对7年循环也相当重视，他认为从一个市场的重要顶部或底部算起，7年后可能会出现一次顶部或底部。7年循环还可细分为10.5个月、21个月、42个月、63个月和84个月的次级循环结构。此外，江恩还发现，在一些市场的熊市循环中，跌市通常会运行7年，其结构是先跌3年形成第一个底，然后由此再跌4年完成第二个底。

(2) 以月为单位的周期循环

基本上，以月为单位的循环分析方法与年的分析方法十分相似。重点有以下几个：一是在重要的市场底部后计3个月，之后再4个月（共7个月）便可得到一个市场底部或是市场出现一个反作用的时间；二是在上升的趋势中，调整通常不会超过2个月，到第3个月市场将见底回升；三是在极端的情况下，一个市场的调整可能只有2~3个星期，在这种情况下，市场可能连续上升12个月，而比上月的底部每月上升；四是在大升市中，一个短期的下跌趋势可能运行3~4个月，之后，市场才转势回升；五是在大跌市中，一个短期的反弹可能维持3~4个月，然后转势下跌。注意，中国股市存在着20个月的循环。

(3) 以星期为单位的周期循环

周线循环分析与年、月线分析大同小异。江恩认为，在一个升市之中，市场的调整通常有2~3个星期，而后会有4个星期，之后，市场通常会回复上升。在大升市中，若成交量充足，则市场中可能会上升6~7周，然后才出现调整。至于市场运行整个趋势的时间，江恩提出有以下三点应注意：一是第七个星期，即七七四十九天一般会出现逆转，因此，49~52天注意市势会出现调整；二是市势在42~45天可能出现逆转，因为此乃1/8年；三是市势在90~98天时，可能出现调整，因为此乃1/4年。

(4) 以天为单位的周期循环

江恩在分析市场走势时，首要的是断定该年份是上升或下跌，若为上升，则该年市势所出现的调整通常为2~3个星期，之后会稳固3~4星期，然后再创新高，上升6~7个星期。若市场已经见顶，则市势会下跌2~3个星期，之后，再出现2~3个星期的反弹，但未能创出新高，其后，市场可能窄幅上行一段时间后，然后向下突破。至于短线的趋势方向，要留意的转势时间是由上次市场的顶部或底部起计30天、60天、90天及120天，即360天的1/8、1/6、1/4、1/3时间。

(5) 季节性的周期循环

江恩选择一年的春分作为分割的起点，春分日期为3月21日，至于分割的比率，则是将一年分为二、三、四及八，时间上与中国的历法节气不谋而合，分割时间如下：

0——3月21日——春分；1/8——5月5日——立夏（春分后45天）；1/4——6月21日——夏至（春分后90天）；1/3——7月23日——大暑（春分后122天）；3/8——8月5日——立秋前两天（春分后19.5周）；1/2——9月22日——秋分（春分后182天）；5/8——11月8日——立冬（春分后32.5周）；2/3——11月22日——小雪（春分后35周）；3/4——12月2日——冬至（春分后39周）；7/8——2月4日——立春（春分后45.5）。

(6) 运用周期理论的注意事项

一是时间是最重要的因素，除非时间方面有足够的证据证明转势，切忌愚莽判断市势逆转。二是在判断市势逆转时，要留意价位方面的支持及阻力位是否配合。三是不同时间循环产生不同的转势时间，日线图的逆转通常为7~10天；周线图的逆转通常会运行3~7个星期；月线图的逆转通常会运行2~3个月甚至更长。四是留意市场是否比去年创新高或新低。假如市场在过往的五年皆一浪高于一浪上升，而今年的底跌破去年的底，则表示一个长期的跌市将会展开,反之亦然。五是当市场大幅上升或下跌后,市价第一次回吐或反弹超过 1/4~1/2,市场可能转势。六是由市场的历史性重要顶部或底部起计,若市场由上次顶部或底部逆转至重要顶部或底部的 1/4、1/3 或 1/2,则表示市场的趋势已经改变。七是最重要的是花时间研究上述的规则在实际中的应用。

9.6.2.2 江恩循环周期理论的分析工具

360°圆形是江恩循环周期理论的分析工具。江恩强调:"360°圆形是所有数字的基础,在一个圆形内,可设置一个四方形及三角形,但在其内又可设置一个四方形及圆形,而在其外,也一样可以设置四方形及圆形,上述反映了市场运行的四个面向。"这一原理体现了循环之内有小循环,之外有大循环。交易者只要找到一个正确的起点,然后将其代圆形中的"零点"作为起点,通过圆形的分割角度逐一进行验证。圆形内的四方形与三角形所对应的角度为 45°、90°、120°、135°、180°、225°、240°、270°、315°、360°等,这些角度也可用作时间和价位的分析,实际上是八分法和三分法。

如何运用角度进行分割分析呢?江恩说:"市场所有的顶部和底部与其他重要的顶部和底部,都存在一个数学上的关系,市场上的每一个顶部和底部均能用正方形和三角形的角度加以解释。"因此,只要能给出过往的顶和底的时间和价位,就可以用几何关系,准确判断未来的走势,知道何时何价见顶见底。

9.6.2.3 江恩循环周期理论的循环起始点和时间的选择

江恩在用周期循环分析时,首先要确定正确的起点,然后才能按照固定的模式进行分析。在江恩理论中,一般循环分析的起始点主要为以下三种:

(1)历史性起点

历史性起点是股价创出的历史性低点或历史性高点,具有唯一性。如上证指数的历史性低点为 1990 年 12 月 19 日的 95.79,深证指数的历史性低点为 1991 年 9 月 25 日的 45 点。

(2)重要性起点

重要性起点是股价市场的大顶或大底。重要性起点与历史性起点具有和谐的时间周期比率关系。

(3)明显性起点

明显性起点是市场趋势中的具有明显性的高低点。在制定周期时,首先要明确是预测长线、中线还是短线,然后按分析的目的寻找各自的起始点。历史性起点具有影响全局的作用,长期指引着市场的趋势。许多大顶或大底都是在比率中衍生出来的。而重要性起点具有中期指导作用,它支持了大市在某一时期的主要趋势。而且各个重要性起点之间存在着非常和谐的时间比例关系。而一般明显性起点用在短期分析中,具体来讲,就是各个明显性的短期高低点之间也存在和谐的时间比例关系。

此外,时间选择上有自然日与交易日之分。江恩认为,若以重要的市场转折点为基础展开循环分析,可以选择交易日。若选择季节循环的节气为起点分析,则选择自然日。

9.6.3 相反理论

相反理论的观点是投资买卖决定全部基于大众的行为。它指出不论股市及期货市场,当所有人都看好时，就是牛市开始到顶。当人人看淡时，熊市已经见底。只要和大众意见相反，就有可能获得巨大的获利。

9.6.3.1　相反理论的要点

相反理论有五大要点：

①相反理论并非只是大部分人看好，我们就要看淡；或大众看淡时我们便要看好。相反理论会考虑这些看好看淡比例的趋势，这是一个动态的概念。

②相反理论并不是说大众一定是错的。大众通常都在主要趋势上看得对。大部分人看好，市势会因这些看好情绪变成实质购买力而上升。这个现象有可能维持很久。直至到所有人看好情绪趋于一致时，市场趋势才会发生质的变化——供求的失衡。

③相反理论从实际市场研究中发现，赚大钱的人只占5%，95%都是输家。要做赢家只能和大众思想路线相背，切不可以随波逐流。

④相反理论的论据就是当市场处于牛市时，每一个人都看好并尽量买入，消耗掉所有看多投资者的购买力，当后续资金无以为继时，牛市就会在所有人的看好声中完结。熊市中的行为正好相反。

⑤在牛市最疯狂时，大众媒介如报章、电视、杂志等都反映了普通大众的意见，尽量宣传市场的看好情绪，往往预示着牛市的终结。相反，报章新闻全部都是市场坏消息时，就是市场处于黎明前的先兆。

9.6.3.2　相反理论的应用

如何知道大家的看法是看多还是看空呢？单凭直觉印象或者想象是不够的。运用相反理论时，真正的数据通常有两个：一是好友指数(bullish consensus)；二是叫作市场情绪指标(market sentiment index)。两个指标都是一些大经纪行、专业投资机构的期货或股票部门收集的资料。资料来源为各大经纪行、基金、专业投资通讯录，甚至报章、杂志的评论，计算出看好和看淡情绪的比例。

以好友指数为例，指数由零开始，即所有人都绝对看淡。直到100%为止，即人人看好，包括基金、大经纪行、投资机构和报章杂志的报道。如果好友指数在50%左右，则表示看好看淡情绪参半。指数通常会在30~80之间振荡。如果是一面倒的看好看淡，显示牛市或熊市已到尽头，即将转向。

▲知识拓展

利用技术工具建立交易系统

一个完整的交易系统包括何时买，买什么，买多少，何时卖。

何时买？

选择比努力更重要。方向错了，跑得越快只会离目标越远。

在牛市中挣钱的概率远远大于熊市，因此，何时买首要是确定市场处于上涨趋势还是下跌趋势。

通过观察指数的走势可以判断市场的趋势。指数是大部分个股涨跌的综合反映，大部分个股表现都会和相关指数同步。因此，入市之前先要观察指数的情况。A股主要有四个指数：上证指数、深证指数、创业板指、中小板指。其中，上证指数和深证指数可以看作一家，对应大盘权重股；创业板指和中小板指可以看作一家，对应小盘题材股。利用价格与移动平均线（一般用20~30日之间的参数）的关系，价格在移动平均线上，就代表上涨趋势；反之，就是下跌趋势。

买什么？

一般来说，交易根据持股时间的不同，分为短线、中线和长线，下面分类说明：

短线主要做情绪波动。一个消息或者题材出来，大家都不冷静，资金潮水般往里面涌入，造成某些板块或者个股像打了鸡血一样，然后这中间会有很好的短线狙击目标。短线一定要做强势股和龙头。不要怕跌，一方面有止损；另一方面龙头有反抽逃跑的机会，所以要做龙头。要是害怕，干脆放弃做短线，短线一般适合时时盯盘的职业选手。

中线主要做趋势中继。比较强势的股票，等第一波涨完后，慢慢消化调整，这个波动越来越小，成交量也越来越小，说明买卖力量开始均衡，到最后，不可避免要选择方向。因为横着运行的空间越来越不够了。这时候一旦放量启动，就可以追进去做第二波。

长线主要做趋势转折，即抄底捡便宜。2008年年底，遍地2元股和破净股。这种时候买股票，只要运气不太差，一般就只输时间不输钱了。一般来说，长期下跌一年半以上，再结合一点基础技术分析看看有没有底部特征，然后才开始考虑长线。

买多少？

一个简单的原则是2%资本损失原则，即每次交易最多损失总资本的2%，如果有10万元，一次交易最多赔2000元。预先确定买入价和止损价后，用2000除以买入价和止损价的差，就能算出买多少股票。

何时卖？

卖股票可以简单分类为"止损"和"止盈"。

止损的主要方式如下：

①绝对跌幅止损　如买入股票后亏损8%（或者7%、9%、10%，都可以），无条件出局。

②依托支撑位止损　在支撑位（股票盘整所产生的成交密集区）上面买入的股票，如果跌破支撑位不能快速收复，就可以考虑先出局了。

③依托均线止损　如果是依托20日均线（或者30日、60日均线）位置买入的，那么均线下方一些距离设止损，哪怕卖错随后站上均线再重新买回来。

④基于时间的止损　这种方式主要在追击突破股的时候使用。买入一个强势突破的股票，买后连续几天冲不上，虽然没怎么亏钱，但这时候也可以考虑一下是不是买错了，怎么没有预期的强势，可以先出来。

止盈的主要思路是：一方面，对于买对的股票，尽量拿久一点，赚多一点；另一方面，又要尽量保护好已经到手的利润，不要出现太大的回吐。通过动态止盈，即随着股价不断抬升，逐步有节奏提高卖出股票的价格。最简单的方式是在不断上涨的过程中，从前期高点回撤，超7%就卖出。

（来源：http://mp.weixin.qq.com/s/Y7bKdYiDci41XDX06uyifg）

思考题

一、名词解释

支撑线，阻力线，趋势，反转形态，持续形态，黄金交叉，死亡交叉，多头排列，空头排列。

二、简答题

1. K线研判的原理是什么？
2. 道氏理论的主要观点是什么？
3. 反转形态的基本原则是什么？
4. 什么是相反理论？

三、案例题

请利用上证指数2004—2008年的行情走势，综合运用K线理论、切线理论、形态理论、道氏理论和波浪理论的方法来判断潜在的买卖点。

第 10 章 证券投资技术分析指标

本章提要

证券投资技术分析指标是辅佐投资者进行投资决策的必备分析手段。本章主要介绍了市场趋势指标、市场动量指标、市场大盘指标和市场人气指标四大类指标。通过本章的学习,要求了解技术分析指标的构造,掌握每种指标的应用,重点掌握不同技术指标的特征及应用环境,特别是每种指标的适用范围及盲点。此外,特别注意每种技术指标应用时应注意的问题。

10.1 技术指标概述

技术指标法是证券投资技术分析中重要的分支。在计算机被广泛使用后,技术指标也逐渐流行起来。现在,技术指标已经深入人心,进行证券投资的人都有一套自己惯用的指标体系。虽然,技术指标不需要投资者自己手工计算,但是技术指标的应用应在掌握其原理的基础上进行,因此,有必要系统介绍每种常用指标的计算原理及应用法则。

10.1.1 技术指标的含义及实质

10.1.1.1 含义

技术指标就是应用一定的计算方法对原始数据进行处理,得到技术指标值,将技术指标值绘制成图表,并根据技术指标值及绘制成的图表对市场行情进行定量分析的方法。计算指标值的原始数据通常为开盘价、收盘价、最高价、最低价、成交量和成交金额等。

10.1.1.2 实质

技术指标的实质就是建立不同的数学函数,通过不断地输入新的自变量值,而得出因变量的值。通过建立原始数据之间不同的关系式,反映出证券市场某一方面深层次的内涵,而这些内涵只通过原始数据是看不出来的。

技术指标分析法是定量的分析方法,它能弥补定性方法的一些不足,提供了一些量化的数据,大大地提高了具体操作的精确度。虽然技术指标法不总是准确的,但还是能给投资者提供一定的帮助。

10.1.2 技术指标的分类

技术指标有多种分类法,本文依据技术指标的功能将常用的技术指标分为市场趋势指标、市场动量指标、市场大盘指标、市场人气指标四大类。但是每个指标应该归属于哪一大类，不同的书籍划分也不大相同，因为不同的人对每个指标的理解存在一定的差异。

10.1.3 技术指标的应用

技术指标的应用通常会从五个方面考虑：技术指标的极值、技术指标的交叉、技术指标的背离、技术指标的形态和技术指标的转折。

10.1.3.1 技术指标的极值

技术指标的极值即技术指标取值的极大或者极小。技术指标进入极值区，意味着市场处于超买或者超卖状态。如果技术指标值太大或太小，说明市场的某些因素达到了极端，应该时刻注意。

技术指标的极值就是技术指标取值的极大值或极小值，其受到很多因素的影响，例如，指标的参数选择会影响技术指标的极值的大小；同一指标不同的证券，极值也可能不同；不同的经济时期，同一证券，同一技术指标极值也可能不同。因此，确定极值是比较困难的事情，需要投资者在借鉴经验的基础上总结适用自己的极值。

10.1.3.2 技术指标的交叉

在技术指标应用中，技术指标的交叉也是常见的一个方面。所谓交叉，是指技术指标图形中的两条曲线发生相交现象，说明多空双方力量对比发生改变或者发生了暂时的移动。技术指标的交叉有两种：一种交叉是同一个指标中不同参数的两条曲线的交叉，通常分为黄金交叉和死亡交叉；另一种交叉是技术指标曲线与固定的水平线的交叉，此处水平线通常指横坐标轴。通常，技术指标发生交叉时，提示买进或者卖出。但无论是黄金交叉还是死亡交叉，都存在一定的信号滞后；另外，在价格调整时，技术指标会出现频繁的交叉，其信号功能也随之减弱，投资者应谨慎行事。

10.1.3.3 技术指标的背离

当技术指标曲线的波动方向与价格曲线的波动方向不一致时，就形成了技术指标的背离。通常有"底背离""顶背离"两种。"底背离"为价格曲线依然处于下降趋势，但技术指标已经提前调头向上；"顶背离"为价格曲线依然处于上升趋势，但技术指标已经提前发生转折并向下运行。背离现象是多数指标中出现的，也是技术指标使用中很重要的一点。

在实际操作中，需要注意三点：一是技术指标优势需要三重背离，即发生顶(底)背离时，技术指标需要出现三次逐步下降(上升)的波折，同时价格出现三次逐步上升(下降)的波折，这样卖出(买入)的信号更可靠，可以在一定程度上避免或减少过早操作所造成的损失。二是背离的低点或高点应是极端值，与此同时，技术指标达到超买(卖)区。三是两个背离高(低)点之间的低(高)点不能过低(高)。否则，这将不是背离而是方向的改变。通常以多空双方力量对比的平衡点来判断其过低(高)。

10.1.3.4 技术指标的形态

技术指标曲线在波动过程中会出现形态理论中介绍的反转形态。利用技术指标的形态也可以对价格趋势进行研判。在实际观察中发现，技术指标形态主要是双重顶(底)和头肩形。可以利用形态理论中的相关理论对技术指标的形态进行分析。

10.1.3.5 技术指标的转折

技术指标的转折是技术指标曲线在高位(低位)的调头。此种调头说明之前过于极端的价格走到了尽头或者暂时遇到了阻碍；有时说明一个趋势将结束，另一个趋势将要开始。

10.1.4 应用技术指标时需要注意的问题

在应用技术指标进行研判时，会有很多问题，技术指标应用于不同的证券、不同的应用者、不同的环境时，表现出不同的结果。因此，在应用技术指标时，要注意很多方面的问题，以提高技术指标应用的准确度。

(1) 确定技术指标的适用范围和应用条件

每种技术指标的发明都有其应用的条件和适用的范围，得出的结论也有其成立的前提和可能发生的错误。大多数技术指标都是短线研判工具，不能将其用于长远趋势判断，不注意其适用范围和应用条件，容易在研判时出现错误。

(2) 单一应用某种指标容易出现错误

不同的技术指标构造原理不同，考虑问题的侧重点不同，单一技术指标发出买卖信号时，如果急于采取行动，很容易出现错误。为了操作稳妥，尽量不要单独凭借一个技术指标来做出判断。应用多个具有互补性的技术指标，以提高预测的精确度。

(3) 注重技术指标与其他分析方法的配合使用

技术指标分析法只是技术分析中的一种。在应用技术指标进行分析时，除了考虑多个指标配合使用，还要考虑技术指标与其他技术分析方法的结合使用，当技术指标发出某种信号时，看看其他技术分析方法得出的结论是否一样，这样，通过互相验证，能够提高判断的准确性，提高成功率。

(4) 注意使用技术指标时的主观因素

不同的投资者擅长使用的技术指标可能不同，而同一技术指标在同一时间由不同的投资者使用，也可能会得到不同的结论。不同的投资者对同一技术指标的参数设置也可能不同，因而也可能会得到不同的预测结果。另外，每种技术指标都有其应用的条件和适用范围，所得出的结论也有其成立的前提，加之各种意外，得到的效果时好时差。因此，在使用技术分析指标时，尽量避免机械地照搬和主观武断，尽可能结合各方面因素及配合多种指标进行预测判断。同时不能因为技术指标可能出错而完全否定技术指标的作用。

10.2 市场趋势指标分析

10.2.1 移动平均线

移动平均线(moving average，MA)是由葛兰维(Granvile Joseph)在1960年提出的。是以道·琼斯的平均成本概念为理论基础，采用统计学中"移动平均"的原理，将一段时期内的股票价格平均值连成曲线，用来显示股价的历史波动情况，进而反映股价指数未来发展趋势的技术分析方法。它是道氏理论的形象化表述。

10.2.1.1 移动平均线的计算方法

移动平均线的画法需要经过几个步骤，只有明白移动平均线的画法，才能更好地应用其进行趋势的研判。下面介绍一般证券价格的MA的计算方法：

$$MA(n) = [C_t + C_{t-1} + \cdots + C_{t-(n-1)}]/n$$

式中 n——MA 的参数，如 5 日、10 日、20 日等；

C_t——t 期的收盘价；

C_{t-1}——t 期前一天的收盘价，以此类推，$C_{t-(n-1)}$ 为 t 期前 $n-1$ 天的收盘价。

如式中，"平均"是统计的基本方法之一，用样本值的总和除以样本数，在证券价格计算中，是将连续若干个交易日的价格求和，除以交易日的天数。

"移动平均"是在平均数计算的基础上，增加新的样本值，剔除旧的样本值，此为"移动"。在计算证券价格移动平均值时，通常采用 5 日、10 日、20 日、30 日、60 日、120 日、240 日等参数，也有实践经验丰富的投资者建议将 55 日、120 日、250 日作为 MA 的参数，参数不同，计入的样本值的数量不同，对于价格分析的意义也不同。

MA 曲线就是将按上述方法计算出来的移动平均值连起来而形成的一条曲线。参数不同，MA 曲线的光滑程度也不同。

需要说明的是，MA 并不只是针对交易日计算，也可以自己选择时间区间单位。例如，可以选择周、月、季、年等。

上面介绍的是算术移动平均线的计算方法，还有加权移动平均线和指数平滑移动平均线，在公式上有所不同，但应用方法上相差无多，在此不予介绍。

10.2.1.2 移动平均线的特性

(1) 平稳性

MA 采用若干个交易日收盘价的平均价格，将每天价格的变化平分到若干天内，因此其变化相对 K 线图来说平稳，且参数越大越平稳。

(2) 趋势性

MA 可以反映真实价格的变动趋势，借助各种移动平均线的排列关系，可以预测股票的中长期趋势，并且追踪这个趋势。

(3) 滞后性

当原有趋势反转时，MA 反应相对迟缓，掉头速度慢于实际价格趋势，此为 MA 的滞后性，应用时应当予以注意。

(4) 助涨助跌性

当 MA 向一个方向移动，会持续一段时间才改变方向，在股价上涨趋势中，MA 可看成是多方的防线，有助涨特性；在股价下跌趋势中，MA 可看成是空方的防线，有助跌特性。

(5) 支撑压力性

由上述特征可以看出，MA 在股价走势中起支撑和压力线的作用。MA 被突破，意味着某种意义的支撑线和压力线被突破。

10.2.1.3 移动平均线的应用及注意事项

(1) 葛兰维法则

葛兰维法则是由葛兰维总结出来的揭示股价与 MA 曲线的相互联系及相应的买进、卖出时机的应用法则，受到投资者的普遍重视。以下将葛兰维八大法则进行简单介绍：

①当移动平均线由下降趋势转为水平移动，或者有所抬头时，此时股票价格从移动平

均线的下方向上移动并突破移动平均线，此为买进信号，应买进股票。

②股价在移动平均线上方移动，上升到一定高度后，因投资者获利回吐，导致股价一时跌破平均线，而移动平均线短期内仍然保持上升势头，且股价回跌幅度不大，很快再次向上穿越移动平均线时为买入信号。

③股价连续上升远离后，从移动平均线上方突然下跌，但没有跌破到移动平均线且再度掉头向上，此为买入信号。

④股价跌破移动平均线后，突然连续暴跌，并远离移动平均线，当股价掉头向移动平均线方向回升时，宜买入股票。

⑤移动平均线由上升趋势逐渐转为水平并转头向下，如果股价从移动平均线上方向下跌破移动平均线，此为卖出信号。

⑥股价向上移动并突破移动平均线，随即又跌回移动平均线下方，而此时移动平均线仍然保持下降趋势，此为卖出信号。

⑦股价下跌至移动平均线之下，向移动平均线反弹回升时，未穿越移动平均线即调头向下，为卖出信号。

⑧股价上升穿越移动平均线后，在移动平均线的上方连续上涨，距离移动平均线越来越远，上涨幅度相当可观时，为超买现象，投资者随时会获利回吐，产生卖压，此时宜卖出股票。

以上八大法则对掌握买卖点很有帮助，但是参数不同的移动平均线发出的买卖时机不同。对于不同的市场，对于不同习惯的投资者，其适用性也会不同。

(2) 两条移动平均线的联合应用

①应用葛兰维法则 应用两条不同参数的 MA 曲线进行研判：可以将参数较小的 MA 曲线当成价格，将参数大的 MA 曲线当成 MA，这样就可以套用葛兰维法则来进行研判。

方向一致的研判：当由多头行情转为空头行情伊始，股价率先掉头向下，然后依次为为短期 MA 曲线、中期 MA 曲线，长期 MA 曲线，当市场持续处于空头行情时，MA 与股价从下到上排列顺序依次为股价、短期 MA 曲线、中期 MA 曲线、长期 MA 曲线；若趋势反转，空头行情转为多头行情，股价开始上涨，随后依次为短期、中期、长期 MA 曲线。可见，股价开始回升或者下跌时，最先跟着股价回升或下跌，反应最敏感的均线是 5 日、10 日短期均线。至于长期均线，如 250 日均线方向改变，则意味的股市的基本趋势的改变。

方向不一致的研判：当市场进入整理阶段，短期 MA 和中期 MA 曲线极易缠绕在一起，不能清晰指明运动方向，静待多空双方打破平衡，出现明显趋势。

MA 与股价的方向不一致的研判：中期 MA 向上(下)移动，股价和短期 MA 向下(上)移动，表明股市暂时得到回调(反弹)，其向上(下)的趋势并未改变。只有当股价和短期 MA 相继向下(上)突破中期 MA，其中期 MA 也有向下(上)的反转迹象，趋势才会改变。

②黄金交叉和死亡交叉 在移动平均线的分析应用上，经常会将两条参数不同的移动平均线同时用来分析研判。当参数小的移动平均线由下往上穿越参数大的移动平均线时，尤其是两条平均线都是上扬的趋势时，此种穿越称为黄金交叉(golden cross)。出现黄金交叉时，应该买入。而当参数小的移动平均线由上往下穿越参数较大的移动平均线时，尤其

是两条均线都呈向下滑落的走势时，此种穿越称为死亡交叉（dead cross），出现死亡交叉时，应该卖出。参数不同的移动平均线产生的黄金交叉与死亡交叉，意义也不同。参数越大，意义越重要，影响的时间越长。

(3) 注意事项

MA 能够标示价格的趋势方向，有助涨助跌、支撑压力等作用，且是多日价格的移动平均，会将新交易日的价格分摊在几天，因而显示出相对平稳的变化。但是我们在应用 MA 曲线时也要注意以下问题：

①滞后性　当原有的价格趋势发生反转时，MA 的行动一般会比较缓慢，从而落后于价格的变化。等 MA 发出趋势反转信号时，价格已经反向走了很远。投资者容易因此错失最佳买卖时机。

②信号频繁　在实际应用中经常会发现，当价格处于横盘整理阶段，局部回落或者反弹阶段、大趋势的中途休整阶段，不同参数的 MA 取值很相近，容易出现交叉等信号，这样会不断发出买卖信号，令投资者不知所措。

10.2.2 指数平滑异同移动平均线

MACD（moving average convergence and divergence）是指数平滑异同移动平均线，这是约定俗成的译法，但其实不太准确。MACD 表述的是由快速和慢速两条指数平滑线的聚合和分开所含的信息来判断买入或者卖出的时机。当持续上涨和下跌时，两条指数平滑线将分离，而在趋势变缓时，两者逐渐聚合。MACD 根据指数平滑线的这一特性，先计算出两条指数平滑线的离差值，因 DIF 变化频繁，又对其进行了平滑处理，得到平滑值 DEA，以此来弥补指数平滑线频繁发出虚假信号的缺陷。

在目前的分析软件中，MACD 由离差值（DIF）、离差平滑值（DEA）和柱状线（BAR）三个部分组成。DIF 是核心，DEA 是在 DIF 的基础上得到的，而 BAR 则是在 DIF 和 DEA 的基础上产生的。

MACD 与 MA 一样，都是对价格进行平均处理，消除小的和次要的内容，但与 MA 相比，消除了信号频繁出现的问题，增加了发出信号的要求和限制，降低假信号出现的几率，提高信号的可靠性。当然，在市场处于持续整理阶段时，MACD 的失误也是较多的。

10.2.2.1 MACD 的计算公式

DIF 是快速指数平滑线与慢速指数平滑线的差，快速与慢速取决于进行指数平滑时所采用的参数，参数大的是慢速，参数小的是快速。

第一步：指数平滑线（EMA）的计算，其公式为：

$$今日\ EMA = \partial \times 今日收盘价 + (1-\partial) \times 上一交易日的\ EMA$$

其中，∂ 为平滑因子，取值范围为 $0 < \partial < 1$，为计算指数平滑线的平滑值，∂ 的取值不同，可得到不同速度的 EMA。另外，第一个 EMA 值为第一个交易日的收盘价。在实际应用时，常用 12、26 为参数。如此，取 $\partial = 2/(12+1)$，即得到快速指数平滑线 EMA(12)，其计算公式为：

$$EMA(12) = 2/(12+1) \times 今日收盘价 + 11/(12+1) \times 上一交易日的\ EMA$$

取 $\partial = 2/(26+1)$，即得到慢速指数平滑线 EMA(26)，其计算公式为：
$$EMA(26)2/(26+1) \times 今日收盘价 + 25/(26+1) \times 上一交易日的 EMA$$

第二步：离差值(DIF)的计算。离差值为快速指数平滑线减慢速指数平滑线的差，以 EMA(12)、EMA(26)为例，其公式为：
$$DIF = EMA(12) - EMA(26)$$

得到每个交易日的离差值，即可对行情进行预测，但是为了消除信号频繁带来的影响，使预测更可靠，MACD 引入了离差平滑值(DEA)。

第三步：离差平滑值(DEA)的计算，其公式为：
$$今日 DEA = 0.2 \times 今日 DIF + 0.8 \times 上一交易日 DEA$$

第四步：柱状线(BAR)的计算，其公式为：
$$BAR = (DIF - DEA) \times 2（在很多技术分析软件中 BAR 就是 MACD）$$

10.2.2.2 MACD 的应用法则

(1) DIF 和 DEA 的取值

DIF > 0 时，说明快速指数平滑线在慢速指数平滑线的上方，此时为多头市场，DIF 与 DEA 都为正值时，属多头市场。DIF < 0 时，说明快速指数平滑线在慢速指数平滑线的下方，此时为空头市场，DIF 和 DEA 都为负值时，属空头市场。当 DIF 值很大时，应考虑卖出；当 DIF 值很小时，应考虑买入。然而，"很大""很小"涉及定量的问题，需根据具体情况判断。

(2) DIF 和 DEA 的交叉

DIF 与 DEA 由负变正，与 0 轴交叉，市场为多头市场。在较低位置 DIF 向上突破 DEA 为买入信号。在 0 轴附近，DIF 向下跌破 DEA，可认为是回档，暂时获利了结。DIF 与 DEA 由正变负，与 0 轴交叉，市场为空头市场。在较高位置 DIF 向下突破 DEA 为卖出信号。在 0 轴附近，DIF 向上突破 DEA，可认为是反弹，做暂时补空。

(3) DIF 和 DEA 的背离

如果 DIF 或者 DEA 的走向与价格的走向发生背离，就是采取行动的信号，底部背离买入，顶部背离卖出。

(4) 柱状线 BAR 的使用

通常在横轴以上，红色 BAR 由长变短时卖出；在横轴以下，绿色 BAR 由长变短时买入。

10.2.2.3 应用 MACD 的注意事项

①当市场波动幅度过小或市场处理整理时期，按指标给出的买卖信号操作，会使买卖没有利润，或者所获利润低于手续费。因此，此时不能完全依靠 MACD 指标，应配合其他指标行事或者静观其变。

②MACD 所发出的信号存在滞后性，即如果股价短期内出现剧烈波动且幅度较大，MACD 来不及反应，无法发挥应有的作用。当然，可以通过调整 MACD 的参数，来改变 MACD 的灵敏性。

10.2.3 均线摆动 DMA

10.2.3.1 DMA 的含义

DMA 是从两条参数不同的 MA 构造出来的技术指标。D 指"差",DMA 即指两条不同参数的 MA 的差。"差"在技术术语中或被称为摆动。也可以认为 DMA 是两条参数不同的移动平均线之间产生的摆动。长期移动平均线和短期移动平均线之间的摆动程度的大小,反映了价格的摆动程度。

10.2.3.2 DMA 的计算公式和参数

DMA 有两个参数,分别为两条移动平均线的参数,其计算公式为:

$$DMA = MA(10\ 日) - MA(50\ 日)$$
$$AMA = DMA \div 10$$

DMA 的短期参数为 10 天,长期参数为 50 天,平均线(AMA)的参数为 6 天。

公式一律是小参数值减大参数值,可以以位数更改原始设定值。

10.2.3.3 DMA 的用法

(1) DMA 冲高卖出、探底买入

当 DMA 冲高并达到极值范围后,在回落的第二天或者第三天卖出;当 DMA 探底并达到极值后,在反弹的第二天或第三天买进。当然极值涉及主观判断问题,需要谨慎。

(2) DMA 的形态和 DMA 与价格的背离

当 DMA 曲线与价格走势形成背离时,是操作的信号,底背离买入,顶背离卖出。DMA 在波动过程中,曲线如出现双重顶(底)、头肩顶(底)的形态,也是行动的信号,出现"顶"形态应卖出,出现"底"形态应买进。但是,需要注意"顶""底"形态出现的位置应该比较高或者比较低,通常都应该是极值位置。

10.2.3.4 DMA 操作要点

①通常,DMA 指标出现信号的时间会提前,并且出现信号的次数会增加,相对也会增加骗线的机会,需要时要修改参数值。

②DMA 与 MACD 是功能相近的趋势指标,在一些用法上比较相近。

③当 DMA 从高(低)点两次向下(上)交叉 AMA 时,则股价下跌(上涨)幅度会较大。

④当 DMA 向上(下)交叉 AMA 时为买(卖)点。

10.2.4 指数平均数 EXPMA

10.2.4.1 EXPMA 的含义

EXPMA 是以当天收盘价与昨天指数平均数之间的相对关系来反映股价运动趋势的,目的是降低移动平均线的滞后性对市场行情研判的影响。移动平均线所产生的买卖信号通常落后价格行情数日,按照移动平均线操作会延误买卖时机。为解决该问题,分析家们不断寻求可以替代移动平均线的指标,指数平均数就是在这种情形下被广泛采用的。同时,由于其计算公式中着重考虑了价格当天(当期)行情的权重,因此在一定程度上可以克服 MACD 其他指标信号对于价格走势的滞后性。同时,也在一定程度上消除了 DMA 指标在某些时候对于价格走势所产生的信号提前性,是一个非常有效的分析指标。

10.2.4.2 计算公式

EXPMA = [当日(当期)收盘价 × 2 + 上日(上期)EXPMA × (N − 1)]/(N + 1)
     = [当日(当期)收盘价 × 2 − 上日(上期)EXPMA × 2]/(N + 1) + 上日(上期)EXPMA
     = [当日(当期)收盘价 − 上日(上期)EXPMA] × 2/(N + 1) + 上日(上期)EXPMA

首次计算，上一日的 EXPMA 值为上一日的收盘价，N 为天数。

可以计算多条 EXPMA 线，常用参数为 12 日和 50 日。可以计算出两个今天的 EXPMA 值，连续计算后，得到两条曲线，通过曲线的交叉来进行研判。

10.2.4.3 EXPMA 的使用法则

(1) EXPMA 研判

EXPMA 的使用与 MA 基本相同，主要作用是支撑压力和反映价格的趋势。参数不同的 EXPMA 曲线发生交叉时，将有操作信号。通常小参数的 EXPMA 由下往上突破大参数的 EXPMA 时，将对股价造成推升的动力；小参数的 EXPMA 由上往下穿越大参数的 EXPMA 时，将对股价形成下降的推力。当股价由下往上触碰 EXPMA 时，容易遇到较大的抛盘压力；当股价由上往下触碰 EXPMA 时，容易出现较大的买盘支撑。

(2) EXPMA 操作要点

① 发生黄金交叉时，不必即刻买入，待股价短暂攀升后小幅回档至小参数 EXPMA 附近时买入最佳。

② 发生死亡交叉时，不必即刻卖出，待股价短暂下跌后反弹至大参数 EXPMA 附近时卖出最佳。

③ 当股价大幅度波动时，EXPMA 交叉信号会导致错误的买进卖出。因此，可以将日线图调整为 30 分钟或 60 分钟图，以提高 EXPMA 的时效性。而在股价瞬间大幅度波动时，放弃使用 EXPMA。

10.3 市场动量指标分析

10.3.1 相对强弱指标

相对强弱指标(relative strength index，RSI)，是由 Wilder 首先提出的。它是依据一段时期内股价的涨跌幅度来反映多、空双方力量相对强弱的指标。

10.3.1.1 RSI 的计算方法

计算 RSI 需要有收盘价和参数。这里的参数是交易日天数，即时间长度。我国常用的参数有 5 日、6 日、9 日、12 日、14 日、24 日。下面以参数等于 12 为例，具体介绍 RSI(12) 的计算方法。

首先，找到包括当天在内的连续 13 天的收盘价，从第二天收盘价开始，每天收盘价减去前一天收盘价。如此，得出 12 个数值，在 12 个数值中有正数，也有负数。

设 A = 12 个数值中正数之和，B = 12 个数值中负数之和 × (−1)，RSI(12) = $A/(A + B)$ × 100。

如此，A 表示 12 天内价格上涨总量，B 表示 12 天内价格下跌总量，$A + B$ 表示 12 天内价格波动的总量。RSI 则表示上涨总量在波动总量中所占比例，所占比例大，表明多方力量大，为强市；所占比例小，表明空方力量大，为弱市。此外，由公式可以看出，RSI 的取值范围在 0~100 之间。

10.3.1.2 RSI 的应用法则

（1）参数不同的两条 RSI 曲线的联合应用

短期 RSI 曲线在长期 RSI 曲线上方，此为多头市场；而短期 RSI 曲线在长期 RSI 曲线下方，此为空头市场。在高位，短期 RSI 曲线向下突破长期 RSI 曲线，为卖出信号；在低位，短期 RSI 曲线向上突破长期 RSI 曲线，为买入信号。

（2）RSI 的取值

RSI 的值域为 0~100，通常情况下，当 RSI 取值在 80~100 之间时，市场表现极强，应该卖出；当 RSI 取值在 50~80 之间时，市场表现出强的势头，可以考虑买入；当 RSI 取值在 20~50 之间时，市场表现弱，应该卖出；当 RSI 取值在 0~20 之间时，市场表现极弱，是买入的时机。RSI 大于多少时应该卖出，小于多少时应该买进，很多书籍也给定了不同的研判分界线，如 RSI<20，RSI>80；RSI<30，RSI>70；RSI<15，RSI>85 等。这些数据仅能作为参考值。其实，RSI 可操作的值域与 RSI 所选取的参数大小、证券的活跃程度等有关。通常，参数越大，分界线离 50 越近；证券越活跃，RSI 值达到的高度越高，离分界线 50 越远。因此，具体采取行动的取值范围应该根据所选证券的特点、选取的参数大小等来确定。

（3）RSI 的形态

RSI 与其他指标或者 K 线图一样，可能在较高或者较低位置形成头肩形和多重顶（底）。可以应用形态理论中的相关操作原则进行研判。但形态一定要出现在较高位置或者较低位置才能有效。

（4）RSI 的背离

在高位，当股价连续两次创新高，而 RSI 并未创出新高，且一峰比一峰低时，这种现象为顶背离，此为强烈的卖出信号；在低位，股价连续两次创新低，而 RSI 却出现了两个依次上升的谷底，这种现象为底背离，此为买入信号。

10.3.2 威廉指标

威廉指标英文简写为 W&R，W&R 是由美国人 Larry Williams 首创的。该指标通过分析一段时间内的最高价、最低价和当日的收盘价之间的相对关系，来衡量市场处于超买状态还是超卖状态，依此做出短期买卖操作。

10.3.2.1 W&R 的计算方法

$$W\&R(n) = (H_n - C_t)/(H_n - L_n) \times 100$$

式中　n——待定时间参数，一般为 14 日或者 20 日，目前使用过的有 3 日、5 日、6 日、10 日、14 日、20 日、40 日、60 日；

C_t——为当天收盘价；

H_n——最近 n 日内（包括当天在内）出现的最高价；

L_n——最近 n 日内（包括当天在内）出现的最低价。

由上式可知，W&R 计算需设定时间参数后方可进行计算。W&R 指标值的大小体现了当日收盘价在最近 n 日内的价格波动范围内所处的相对位置，收盘价距离最高价较近，W&R 值就比较小，此时要注意回落；收盘价距离最低价较近，W&R 值就比较大，此时要注意反弹；收盘价居于最高价和最低价中间附近时，价格向上、向下的可能性都有。

10.3.2.2 W&R 的应用法则

(1) W&R 的取值

由公式可知，W&R 的值域为 0~100。和多数指标相反，依据 W&R 值操作的一般原理为高吸低抛。当 W&R 接近 0 值时(前人总结的经验数值是 0~20、0~10)，说明该证券处于超买状态，应该考虑卖出。当 W&R 接近 100 值时(前人总结的经验数值为 80~100、90~100)，说明该证券处于超卖状态，应考虑买入。需要注意的是，不同的证券、不同的环境等因素会有不同的采取行动的取值区间，投资者应根据具体情况来定可行的取值区间。

(2) W&R 曲线的形态和撞顶(底)的次数

W&R 连续几次撞到或者接近顶部(底部)，会形成双重或多重顶(底)、头肩顶(底)，此为买入(卖出)的信号。W&R 撞顶(底)的次数至少为两次，一般不超过四次，这些也是买入、卖出的信号。W&R 的撞顶(底)带有一定的主观性，不是必须精确等于 100 或 0，才算撞顶或底，投资者可以自己把握尺度。

(3) 寻求其他指标的配合

当 W&R 进入超买(卖)区时，谨慎起见，寻求 MACD 信号的支持。此时若相应地产生 DIF 向下(上)交叉 MACD 的卖出(买入)信号，要把握时机，采取相应的行动。

W&R 可以配合 RSI 指标使用。当 RSI 向上(下)穿越 50 分界线时，若 W&R 也出现向下(上)穿越 50 分界线，则弱转强(强转弱)的信号可靠。如果两个指标信号不同步，需结合其他指标进行判断。

10.3.3 随机指标

随机指标(stochastics)，又称 KDJ 指标，是由美国人乔治·莱恩(George Lane)首创的。与 W&R 类似，用来对市场的超卖状态、超买状态进行研判。最早用于期货市场。

10.3.3.1 KDJ 指标的计算方法

① 计算 RSV(row stochastic value)。计算公式如下：

$$n \text{ 日 } RSV = (C - L_n)/(H_n - L_n) \times 100$$

式中　C——当日收盘价；

　　　L_n、H_n——最近 n 日内(包括当日)的最低价和最高价；

　　　n——待定时间参数，一般取值为 9 日。

从公式的表达上可以看出，RSV 就是 W&R 的另一个计算公式。

② 计算 RSV 的指数平滑值，得到 K 指标值，公式如下：

$$\text{今日 K 值} = \partial \times \text{今日 RSV} + (1 - \partial) \times \text{昨日 K 值}$$

式中　∂——平滑因子，一般取值为 1/3；

　　　K 值——初始值一般设为 50。

③计算 K 的指数平滑值,得到 D 的指标值,公式如下:

$$今日 D 值 = \partial \times 今日 K 值 + (1 - \partial) \times 昨日 D 值$$

式中　∂——平滑因子,一般取值为 1/3;

　　　D 值——初始值一般设为 50。

④在 K、D 指标值的基础上,计算 J 指标值,公式如下:

$$J = 3D - 2K = D + 2(D - K)$$

从式中可以看出,J 是 D 加上一个修正值。

纵观 KDJ 指标的计算过程,可以看出,K、D 值在 W&R 另一个公式(以下称为 W&R2)的基础上发展出来的,通过对 W&R2(或 RSV)连续的指数平滑处理,使 K、D 表现出与 W&R2 相似的一些特性。在反映市场价格变动时,W&R2 最快,K 其次,D 最慢。在使用时,K 往往是快速指标,D 为慢速指标。K 反应快,但不可靠;D 反应慢,但稳重可靠。

10.3.3.2　KDJ 的应用法则

(1) KD 指标的取值

KD 值的值域范围都是 0~100,现行的划分方法是:20 以下为超卖区,80 以上为超买区,20~80 之间为徘徊区。依据这种分法,KD 值到 20 以下,应该买入,达到 80 以上应该卖出,这只是初步应用。因为 K、D 的变化速度不同,极值的分界线也会有差异,必须根据具体情况进行修正,否则,僵化地套用,很容易出错。

(2) KD 指标曲线的形态

当 KD 指标曲线在较高或较低的位置形成了头肩形和多重顶(底)时,是卖出(买入)的信号,且形态必须在较高或较低位置出现。出现的位置越高或者越低,信号越强、越准确。同时,对 KD 指标曲线形成的形态,可以采用形态理论中相应的理论进行分析,也可引入趋势线,对其进行研判。

(3) KD 指标的交叉

K 线与 D 线之间的关系如同价格与 MA、短期 MA 与长期 MA 的关系一样,会出现黄金交叉与死亡交叉,但 K 线交叉应用的条件比较复杂。

K 线向上穿越 D 线,形成黄金交叉,是买入信号,但需满足一些其他的条件,以求稳妥。

①黄金交叉应在较低位置,一般应在 20 以下,越低越好。

②K 线与 D 线相交的次数越多越好。

③K 线向上穿越 D 线的位置在 D 线已经调头向上时,比 D 线还处于下降状态时要可靠,即"右侧相交"原则。

K 线向下穿越 D 线,形成死亡交叉,是卖出信号,同黄金交叉一样,需要满足一些其他条件,才会稳妥。

①死亡交叉应在较高位置,一般应在 80 以上,越高越好。

②K 线与 D 线相交的次数越多越好。

③K 线向下穿越 D 线的位置在 D 线已经调头向下时,比 D 线还处在上升状态时要可靠,即"右侧交叉"原则。

(4) KD 指标曲线的背离

价格保持上涨态势并形成依次向上的"峰",而 KD 值却在高位形成依次向下的两个"峰",此为顶背离,是卖出信号。价格保持下跌态势并连续两次创新低,而 KD 线却在低位形成一底比一底高的两个"谷",此为底背离,是买入信号。

(5) J 指标的取值

J 指标的使用比较简单,当 J 大于 100 时,是卖出信号;当 J 小于 0 时,是买入信号。但 J 值的信号不会经常出现,一旦出现可靠性很高。

10.3.4 乖离率

乖离率(BIAS)是用来测量价格与价格的移动平均线的距离远近的技术指标。BIAS 的基本原理是:如果价格远离移动平均线一定程度,不管价格是在移动平均线的上方还是下方,都有向移动平均线回归的要求。从物理学的观点看,这属于"向心力"的问题。从人们的心理角度看,离得太远就该回头。从市场供求的角度看,价格涨高,需求下降,小于供给时,价格就会下降;价格跌低,需求增加,大于供给时,价格就会上升,最后达到平衡,平衡位置就是中心。BIAS 指标中,将 MA 当成了中心。

10.3.4.1 BIAS 的计算方法

$$BIAS(n) = [C - MA(n)]/MA(n) \times 100$$

式中 n——待定时间参数,是 MA(n) 的参数,也是 BIAS 的参数,参数 n 先影响到 MA(n),进而影响到 BIAS;

C——当日收盘价;

MA(n)——最近 n 天的收盘价的移动平均值。

公式的分子为收盘价与 MA(n) 的绝对距离,可能是正值,也可能是负值。分子、分母相除后,得到的是收盘价与 MA(n) 的相对距离。

10.3.4.2 BIAS 的应用法则

(1) BIAS 的取值

在应用 BIAS 时,其取值是必须考虑的。BIAS 超过某个数值就该卖出,BIAS 低于某个数值就该买进,在不同的书籍中,对于 BIAS 买入卖出的分界线给定了不同的数值,个股、综合指数的分界线均有所不同。这些数字只是参考,投资者应该根据具体情况寻找合适的分界线。分界线的确定通常与以下三个因素有关:

①BIAS 的参数大小 参数 n 越大,MA 就越平稳,收盘价离 MA 相对远近就越明显,分界线就越高。

②所选证券的活跃性 证券的活跃性体现在其价格的波动性上,价格波动越剧烈,分界线也越高。

③所处的时期 不同的经济时期,市场表现出不同的特征,因而分界线的高低也会不一样。

常见 BIAS 的分界线参考数字如下:

BIAS(5) > 3.5、BIAS(10) > 5、BIAS(20) > 8、BIAS(60) > 10,为卖出时机;

BIAS(5) < -3、BIAS(10) < -4、BIAS(20) < -7、BIAS(60) < -10,为买入时机。

如遇突发的利空或利多消息出现股价暴跌暴涨的情况，分界线的选择应做相应调整。

（2）BIAS 的背离

BIAS 曲线形成连续两个或者多个下降的"峰"，而此时价格还在继续上涨，就形成顶背离，是卖出信号。BIAS 曲线形成连续两个或者多个上升的"谷"，而此时价格还处于继续下跌的态势，就形成底背离，是买入信号。

此外，形态理论、支撑压力理论也可以用在 BIAS 曲线上，但需要丰富的想象力。

10.3.4.3　BIAS 应用注意事项

①分界线的选择上，正数和负数的选择是不对称的，证书的绝对值比负数的绝对值大一些。

②上面给出的分界线的参考数字仅作为参考，具体操作时，需要投资者关注股票、根据消息等寻找分界线的位置。

③BIAS 快速到达第一峰或者第一谷时容易出错，要谨慎操作。投资者不能盲目依据该指标，应根据经验，结合非技术因素做具体的分析判断。

10.3.5　能量潮

能量潮（on balance volume，OBV），直译为平衡交易量。OBV 是葛兰维首先发明的。OBV 指标的理论基础是股价的变动必须有成交量的配合。因为每天的成交量就像大海里的潮水，所以形象地将 OBV 称作能量潮。

10.3.5.1　OBV 的计算方法

今日 OBV 值 = 上一交易日 OBV 值 + sgn × 今日成交量

其中，如果今日收盘价 > 上一交易日收盘价，$sgn = +1$；如果今日收盘价 < 上一交易日收盘价，$sgn = -1$。

OBV 的初值可以自行确定，有的选取第一天成交量为初值，有的取 0 为初值。之所以可以自行确定，是因为我们重视的是最近一段时间里 OBV 曲线的相对走势，初值的选取对此没有影响。

10.3.5.2　OBV 指标的应用法则

①OBV 指标须与价格曲线结合使用，不能单独使用。

②OBV 曲线对进一步确认当前价格趋势有重要的作用。

- 价格曲线上升（下降），OBV 曲线也同步上升（下降），则更可以确认当前的行情为上升（下降）行情。
- 价格曲线上升（下降），OBV 曲线没有相应上升（下降），此为背离现象，表明行情可能会发生反转，应该采取相应的行动。
- 当股价进入盘整期，OBV 曲线将先出现脱离盘整的信号，一旦向上或向下突破，可靠性较强。
- 股价创新高（低）时，OBV 却不能创新（高）低，此为背离信号，发出卖出（买入）的信号，预示行情可能发生反转。
- OBV 波动过程中会形成连续的 N 字形波段，如果把每个 N 字形当成一次上升（下降）记录下来，当记录累计五次，说明是短期回档（反弹）的信号，如果连续出现 9 次，可认为是中期回档(反弹),投资者应谨慎行事,且记录字数不能过多,否则考虑反向的可能。

当出现的是小 N 字形,多表示盘整,如果小 N 字形出现的次数很多,此时需要得到投资者的关注。

③应用 OBV 指标时,OBV 的取值大小不能给出任何结论,只要关注近几日 OBV 曲线的相对走势即可。

④形态理论和支撑压力理论同样适用于 OBV 曲线。

10.4 市场大盘指标分析

10.4.1 腾落指标

ADL(advance/decline line),直译为上升下降曲线,形象地称为腾落指标。ADL 是用于分析市场趋势的,它应用简单的加减法计算出每天上市公司价格上涨的累计家数和下跌的累计家数,并与价格综合指数相对照,对大势的发展方向进行预测。

10.4.1.1 ADL 指标的计算方法

$$ADL = \sum NA - \sum ND$$

式中　NA——当天所有股票中价格上涨的家数;
　　　ND——当天所有股票中价格下跌的家数;
　　　$\sum NA$——从交易开始的第一天算起,到计算日止,每个交易日所有股票中价格上涨的家数的累计值;
　　　$\sum ND$——从交易开始的第一天算起,到计算日止,每个交易日所有股票中价格下跌家数的累计值。

这里的上涨下跌的判断标准是以当日收盘价与上一日收盘价相比较。

ADL 值体现股票价格上涨家数与股票价格下跌家数的差,弥补了采用加权计算股价指数受大盘股影响较大的缺陷,能够真实地预测未来大盘的走势。但 ADL 不能发生明显的买卖信号,也不能对具体股票提出有益的帮助,仅能用来判断大盘走势。

10.4.1.2 ADL 的应用法则

在应用 ADL 时,不看重其取值大小,要看相对走势。并且,ADL 不能单独使用,必须与价格指数曲线联合使用。

①如果 ADL 曲线与价格指数曲线保持同步上升(下降),并且创新高(低),说明大势的上升(下降)趋势在短时间内反转的可能性不大,这是 ADL 与价格指数一致的现象。

②如果 ADL 连续上涨(下跌)了几个交易日,同时,价格指数却向相反方向下跌(上涨)了几个交易日,这是背离的一种现象,是买入(卖出)的信号,至少是短线机会。

③当价格指数进入高位(低位)时,ADL 并没有与价格指数同步,而是开始走平或者下跌(上涨),这是上升(下降)趋势即将结束的信号,也是背离的现象。

④ADL 保持上升(下降)趋势,价格指数却在中途调头,但很快又恢复原来的趋势,并创出新高(低),这是后市多方(空方)力量强盛的标志,是买入(卖出)信号。

10.4.1.3 ADL 应用的注意事项

①ADL 计算并不需要从有交易的第一天算起，从中间任何一天都可以开始计算，只需设定一个初值就可以了。原因为 ADL 的应用重在 ADL 曲线的相对走势，并不看重 ADL 取值的具体大小。

②ADL 只能对大盘指数的未来走势提供参考意见，不能对选择具体股票提出有益的帮助。

③ADL 不能单独使用，必须同综合价格指数曲线联合使用才能显示其作用。

10.4.2 涨跌比

涨跌比(advance/decline ratio，ADR)通过计算连续几个交易日所有股票中价格上涨的累计家数和价格下跌的累计家数之间的比值，来推断市场多、空双方力量对比情况，从而预测大盘运行趋势。ADR 又称为回归式腾落指数，也叫上升下降比。

10.4.2.1 ADR 指标的计算方法

ADR 的计算与 ADL 有一定的联系。

$$\text{ADR}(n) = \sum \text{NA} / \sum \text{ND}$$

式中 n——待定时间参数，意味着 ADR 计算的时间区域，常用参数为 10；

$\sum \text{NA}$——最近 n 个交易日内价格上涨股票家数的累计值；

$\sum \text{ND}$——最近 n 个交易日内价格下跌股票家数的累计值。

参数选择多日而不是一日，是为了避免某一天的特殊情况而误导投资者，参数越大，ADR 的波动幅度就越小，曲线起伏越平稳；参数越小，ADR 的波动幅度就越大，曲线起伏越剧烈。

10.4.2.2 ADR 指标的应用法则

(1) ADR 指标的取值

ADR 取值不小于 0，其图形以 1 为中心上下波动。一般将 ADR 的取值分成三个区域：0.5~1.5 之间是 ADR 的常态区域，当 ADR 值在此区间时，多、空双方的力量悬殊不太大，局势向好发展还是向坏发展并不明朗。因此，此时买入或者卖出都没有太大把握。在特殊情况下，ADR 的常态界限会发生一定变化，不可僵硬套用。当 ADR 值超过常态区间的上下限，就进入非常态，说明多、空双方力量悬殊，是采取行动的信号。ADR 值超过常态区间上限考虑卖出，低于常态区间的下限考虑买入。

(2) ADR 指标与价格指数的配合使用

当 ADR 与价格指数同步上升(下降)，可以确定价格指数的上升(下降)趋势是短期内看涨(看跌)的表现。

当 ADR 上升(下降)，而价格指数反方向变动，此为背离现象，表明短时间内会有反弹(回落)出现。

(3) 从 ADR 的形态看大势

当 ADR 曲线由低往高超过 0.5，并在 0.5 上下来回移动几次，就是空头进入末期的信号。当 ADR 曲线由高往低下降到 0.75 以下，是短期反弹的信号。

10.4.2.3 ADR 应用注意事项

①ADR 常态下的上下限取值有可能发生变化，这与选择的参数有关系，不同参数导

致的上下限也不同。一般情况下，参数越大，上下限离 1 越近；参数越小，上下限离 1 越远。

②ADR 取值为 1 时，是多空力量相同并处于均衡的位置，是多空力量均衡的分界线。

③ADR 不能用来分析个股。

10.4.3 超买超卖指标

超买超卖指标(over bought and over sold, OBOS)。OBOS 是通过计算一段时间内价格上涨的股票家数的累计值与价格下跌股票家数的累计值之间的差值，来反映市场多、空双方力量的强弱对比，进而预测市场的短期趋势。

10.4.3.1 OBOS 的计算方法

OBOS 的计算与 ADR 有些联系，与 ADL 看似一样，其实有很大差别，从计算过程和参数选择便可以分辨。

$$\text{OBOS}(n) = \Sigma \text{NA} - \Sigma \text{ND}$$

式中　n——待定时间参数，通常以 10 为参数值；

ΣNA——最近 n 个交易日价格上涨股票家数的累计值；

ΣND——最近 n 个交易日价格下跌股票家数的累计值。

从式中可以看出，OBOS 和 ADR 计算的前几步都一样，只是最后一步不同。OBOS 采用了上涨、下跌累计家数相减的方式获得指标值。和相除的计算方法相比，更直观，计算更简单。OBOS 与 ADL 的计算公式看似相同，但我们发现 ΣNA、ΣND 的内涵不太一样，关键在于选取的参数不同，ADL 指标的计算中，从交易的第一天算起，而 OBOS 指标的计算中，只计算最近 n 天的 ΣNA 和 ΣND。

10.4.3.2 OBOS 的应用法则

(1) OBOS 指标的取值

OBOS 多、空平衡的位置应该为 0。OBOS 大于 0 时，表示多方占优，OBOS 小于 0 时，表示空方占优。当市场处于整理时期时，OBOS 应在 0 附近来回摆动。当市场处于多头行情时，OBOS 应为正值，且距离 0 值较远。当市场处于空头行情时，OBOS 应为负值，且距离 0 值比较远。按常理讲，离 0 值越远，一方力量越大，势头越强劲。强过头或者弱过头，必然向相反方向运动。但具体 OBOS 值大于多少可以卖出，小于多少可以买进，需要在实践中进行总结，不能一概而论。

(2) OBOS 指标与价格指数的联合应用

当 OBOS 走势与价格指数走势发生顶(底)背离时，是卖出(买入)的信号。

(3) OBOS 指标的形态

当 OBOS 在高位(低位)形成 M 头(W 底)时，为卖出(买入)信号，同时，连接低点或者高点的支撑压力线，有助于看清楚 OBOS 的趋势。

10.4.3.3 OBOS 应用注意事项

①当 OBOS 曲线第一次进入信号区域时，应特别注意。这与其他指标的应用相同。

②OBOS 只是针对大势的技术指标，不能用于个股的研判和选择。

10.5 市场人气指标分析

10.5.1 心理线

psychological line 直译为心理线,简写为 PSY。一般情况下,投资者的心理趋向会转化为买入或者卖出行为,进而导致价格的上涨或者下跌。PSY 将这些转化为数值,体现投资者的心理和市场的人气,从而对多方和空方的力量进行研判。

10.5.1.1 PSY 的计算方法

$$PSY(n) = A/n \times 100$$

式中 n——时间参数;

A——在 n 天之中,价格上涨的交易日的天数。

此处上涨和下跌的判断标准为收盘价的涨、跌。即今天收盘价大于上一交易日收盘价,今天就为上涨的交易日;如果今天收盘价小于上一交易日收盘价,今天就为下跌的交易日。因此,A 是很容易计算的。PSY 的结果表示最近 n 天内价格上涨天数所占的比例。

此外,PSY 的参数选择具有主观性,参数越大,PSY 的值越集中,参数越小,PSY 的值上下波动幅度越大。

10.5.1.2 PSY 的应用法则

(1) PSY 的取值

PSY 的取值以 50 为中心上下波动,当 PSY 取值在 25~75 之间时,多、空双方力量基本平衡。如果 PSY 值超出了平衡区间,就属于超卖或者超买状态,应时刻准备行动。如果 PSY 值高过了头或者低过了头,则为行动信号,一般而言,当 PSY > 90 或者 PSY < 10 时,就是强烈的卖出或者买入信号。

(2) PSY 进入高位或者低位的次数

按常理 PSY 值进入高位或者低位是要采取行动的。但现实中这样做很容易出错,通常至少需要等到 PSY 值第二次进入相应行动区域时,方可采取行动。

(3) PSY 曲线的形态

PSY 曲线在高位或者低位出现双重顶或双重底、头肩顶或头肩底时,可以用形态理论对其进行研判。

(4) PSY 曲线与价格线的配合

如果在高位区或者低位区出现 PSY 曲线与价格线的背离,也是采取行动的信号。

10.5.1.3 PSY 应用注意事项

PSY 所显示的买卖信号均为事后信号,应注意该问题。此外,投资者的心理受很多因素的影响,尤其是投机气氛很浓、投资者心态不稳定的市场,运用 PSY 指标会有很大的局限性。

10.5.2 人气指标、意愿指标、中间意愿指标

人气指标(AR)、意愿指标(BR)、中间意愿指标(CR)三个指标的构造原理相同,研

判法则也很类似,因此将此三个指标放在一起介绍。

10.5.2.1 人气指标

人气指标(AR)以当日开盘价为多、空双方力量对比的平衡点,依此来计算市场多日积聚的人气,进而判断未来市场行情的潜在的上涨或者下跌的动能。

(1) AR 的计算方法

AR 选取当日开盘价为多、空双方力量的均衡价位,以最高价与开盘价的距离表示多方向上的力量,用开盘价与最低价的距离表示空方向下的力量。如此,多方与空方在交易日当天的力量强弱程度就可以简单地表示出来:

$$AR(n) = \sum UP / \sum DW \times 100$$

式中　n——时间参数,通常为26;

　　　UP——当日最高价与当日开盘价的差值;

　　　DW——当日开盘价与当日最低价的差值;

　　　$\sum$UP——最近 n 日的最高价与开盘价差的累计值,即多方累积的能量;

　　　$\sum$DW——最近 n 日的开盘价与最低价差的累计值,即空方累积的能量。

(2) AR 的应用法则

①AR 的取值　AR 以100为中心值,此时,多、空双方力量相当。当 AR 值在100附近上下摆动时,说明市场处于盘整状态。当 AR 值高于100太多时(相关书籍中给出的经验值为 AR > 150),多方会动摇,进而转为空方,至于大于多少才是极值范围,需要根据所选参数与具体证券来判断。当 AR 值低于100太多时(相关书籍给定的经验数据为 AR < 50、AR < 60),空方力量强大,人气低迷,低过头时,投资者应考虑买入。采取行动的分界线可以参考已有的经验数值,结合具体情况来定夺。

②AR 指标与价格的背离　同大多数技术指标一样,AR 也会与价格形成顶(底)背离,预示着卖出(买入)的时机到了。但在实际应用中,AR 的背离是不易识别的。

③AR 与 BR 的结合使用　此内容会在随后介绍 BR 时介绍。

(3) 应用 AR 的注意事项

AR 的重点是利用极端值,而极端值的选取涉及主观问题。因此应用该指标时,要很谨慎。通常,当指标值迅速地第一次达到极端值区域时,如若采取行动,风险很大。等指标值第二次或第三次进入极端值区域,才能增加成功的机会。

10.5.2.2 意愿指标

意愿指标(BR)的构造原理与 AR 指标是相同的,是以上一交易日收盘价为平衡点来衡量多、空双方力量的强弱,进而对未来行情进行研判。

(1) BR 指标的计算方法

$$BR(n) = \sum (High - YC) / \sum (YC - Low) \times 100$$

式中　n——时间参数,通常为26;

　　　High——当天最高价;

　　　Low——当天最低价;

　　　YC——上一交易日收盘价;

　　　High - YC——多方力量;

YC – Low——空方力量；

$\sum$（High – YC）——最近 n 日多方力量的总和；

$\sum$（YC – Low）——最近 n 日空方力量的总和。

从上式可以看出，BR 反映的是多方力量与空方力量的比值，并且以上一交易日收盘价为均衡价格，不仅反映了当天多、空双方的力量对比，而且反映了上一交易日收盘后，多、空双方经过一段时间整理后的力量的蓄积，在反映的信息方面，BR 比 AR 更全面。另外，BR 有可能会小于 0，此时将 BR 视为 0 来处理。

(2) **BR** 的应用法则

① BR 的取值　BR 的中心值为 100，当 BR 在 100 附近上下摆动时，相关书籍提供的经验数值为 70~150，表明多、空双方的力量差距不大，市场处于整理阶段。当 BR 值很高时，如 BR＞300、BR＞400，表明多方力量非常强，强过头就会向反方向运动，此时为卖出时机。当 BR 值很低时，表明空方力量很强，此时要注意采取行动，一般来说，BR＜40，就要考虑买入。以上列举的行动区间均为经验数值，实际应用时，要根据具体情况进行调整。

② BR 与价格的背离　同大多数技术指标相同，BR 会与价格形成顶（底）背离，此为卖出（买入）时机。

③ BR 与 AR 的联合使用　在中心位置上方时，BR 曲线通常在 AR 曲线的上方；在中心位置下方时，BR 曲线通常在 AR 曲线的下方。

当 BR、AR 都急剧上升，达到分界线的值时，应考虑卖出。

在低位，当 BR 指标线从下往上突破 AR 指标线时，是买入信号。

当 BR 指标线急剧向上，而 AR 指标线并未作出配合，而是横盘或者小幅下降，是两个指标的背离现象，应考虑卖出。

(3) 应用 **BR** 的注意事项

BR 与 AR 取值上的最大区别是 BR 在极特殊的情况下会产生负值，是其计算公式导致，但 AR 则不会产生负值。负值不会影响队 BR 的应用，但是会产生一些不便，因此提倡是用 0 来代替负值，即当 BR 取负值时一律认为是 0。

10.5.2.3　中间意愿指标

中间意愿指标（CR）与 AR、BR 有很多相似的地方，不同的地方是选取的价格均衡点不同，采取行动的分界线不同。

(1) **CR** 的计算方法

$$CR(n) = \sum (\text{High} - \text{YM}) / \sum (\text{YM} - \text{Low}) \times 100$$

式中　n——待定时间参数，一般为 26；

High——当日最高价；

Low——当日最低价；

YM——上一交易日的中间价；

$\sum$（High – YM）——最近 n 日多方力量的总和；

$\sum$（YM – Low）——最近 n 日空方力量的总和。

如此，计算出的CR值越大，多方力量越强；CR值越小，空方力量越强。CR也可能会出现负值，此时，将其值记为0。

(2) CR的应用法则

CR与AR、BR的构造原理相同，其应用法则也同AR、BR相似。

① CR的取值　市场处于盘整时期，CR的取值区间，在不同的书籍中，给定的数值也不同，有的设定为80~150，有的设定为75~125。CR的极值方面，当CR小于40时是买入信号，当CR大于300时是卖出信号。以上只是参考数据，具体采取行动的分界线需根据具体证券及所处时期不断摸索得出。

② CR与价格的背离　与大多数指标相同，当CR与价格在顶部或底部形成背离时，是卖出或买入的信号。

(3) 应用CR的注意事项

应该注意到，CR比BR更易产生负值，常用的处理方法同BR的处理方法，CR取的负值一律当零值；当CR第一次发出信号时操作，犯错的几率会比较大，只有等第二次发出买卖信号时，才能极大程度地降低风险。

▲ 知识拓展

A股市场大势研判

盘中特征：周二(2月14日)，市场震荡整理，个股分化。上证指数收于3217.93，上涨1.09点，涨幅0.03%，成交2043亿元；深圳成分指数收盘10264.92，下跌5.91，跌幅0.06%，成交2270亿元。28个申万一级行业指数12个上涨，16个下跌；其中，钢铁、建筑装饰和有色金属涨幅领先；休闲服务、银行和国防军工跌幅居前；非ST类股票涨停53家，无个股跌停。

后市研判：连续上涨后面临短期调整压力。春节后市场持续反弹，轻松越过60日均线，略超我们的预期。盘整了近两个月的箱体，即60日均线与120日均线区间，在上周四被成功向上突破，自3301点以来的调整暂时被中断。从技术走势上看，沪指可能会首先尝试一下3240点，这里曾经是下跌过程中留下缺口的地方，当时多空双方有过激烈争夺，如今应该是个反弹阻力位；从创业板的情况看，节后终于鼓足勇气回补了1899的跳空缺口，但是反弹力度相对于沪指仍显得有气无力，难以调整已尽。对于当前市场普遍预期的春季行情、两会行情，我们认为暂且不用过于乐观，或者持有过高的预期。因为大格局上，市场仍是上有顶、下有底的格局。只是从投资时钟上来看，正在逐步向滞胀和衰退移动。最新的CPI和PPI皆创出近年来的新高，房地产和汽车已经开始收缩，货币市场也已经开始加息，留给投资者狂欢的时间或许并不多了。当然，目前资本市场稳中求进的政策导向，似乎可以给投资者些许安慰。当前市场，利用景气周期尾端进行一些闪电战和轮动战，但总体来看仍属于存量资金运动，没有增量资金的些许迹象。而次新股和妖股的连续活跃，也说明目前市场可为之处不多，仍是"挑软柿子捏"的行情。就短期而言，由于连续反弹，市场已经出现调整的要求，市场或许会回踩60日均线。但是多头的热情并未完全退去，之后可能会再攻击一下。即便如此，对于行情的高度不宜过分乐观，暂且把它当作一个幅度略大的反弹来对待。

关注货币政策的边际动向。当前经济环境处于一个小周期反弹高点，并且通胀逐步回升的阶段。如果后期房地产投资回落带动经济下滑，而通胀趋势仍然向上，则可能产生滞胀风险。因此，中期角度需要防范滞胀环境下，货币政策偏紧的风险。与此同时，市场局部板块的高估值现象仍然没有完全消化，在宏观政策强调去杠杆、去泡沫化的情况下，未来仍有继续回归基本面的要求。需要关注的事件：①货币政策预期；②财政政策宽松预期；③国际市场波动；④市场监管政策的变化。

操作策略：持币观望。

（来源：姚立琦，2017）

▶思考题

一、名词解释

移动平均线，指数平滑异同移动平均线，均线摆动，指数平均线，随机指标，相对强弱指标，威廉指标，乖离率，能量潮，腾落指标，涨跌比，超买超卖指标，心理线，人气指标，意愿指标，中间意愿指标。

二、计算题

1. 根据当前交易价格行情，列式计算 MA(5)、MA(10)。

2. 试利用当前价格行情，计算 9 日 RSV，并假设平滑因子为 1/3，K、D 的初始值为 50，计算当日 K、D、J 值。

三、简答题

1. 你认为技术指标还可以怎样分类？
2. 实践操作 MA、MACD、DMA、EXPMA 指标，你认为哪个指标更好用？
3. 你认为市场动量指标中哪个发出的信号更容易使用？
4. 市场大盘指标的构造原理是什么？试用市场大盘指标分析市场走势。
5. 市场人气指标的构造原理是什么？

参考文献

陈建忠. 证券投资学[M]. 北京：中国电力出版社，2013.
陈文汉. 证券投资理论与实务[M]. 北京：清华大学出版社，2015.
戴志敏. 证券投资学——理论、实践与案例分析[M]. 杭州：浙江大学出版社，2009.
邓田生. 证券投资学[M]. 北京：北京邮电大学出版社，2011.
葛红玲. 证券投资学[M]. 2版. 北京：机械工业出版社，2016.
贺学会. 证券投资学[M]. 大连：东北财经大学出版社，2015.
李文莉. 坚定迈向股票发行注册制[N]. 国际金融时报，2015-12-14(19).
李向科. 证券投资技术分析[M]. 4版. 北京：中国人民大学出版社，2012.
刘用明，战松，肖慈方. 证券投资学[M]. 北京：科学出版社，2016.
罗伯特·D·爱德华兹. 股市趋势技术分析[M]. 北京：机械工业出版社，2008.
马丁·J·普林格. 技术分析[M]. 北京：中国财政经济出版社，2003.
马小南，刘娜. 证券投资学[M]. 北京：清华大学出版社，2013.
盛洪昌，于丽红. 证券投资学[M]. 南京：东南大学出版社，2014.
史蒂夫·尼森. 日本蜡烛图技术[M]. 北京：地震出版社，1998.
孙静，李玉曼，李宏伟. 证券投资学[M]. 大连：东北财经大学出版社，2015.
孙睦优，周丽君. 证券投资[M]. 北京：清华大学出版社，2013.
孙秀钧. 证券投资学[M]. 3版. 大连：东北财经大学出版社，2015.
王广斌，兰庆高. 证券投资学[M]. 北京：中国农业出版社，2015.
王玉霞. 证券投资学[M]. 2版. 大连：东北财经大学出版社，2014.
吴可. 证券投资理论与市场操作[M]. 北京：清华大学出版社，2012.
吴晓求. 股权分裂的八大危害[J]. 财贸经济，2004(5).
吴晓求. 证券投资学[M]. 4版. 北京：中国人民大学出版社，2014.
吴晓求. 中国资本市场：股权分裂与流动性变革[M]. 北京：中国人民大学出版社，2004.
小罗伯特·R·普莱切特. 艾略特波浪理论[M]. 北京：机械工业出版社，2010.
邢天才，王玉霞. 证券投资学[M]. 3版. 大连：东北财经大学出版社，2012.
约翰·墨菲. 期货市场技术分析[M]. 北京：地震出版社，1994.
张元萍，郗文泽. 金融衍生工具[M]. 北京：首都经济贸易出版社，2015.
证券业协会. 证券市场基础知识[M]. 北京：中国金融出版社，2013.
朱晋. 证券投资学[M]. 北京：机械工业出版社，2015.
朱孟进，邵明杰. 证券投资学[M]. 北京：北京大学出版社，2014.
朱元. 证券投资学原理[M]. 上海：立信会计图书用品社，1992.